苏州文博论丛

2022年（总第13辑）

苏州博物馆　编

文物出版社

图书在版编目（CIP）数据

苏州文博论丛 . 2022 年 . 总第 13 辑 / 苏州博物馆编
. –– 北京：文物出版社 , 2023.4
ISBN 978-7-5010-8004-5

Ⅰ . ①苏… Ⅱ . ①苏… Ⅲ . ①文物工作—苏州—文集
②博物馆事业—苏州—文集 Ⅳ . ① G269.275.33-53

中国版本图书馆 CIP 数据核字（2023）第 048894 号

苏州文博论丛
2022 年（总第 13 辑）

编　　者：苏州博物馆

责任编辑：窦旭耀
封面设计：夏　骏
责任印制：张道奇

出版发行：文物出版社
社　　址：北京市东城区东直门内北小街 2 号楼
邮政编码：100007
网　　址：http:// www.wenwu.com
经　　销：新华书店
印　　刷：宝蕾元仁浩（天津）印刷有限公司
开　　本：880mm×1230mm　1/16
印　　张：11.25
版　　次：2023 年 4 月第 1 版
印　　次：2023 年 4 月第 1 次印刷
书　　号：ISBN 978-7-5010-8004-5
定　　价：110.00 元

目　　录

元代江南的社会风貌与人文品格

谢晓婷　宦小娴（苏州博物馆）

内容摘要： 蒙元时期，统治者在保障自身控制权的前提下杂糅而治，恰为江南创造了新的发展环境。以江浙为核心的元代的江南，农业、手工业生产扼全国财赋命脉，海内外商品贸易推动市镇发展。北方和海外的来客作为"新江南人"，塑造出独特、复杂的族群关系，影响了江南的生产生活和宗教信仰。在统治阶层的"温度差"中，不同门类手工艺走上了或承袭或蜕变的不同发展道路，做出不同选择的江南文人也各自寻找到了精神与现实的自洽，江南的人文艺术孕育出新的生机，迸发出别样的活力。前承南宋、后启大明的元代江南，于百年间接续了历史文化的脉络，创造出不容忽视的社会价值，为明清乃至今天的"江南"奠定了基础。

关键词： 元代　江南　经济社会　宗教　文化艺术

江南，是一个较为特殊的地域概念，在不同的语境、不同的时代有着不同的指向。周振鹤先生曾结合历史文献、行政区划、社会语境，历数自秦汉至明清各朝各代江南的沿革变化[1]，但其梳理中却没有提及元代的江南。作为前承南宋、后启大明的统一政权，蒙元统治者自北方草原南下，接续了地区历史沿革的脉络，也带来了社会人文层面的碰撞，锻造出独属于元代的江南。

一 "元代江南"的厘定

周振鹤认为，"较为确切的江南概念直到唐代才最终形成"。唐太宗以山川形便原则分天下为十道，据所处地理位置命名，其中之一称"江南道"，范围自今湖南西部迤东直至海滨，完全处于长江以南，为秦汉以来最名副其实的"江南"地区，由此从行政区划的层面赋予了"江南"以正式的官方语境。玄宗开元年间再分天下为十五道，江南道拆分为江南东道（理苏州）、江南西道（理洪州，今江西南昌）和黔中（理黔州，今重庆），行政区域划分更加细致，保留"江南"二字的区划范围缩小，大体为今天的江苏、安徽长江以南部分以及浙江、福建、江西、湖南地区[2]。正是在唐代，江南地区的繁盛富庶开始给人留下了更为深刻的印象，文学作品中的相关意象愈加丰富。至北宋，该区域大体分设为两浙路、福建路、江南东路、江南西路和荆湖南路；南宋时，两浙路进一步分为两浙东路和两浙西路。

由宋至元，一级行政区划"路"改为省，下置路、府、州、县四级，遍查省、路名称，均不见"江南"二字。但综合考察其治理体系，元设御史台为监察官署，地方设有两个行御史台，成宗大德元年（1297）正式定名为"陕西诸道行御史台"和"江南诸道行御史台"（简称"江南行台"或"南台"）。江南行台始于至元十四年（1277）："宋既平国家，以疆域广远，照临或有未及，爰立行台于维扬，以式三省，以统诸道，即今江南诸道行御史台之在集庆者也"[3]。其中，"三省"指的是江浙、江西、湖广三行省[4]，"维扬"即扬州，"集庆"则是指江浙行省的集庆路（今南京）。由扬州到集庆，江南行台曾经历了数次迁置。江南行台设立时，扬州为江淮行省的治所，至元二十一年（1284），江淮行省治所因治理的需要迁往杭州，次年江淮行省割江北诸郡隶河南，改江浙行省[5]，江南行台在此期间迁到了杭州。其后因行政区划、治所等情况的变化，江南行台几易其地，直到至元二十九年（1292）在江浙行省境内的建康路（1329年更名为集庆路）稳定下来。到元末至正十六年（1356）迁往绍兴为止，江南行台设于江浙行省逾五十载，足见江浙之于元代江南的重要意义。元人阎复曾断言："惟两浙东南上游，襟江带湖，控扼海外诸番，贸迁有市舶之饶，岁入有苏湖之熟，榷货有酒盐之利，节制凡百余城，出纳以亿万计，实江南根本之地。盖两浙安则江南安，江南安则朝廷无南顾之忧"[6]。

行台之下还设有按察司（后改为肃政廉访司），一司辖一道，亦以地理便宜划分。江南行台所辖十道中位于江浙行省境内的，有江南浙西道、浙东海右道、江东建康道和福建闽海道四道。其中，以"江南"入名的江南浙西道（通称"浙西"）初置司于临安（杭州），后在平江（今苏州）、杭州间多次迁置，监治杭州、湖州、嘉兴、平江、常州、镇江、建德七路以及松江府、江阴州，与南宋两浙西路的区域范围大体一致；而江南行台机构设于集庆路，摄江东建康道（元代通称"江东"）范围，该道监治宁国路、徽州路、饶州路、太平路、池州路、信州路、广德路及铅山州，与南宋江南东路的区域范围大体一致。

因此，以官方治理语境论，元代的江南广义上可以囊括江南行台所管辖的江浙、江西、湖广三行省——亦即今天江苏、安徽、湖北长江以南部分以及上海、浙江、福建、江西、广东、湖南、贵州等广大区域。其中，又可进一步聚焦于具有特殊作用和地位的江浙行省，特别是其辖区内的江南浙西道与江东建康道监治区域。

二 元代江南的社会风貌

蒙元是中国历史上首个由少数民族建立的大一统政权。面对广阔的疆域、复杂的环境，统治者在确保政治、军事、经济、社会控制权的前提下，面向国内各族群施行二元或多元政策，诸制并举、因俗而治，江南社会因此在变与不变中形成了新的时代面貌。

（一）持续繁荣的经济

《元史》有云："元都于燕，去江南极远，而百司庶府之繁，卫士编民之众，无不仰给于江南"[7]。传递出江南之于元朝的重要意义。为了维持其财赋贡献，元朝对江南经济进行了一定的保护引导和鼓励支持，南宋经济的繁荣发展趋势得以延续。

平定江南后，忽必烈于1288年设江南行大司农司与各道劝农营田司，调查偷税漏税、隐瞒农业资产的大户，加强对江南农耕区的监察与控制。但行大司农司存续至1295年即废止，劝农官的权力也受到削弱和监管，江南农业政策总体上呈自由宽松、因地制宜的状态。税制上，区别于北方的丁税、地税，南方沿袭宋制征秋税、夏税，且1296年以前除江东、浙西外实际只征收了秋税，将政权变化对南方税粮的影响降至最低。不仅如此，1288年，政府"募民能耕江南旷土及公田者，免其差役三年，其输租免三分之一"[8]。鼓励江南人民开荒地、事生产，甚至诏令"今后（江淮等处）在籍秀才做买卖纳商税，种田纳地税，其余一切杂泛差役并行润免。所在官司常切存恤，仍禁约使臣人等毋得于庙学安下非理骚扰"[9]。加上重视水利建设、官方发行农书，江南粮田亩产提高，南粮北调岁入量也相应增长。据史料，元朝岁入粮数总计12114704石，其中江浙行省4494783石，占比37.1%，在各行省中居首位，江西、湖广行省分别占比9.56%、6.97%，江南行台所辖三省合计超过了全国岁入粮的一半[10]，自此开启了"（东吴粳稻）用之以足国"[11]的局面。

手工业生产在蒙元时期得到高度重视，甚至在其军队屠城时"唯工匠免（死）"，工匠被集中起来分配在各地从事生产。统一政权建立后，政府把工匠从一般民户、军户、站户等户籍中分立出来，单设匠籍，身份不经政府批准不能脱离，多在固定的官设局、院工作，承担专业的"匠役"，须完成规定的工作任务，但也因此可免服一般的徭役，依例享有粮钞分配，且完成任务后可受雇于人或贩卖自己的作品。这类匠户与军匠、民匠等共同支撑了直接服务于统治阶级的官营手工业生产。江南官营手工业曾由行工部所领，"立局、院七十余所，每岁定造币缣、弓矢、甲胄等物"[12]，从局、院涉及的门类来看，集中关注江南在纺织、制瓷、制盐等领域的传统优势，棉布被列入江南夏税岁输范围，唯一的一所为皇室服务的制瓷管理机构浮梁磁局设于景德镇，庆元路合属盐场每年产盐超过百万斤[13]。同时，民营手工业仍然存在，依其生产过程兼有家庭手工业和个体手工业，有个体手工业者受雇于官营机构，也出现了一些营利性的手工作坊。江南地区民营手工业比北方更为发达，在商业贸易、工艺美术领域中别具特色。

南宋时商业贸易已有重要发展。南北统一后，政府贯通了由杭州至大都的运河，"江淮、湖广、四川、海外诸蕃土贡、粮运、商旅、懋迁，毕达京师"[14]。同时还开辟了新的海运航道，形成了自刘家港（今江苏太仓）起航、经崇明州入海、历万里长滩（今江苏如东）一路北上可达直沽（今天津）、杨村（今河北武清）的海上通道，江浙行省的刘家港、庆元（今浙江宁波）、澉浦（今浙江澉浦）等成为重要港口。覆盖全国的水陆海交通网促进了商品贸易发展，粮食、手工艺品进入流通领域，"江淮等处米粟，任从客旅兴贩，官司无得阻挡"[15]，松江棉布转贩各地，平江路的吴江、昆山、常熟、嘉定以及松江府的上海等新型市镇随之兴盛起来。对外贸易则主要输出丝绸瓷器、珠翠香货等产品。海上贸易专设市舶司管理，1277年江南甫定即有泉州、庆元、上海、澉浦四处，后在温州、广州、杭州增设，经裁减最终余泉州、庆元、广州市舶司，均在江南境内。舶商亦多居于江南的港口或附近地区，如澉浦杨氏、泉州蒲氏以及太仓的朱清、张瑄等。

（二）多元复杂的社会

政权统一、地域开放、交通便利、经济繁荣，为江南地区输入了许多新的元素，军队、官员、商人、宗教人士的到来，改变了江南社会的成员结构，在不同程度上影响了江南人的生活。

1.复杂的族群关系

蒙元统治者将族群分为蒙古人、色目人、汉人（汉儿）、南人四类，其中，汉人是指原金朝治下的汉族、契丹、女真、高丽等民族，南人则专指原南宋境内的居民，广义或狭义的江南都大体可归诸此类。由于政府并不限制各族群的迁徙、往来，江南地区族群类型迅速丰富起来，混居生活。

江南的各族群依蒙元法度维持了秩序地位上的差异，如刑罚的轻重程度，又如地方治理权力的分配。元代选官以铨选、世袭为主，南人几乎丧失了通过自身努力晋身朝堂的可能，应召入仕者如赵孟頫等多授官于翰林院、国史馆、国子监乃至地方儒学机构，南人无法担任省台以上的职位，江南地方大员以蒙古、色目、汉人为绝对主体。1314年，延祐复科，江南学子重新拥有了传统的入仕之路，但严格控制的取士规模、以族群相区别的考试科目、区域间取士配额的不均衡等，都决定了族群间的政治权力分配终元一代都很难发生本质改变。不过，江南本土的精英也没有完全丧失存在感。一方面，元灭南宋后没有动摇江南大地主的根基，甚至予以了一定的保护和优待，大地主仍然保有其在地方的经济、社会身份与影响力；另一方面，也有一部分南人担任衙门见习官、儒学教官等低级官吏，他们擅实务，对地方事务的熟稔在实际治理中起到了关键的作用，蒙古、色目人对他们多有依赖。因此，在江南基层社会秩序中，本土精英仍然能够发挥较强的号召力。

政治之外，元朝对各族群的风俗习惯并行尊重，并不强行统合规范，元中期汇编颁行的《大元通制》也明确了"各依本俗"的原则。《通制条格》载"婚姻礼制"条云："至元八年二月，钦奉圣旨条画内一款：诸色人同类自相婚姻者，各从本俗法；递相婚姻者，以男为主（蒙古人不在此限）"[16]。此条内容承认并保护了各民族的传统婚姻形式，也显示出政府不禁止族际通婚。事实上，江南地区不同族群官员之间、官商和富户之间的通婚十分常见，姻亲关系大体基于社会阶层而缔结，蒙古人、色目人中熟悉汉学者也更多地和汉族士人交好，足见社会交往中阶层的区分作用更甚于族群。在混居状态和自由交往中，本土居民与外来人士之间不可避免地产生了相互影响，传统社会风尚发生了一些变化。江南一度流行起北方以"减铁"衣服饰品的风尚："近世尚减铁，为佩带、刀靶之饰，而余干及钱塘、松江竞市之，非美玩也。此乃女真遗制，惟刀靶及鞍辔施之可也"[17]。

2. 多元的宗教生态

元朝的宗教政策在中国历史上独树一帜，政府允许各类宗教在境内自由传播，编僧户、道户、也里可温户等宗教户计，赋予相应的赋役、词讼特权，给予神职人员优于一般平民的社会地位，在元代的十个职业等级中，僧、道位列三、四，仅次于官、吏，寺院道观不仅占有大量土地，还能够从事商业和手工业。这些都为吸纳教徒创造了有利条件，曾有也里可温教徒以规避差役的特权招收民户充作教户。基督教、伊斯兰教、祆教、摩尼教等大批宗教人士涌入江南各地，传统宗教持续发展的同时受到一定影响，各类宗教在并存中达到了微妙的平衡状态。

基督教和伊斯兰教的发展尤为显著。基督教在当时由蒙古语音译作"也里可温"，流派上包括景教和天主教，天主教在泉州设有方济各会分主教，景教主要为聂斯脱利派，在江浙地区影响更广，镇江、杭州、扬州等地建有教堂。《马可·波罗游记》曾提及："其地（镇江）且有聂思脱里派基督教徒之礼拜堂两所，建于基督诞生后之1278年。……大汗任命其男爵一人名马薛里吉思（MarSarghis）者，治理此城三年。其人是一聂思脱里派之基督教徒，当其在职三年中，建此两礼拜堂，存在至于今日，然在以前，此地无一礼拜堂也"[18]。据统计，元代镇江府来自侨寓的3854户中有也里可温23户，10555人中也里可温106人；2948单身人中也有也里可温109人[19]。伊斯兰教的新发展则得益于大批穆斯林的南下，杭州、苏州、南京等城市乃至松江、嘉庆、乍浦等郊镇都建有清真寺，又属杭州为典型代表。杭州穆斯林人数多，主要聚居在第三城内，市街布局与伊斯兰地区类似，城内有礼拜寺3座，还形成了安法尼和阿老丁两个标志性的世家大族，后者重修宋时被毁的凤凰寺，至今仍是杭州伊斯兰教的礼拜中心和节庆活动的主要场所。伊斯兰教教义的中国化也在元代完成。

江南地区素有广泛影响的主要是佛教和道教。江南佛教主要奉禅宗，但禅宗并不受统治阶层青睐，忽必烈更支持藏传佛教，曾任用藏传佛教的代表人物杨琏真迦为江南释教都总统，甚至强化了在江南

的崇教抑禅政策，禅宗受到较大冲击，衰落趋势直到文宗时期才有所缓和。江南道教则相对幸运，龙虎山（今江西境内）的正一派及其支派玄教与朝廷来往密切，正一派前有张宗演受命领江南诸路道教，后有张留孙任职全国性道教机关机构集贤院，成为官方认定的统辖南北道派之长。除教派、教宗的分歧，江南佛、道还与舶来的新兴宗教发生过利益冲突。大德八年（1304）也里可温在温州路新创掌教司，擅自招收户计，诱化道教"法箓先生"，还在祝圣祈祷时为争先后殴打道教教徒，最终官方诏定佛、道教徒祝祷后才轮到也里可温，并照会行省严格约束也里可温[20]。至大四年（1311），马薛里吉思在镇江修建的云山寺和聚明寺被改为佛教的"般若院"下院，原寺上的十字架被下令折毁，官府却明令"也里可温子子孙孙勿争，争者坐罪以重论"[21]。佛、道在江南的优势地位并未受到实质上的威胁。

宋以来儒释道的融合发展也在元代得到延续并更加深入。儒学在元朝被纳入宗教管理体系，编儒户，发放生活费，免劳役兵役。江南儒户入籍较北方相对宽松，户数更多，实际上对江南士人阶层的维持起到了关键作用。而士人阶层普遍认同禅宗清净无垢、道家道法自然等理念，治学常常兼综三教，"据于儒，依于老，逃于禅"[22]，文人禅道化、释道文人化达到了前所未有的程度。许多江南文人喜听禅论、着道服，与僧人、道人往来频繁，还有一些遁入佛道者。赵孟頫就喜与释道人物游，相关作品甚多：《福神观记》（故宫博物院藏）卷记述了道教领袖张惟一委派崔汝晋于杭州西湖断桥之侧重建福神观一事始末；《行书上中峰札》卷（故宫博物院藏）则是写给江南禅宗关键人物中峰和尚的信札；他还为龙兴寺、林隐寺、光福寺等多地寺院道场撰写碑铭，《玄妙观重修三门记》即赵孟頫应邀为苏州玄妙观而书，如今玄妙观正山门内仍立有以之为底本的石刻。早年为生计奔走仕途的黄公望在出狱后由倪瓒长兄倪昭奎介绍入全真教，改号一峰、大痴，游历于吴越间，以卖卜教授为生，曾以八十岁高龄绘《九峰雪霁图》轴（故宫博物院藏），用水墨写意

的手法画出了江南松江一带的九座道教名山。亦有许多佛道神职人员履儒者行，能诗善文，工书法绘画。本是茅山派道士的张雨书法健拔，绘画亦佳，与赵孟頫、杨载、虞集、黄溍等多有往来，为倪瓒、黄公望、杨维桢、顾瑛引为至交，也以僧人为友，行书《送柑二诗帖》卷（故宫博物院藏）曾提及杭州灵隐寺僧人圆净。

三 元代江南的人文艺术

社会风貌的变化深刻影响了生于斯长于斯的江南人，锤炼出兼有地域特征和时代气息的审美风尚与思想意识。

（一）工艺美术的差异化发展

由于蒙元统治者对不同门类手工艺品的"温度差"，江南传统工艺美术风格在元代特殊的手工业生产格局与市场供需中，依门类走上了不同的发展道路。

金属工艺可谓元代把控最紧的手工艺门类之一，杂造、器物各设府、局等官作坊，明令只有五品以上的官员才能使用金质茶酒器。民间使用金银之风也极盛，政府为加强管控，虽未禁止民间造作，但至元十九年（1282）规定"金银匠人开铺打造开张生活之家，凭诸人将到金银打造，于上凿记匠人姓名，不许自用金银打造发卖。若已有成造器皿，赴平准库货卖。如违，诸人告捉到官，依私倒金银例断罪给赏"[23]。元代金银器因此常有工匠款识，安徽范文虎墓出土的银玉壶春瓶底部有"章仲英造"四字楷书戳印。官造金银器因统治者的青睐往往有着明显的异域情调，饰品、酒器皆如此，但江南民间金银器风格更近于宋，尤以文房用具、梳妆用具、日用器皿最富特色。江苏吴县吕师孟墓、苏州张士诚母亲曹氏墓、无锡钱裕墓都出土了金银日用品，其中吕师孟墓出土金器有"闻宣造"款识，工艺水平很高，即使是常见的圆形器皿，也锤刻精细的人物、花鸟纹。相较于质料昂贵、规制严格的金器，银器工艺发展更为显著，出现了一批制作名匠。浙江嘉兴名匠朱碧山善制精妙银器，柯九思、虞集、揭傒斯等都曾请他制作银杯，代表作品银槎杯取材乘槎泛海的神话典故，往往铸成独木舟的形状，上

坐卧一身着道袍者，文人趣味浓厚。铜在元代多用于制造祭器、日常用具、印章、镜鉴等，器多粗糙，间亦有花纹、器形均甚精者，"杭城姜娘子、平江王吉二家，铸法各擅当时"[24]。

与金银器不同，蒙元统治者对漆器兴趣不大，官作坊不多，民间漆作则高水平发展，以江浙的嘉兴、杭州、温州等地为重要代表，又以嘉兴雕漆成就极高。嘉兴雕漆承南宋之繁荣，剔红技艺尤其精巧，名匠辈出，明代张应文在《清秘藏》中写道："元时张成、杨茂二家技擅一时，第用朱不厚，间多敲裂"[25]。其中，张成作品髹漆肥厚，磨工圆润，雕刻精细，杨茂则以藏锋清楚、线条柔和见长。由于受干预较少，元代漆器风格变化不大，色调单纯和谐，常见造型为圆盒、圆盘、葵花形盘、菱花形盘、委角方盘、八方盘，图案花纹多为山水花鸟，构图、意境倾向江南文人审美意识。上海青浦任氏墓出土的剔红东篱采菊图圆盒（上海博物馆藏），盒面中心雕一老者头戴风帽、身着袍服，策杖而行，后随一仆童，双手捧着一盆盛开的菊花，传达出"采菊东篱下，悠然见南山"之意，与当时文人的隐逸心态相和。

瓷器领域的发展尤为特殊。官营手工业体系中，瓷器官作坊数量最少，全国为皇室服务的制瓷管理机构仅有设于景德镇的浮梁磁局一处，规模不大，长官品秩不高；但同时大量商品瓷进入流通贸易，政府鼓励民间生产，对其征税。元代官瓷最受学界认可的品种是模印双角五爪龙及制作精美的"太禧""东卫""枢府"款卵白釉器物，其中"枢府"款瓷器多认可属浮梁磁局为枢密院定烧品[26]。江南民窑烧造除景德镇外属江浙行省的龙泉窑、哥窑有广泛影响。官、民窑并立体系下，江南瓷器的二元特征还突出表现在本土士人的审美意趣与外来族群的时尚风格各有市场。哥窑青瓷仿南宋风格，器型多偏小，表面光素无纹，精美简练、优雅大方，深受江南士大夫及士人化的蒙古、色目贵族的偏爱；同时，由于内需外销的迅速增长，特别是穆斯林对青瓷的青睐，龙泉青瓷开始出现大型器，有了更丰富的装饰，纹饰内容有明显的宗教民俗色彩，造型

上也更加雄放饱满。享有盛名的元青花主要出自景德镇，因西亚市场的需求和国内穆斯林的热衷开始崛起，并很快收获了广泛的喜爱和庞大的海外市场，是典型的"混血儿"。青花瓷依托西亚的钴蓝原料制作，色彩贴近蒙古人、穆斯林的尚白、尚青风格，制作技艺则在很大程度上继承宋瓷；造型上既有承继两宋典范的梅瓶、玉壶春瓶，也有宋瓷中不常见的高足杯造型；图案布局受穆斯林文化影响显得十分繁密，但纹样题材又常见宋瓷流行纹样，中国历史范畴内的人物故事图案增多，如南京市博物馆藏元青花梅瓶饰以"萧何月下追韩信"图案。

（二）文人生活与艺术创作的传承发展

入元后，以士人阶层为主体的江南文人内心所经变故尤为剧烈，政权的更迭不仅令其在政治社会被边缘化，丧失了经世致用的机会，也因夷夏之辨带来了思想文化上的差异甚至价值理念上的分歧。遽然的落差下，江南文人在出世入世中矛盾挣扎，有的人孜孜求仕以谋重振"纲纪"之路，有的人退而投身治学、释道、诗文、书画。但无论出世入世，江南文人始终坚守内心的文化自尊与价值认同，于多元纷杂的政治社会环境中强调自我个性、重视自身情感，由此江南文风更见浓郁，文人生活更添雅趣，文艺创作也有了新的特征。

文人雅集历东晋兰亭、西晋金谷园、北宋西园等盛会，在元代的江南迎来繁盛局面。元代前期，江南地区承南宋遗风兴诗社、雅集，大批隐逸文人聚于杭州等地。与天庆寺雅集、万柳堂雅集等以大都为中心、有浓重官方背景的北方雅集不同，江南的雅集脱离了官场社交礼仪，不言官府之政，以齿序论交，作林壑之谈，显得更为恣意放松。高克恭、鲜于枢、李衎等北方士人也自由平等地出入于雅集中，与江南士人密切往来。随着时间的推移，江南的文人雅集愈发成熟，特别是一些资财雄厚的商人为雅集提供了经济和场所上的支撑，规模和影响都不断扩大。元末，松江曹知白的曹氏花园、华亭杨谦的不碍云山楼、吴县徐达左的耕渔轩等都汇聚了名著一方的文人雅士，吕良佐的应奎文会、濮乐闲的聚桂文会召集江南文士作

文品评，杨维桢与铁雅诗派、高启与北郭诗社也在集会中不断发展。昆山顾瑛的玉山雅集更臻至鼎盛，在纷乱的时局里维持了约二十年之久，可考的集会不下百次，参与者涵盖汉、蒙古、西夏、回等多个民族的朝臣、学官、名士、释道、工匠、声伎，柯九思、杨维桢、王蒙、倪瓒、张雨、释良琦、张渥、赵元、聂镛、萨都刺、昂吉、泰不华等均曾与顾瑛游。玉山雅集极园林台榭之胜、参与人员之多、持续之间之长、创作作品之丰富，是元末江南乃至中国历史上文人雅集的代表之一。

元代文人雅集的主要活动形式是游乐山水、觞酌宴饮，间为诗文书画、鉴赏博古、弹奏乐器、歌舞游戏、煮茶品茗，世俗享乐一一尽有，又充满了文人意趣，体现了此间文人的世俗趣味与审美风格。初期的雅集中，与集者"醉醒庄谐，骈哗竞狎"[27]，但发展至中期已是"谈谑庄谐，啸歌起止，各尽其趣"[28]，元末更常常美酒笙歌、女乐杂沓。文人逐渐抛却内心的失落无奈，在世俗游戏中享受闲适意趣，抒发个人情感，由此诞生了大量别具一格的诗文书画作品。就诗文创作而言，内容上除了少数反映战乱之语，多即景即事，吟商烟霞，感怀身世，传递真实自然的情感和对人生的思考。作品形式自由，"歌行比兴，长短杂体，靡所不有"[29]。在雅集的影响下，元末诗风产生深刻变化，"铁崖体"迅速发展。"铁崖体"以杨维桢为宗，摒弃格律束缚，体裁上以更为自由奔放的古乐府为主，往往构思奇特，借奇崛的意象表达诗人的思想与情感，因而在审美上表现浓烈，感染力强，个体特征鲜明。透过更显个人化的作品，我们能看到一个个性张扬、心境旷达、感情真挚、有着强烈自我意识的文人群体。

文人画是元代江南文人的另一"复古"之举。南宋灭亡后，画院随之取消，文人取代宫廷画工成为绘画的主力，而此时的绘画之于文人不是仕宦的阶梯，也不是附庸于修身治国平天下的身份标识，而成为他们归于现世人生、表达内心情感、实现自由娱适的媒介。赵孟頫提倡复古画风是文人画兴起的开端，他标榜古意，提倡师法自然，并以援古入画为切入点托古

改制，主张以书法笔墨入画，丰富了绘画表现形式，还有意将绘画与诗书印融合，绘画作品的题跋普遍增多。赵孟𫖯《洞庭东山图》轴（上海博物馆藏）写太湖东洞庭山之景色，承续江南董巨画派清润柔婉的笔意，稍加疏放的披麻皴并略染青绿，笔墨取景已与宋人截然不同，画的右上方还自题诗一首，署款"子昂"，并钤"赵子昂氏"的朱文印，形成元画的另一种新面目。赵孟𫖯于书画领域完成了从理论到实践的建构，为文人画的发展奠定了基础。

赵孟𫖯之后，以元四家为代表的江南文人画家进一步将文人画推向成熟。他们在生活中寻找创作源泉，关注画中意境的构建与自身情感的表达，通过赋予意象一定的象征意义，传递主观意识和个人情绪，同时重视笔墨意趣，放笔超逸，显示出"自娱"之意，其间诞生了许多以江南山水、草堂等为主题的写意作品，为后世构建起淡雅清秀的江南印象。黄公望的《天池石壁图》轴（故宫博物院藏）以苏州城吴县境内的天池山景色为主要创作对象，胎息董巨却又自运家法之作，层峦叠嶂，千岩竞秀，烟云流润，气势雄浑；倪瓒的《渔庄秋霁图》（上海博物馆藏）作于弃家逃难之时，当时社会开始动荡，个人命运由盛转衰，作品于近景绘缓坡树木，远景勾勒平缓山丘，中景大段空白表现平静的湖面，通过"三段"式构图营造了空旷悠远的意境和孤寂苍凉的心境；王蒙的《青卞隐居图》轴（上海博物馆藏）描绘了家乡吴兴卞山的景色，表现出江南山岭浑厚苍润的特点，整幅画面厚重而有古意，笔墨变化多端，多种皴法和苔点相结合，这种繁密的绘画技法，标志着元代绘画笔墨语言的转折和创新，对后世有极大影响。通过江南文人画家的集体艺术实践，文人画取代院体画、确立了中国绘画史中的主流地位，持续影响了中国画坛数百年，而江南文人画家集群也成了后世吴门画派、松江画派的前身。

四 结语

蒙元统治者对社会的控制主要体现在对军权的绝对掌控和差异化的政治待遇，在其他方面大多自由宽松、杂糅而治，地域环境与社会交往都更加自由开放。这一时期的江南，维持了卓越的生产力，挖掘出巨大的商贸能力，吸引了诸多外来者，人口高度密集，社会面貌空前活跃。但是，大多数外来者如蒙元统治阶层一样对"汉化"并不感兴趣，他们依"本俗"生活，展示自己的思想理念和审美风格，多元共存的族群和宗教更像是在共享江南这一开放繁荣的空间，在其中寻求自身的利益与价值，彼此交流却难以真正融合。

而立足江南本土，政治地位上的劣势、多元社会中的自由独立，烘托着江南地区已相当成熟的文化传统。"南人"特别是江南士人阶层在强大的文化自尊与价值自信中，找到了身处蒙元治下的"自适"之法，在世俗生活和审美风格层面更加强调传统甚至走向"复古"，主体意识不断增强，宋以来的人文内核因此得以经由元代延续、发展，并拥有了更为坚韧的品格，明清以来江南的大部分文化元素与特征均可向元代循其踪迹。自元始，文化中心逐渐独立于政治中心而存在，与政治中心形成相对格局，为明清乃至今天江南文化的繁荣保留了文脉，奠定了基础。

注释：

[1] 周振鹤：《历史学者说：江南是沿革》，《中国国家地理》2007年第3期。

[2] 周振鹤：《历史学者说：江南是沿革》，《中国国家地理》2007年第3期。

[3] 〔元〕刘孟琛等：《南台备要》，《元代史料丛刊·宪台通纪（外三种）》，浙江古籍出版社2002年，第141页。

[4] 《元史·百官二》载："大德元年，定为江南诸道行御史台，设官九员，以监江浙、江西、湖广三省，统江东、江西、浙东、浙西、湖南、湖北、广东、广西、福建、海南十道。"〔明〕宋濂等：《元史》卷八十六《百官二》，中华书局1976年，第2179页。

[5] 《元史·百官七》载："（至元）二十一年，以地理民事非便，（江淮行省）迁于杭州。二十二年，割江北诸郡隶河南，改曰江浙行

省，统有三十路、一府。"〔明〕宋濂等：《元史》卷九十一《百官七》，中华书局1976年，第2306页。

［6］〔元〕阎复：《江浙行中书省新署记》，《景印文渊阁四库全书》第1366册《天下同文集》卷七，台北商务印书馆2008年，第614页。

［7］〔明〕宋濂等：《元史》卷九十三《食货一》，中华书局1976年，第2364页。

［8］〔明〕宋濂等：《元史》卷十五《本纪第十五》，中华书局1976年，第308页。

［9］〔清〕阮元：《两浙金石志》卷十四《元世祖免秀才杂泛差役谕旨碑》，北京大学图书馆藏本，第12页。在线浏览地址：https://ctext.org/library.pl?if=en&file=27877&by_title=%E4%B8%A4%E6%B5%99%E9%87%91%E7%9F%B3%E5%BF%97&page=20（访问日期：2023年2月14日）。

［10］〔明〕宋濂等：《元史》卷九十三《食货一》，中华书局1976年，第2360—2361页。

［11］〔明〕丘濬：《漕运之宜》。〔明〕陈子龙等：《皇明经世文编》卷七十一《丘文庄公集》，北京大学图书馆藏本，第16页。在线浏览地址：https://ctext.org/library.pl?if=gb&file=47616&by_title=%E7%9A%87%E6%98%8E%E7%BB%8F%E4%B8%96%E6%96%87%E7%BC%96&page=101（访问日期：2023年2月14日）。

［12］〔元〕王恽：《秋涧先生大全集》卷五八《大夫浙西道宣慰使行工部尚书孙公神道碑铭》，景江南图书馆藏明弘治刊本，第17页。在线浏览地址：https://ctext.org/library.pl?if=gb&file=78746&by_title=%E7%A7%8B%E6%B6%A7%E5%85%88%E7%94%9F%E5%A4%A7%E5%85%A8%E9%9B%86&page=130（访问日期：2023年2月14日）。

［13］〔元〕王元恭辑修：《至正四明续志》卷六《赋役·盐课》，北京大学图书馆藏本。在线浏览地址：https://ctext.org/library.pl?if=gb&file=25776&page=70&by_title=%E8%87%B3%E6%AD%A3%E5%9B%9B%E6%98%8E%E7%BB%AD%E5%BF%97（访问日期：2023年2月14日）。

［14］〔元〕苏天爵：《元朝名臣事略》卷二《丞相淮安忠武王事略》，《景印文渊阁四库全书》第451册，台北商务印书馆2008年，第512—513页。

［15］黄时鉴点校：《通制条格》卷第二十七《杂令·拘滞车船》，浙江古籍出版社1986年版，第287页。

［16］黄时鉴点校：《通制条格》卷第三《户令·婚姻礼制》，浙江古籍出版社1986年版，第38页。

［17］〔元〕孔齐：《至正直记》卷4《减铁为佩》，上海古籍出版社1987年，第158页。

［18］〔意〕马可·波罗：《图释马可·波罗游记》，冯承钧译，吉林出版集团有限责任公司2009年，第192页。另注：马薛里吉思（Mar-Sachis），中亚薛迷思贤（今撒马尔罕）人，曾前往云南和闽浙，至元十四年（1277）被任命为怀远大将军、镇江府路总管府副达鲁花赤，在任期间他先后建教堂7所，其中6所在镇江的辖区内，1所在杭州。

［19］数据来源于《至顺镇江志》。转引自黄子刚：《元代基督教研究》，暨南大学博士学位论文2004年，第21页。

［20］《元典章》卷三三礼部六《释道·也里可温教》"禁也里可温搀先祝讚"条。陈高华等点校：《元典章》，天津古籍出版社、中华书局2011年版，第1143—1144页。

［21］〔元〕俞希鲁：《至顺镇江志》卷9《僧寺》，江苏古籍出版社1990年版，第385页。

［22］〔元〕倪瓒撰，江兴祐点校：《清閟阁集》，西泠印社出版社2010年版，第295页。

［23］《元典章》卷二十户部六《钞法》"整治钞法"条。陈高华等点校：《元典章》，天津古籍出版社、中华书局2011年版，第714页。

［24］〔明〕高濂：《论新铸伪造》，《遵生八笺》卷十四《燕闲清赏笺上》，浙江大学图书馆藏影印钦定四库全书本，第29页。在线浏览地址：https://ctext.org/library.pl?if=gb&file=60362&by_title=%E9%81%B5%E7%94%9F%E5%85%AB%E7%AC%BA&page=60（访问日期：2023年2月14日）。

［25］〔明〕张应文：《清秘藏》，《景印文渊阁四库全书》第872册，台北商务印书馆2008年，第16页。

［26］陈洁：《浮梁磁局与元代官瓷——兼论至正型元青花的特质》，《故宫博物院院刊》2019年第9期。

［27］1286年池堂燕集，出自戴表元诗作《杨氏池堂燕集诗序》。

［28］1298年张园宴集，出自戴表元诗作《八月十六日张园玩月诗序》。

［29］李祁：《草堂名胜集序》，〔元〕顾瑛辑，杨镰、叶爱欣整理：《玉山名胜集》，中华书局2008年，第7页。

元代宗教与江南文人

夏 侃（苏州博物馆）

内容摘要： 元代疆域辽阔，多民族杂居。在相对宽松的宗教政策下，各种宗教也在全国范围广泛流布。江南地区佛道盛行，地位尊崇，各色外来宗教均迎来鼎盛时期。而儒释道三教的不断融合，则为江南文人引领了新的精神风尚，也对文学、艺术、历法、社会生活等各个方面带来重要影响。

关键词： 元代 信仰 江南文人 三教融合

自公元1206年铁木真建大蒙古国，至1279年忽必烈灭南宋，蒙古铁骑以摧枯拉朽之势，横扫欧亚大陆，建立起了疆域空前广袤的大帝国。《元史》记载："自封建变为郡县，有天下者，汉、隋、唐、宋为盛，然幅员之广，咸不逮元。汉梗于北狄，隋不能服东夷，唐患在西戎，宋患在西北，若元，则起朔漠，并西域，平西夏，灭女真，臣高丽，定南诏，遂下江南，而天下为一，故其地北逾阴山，西极流沙，东尽辽左，南越海表。盖汉东西九千三百二里，南北一万三千三百六十八里，唐东西九千五百一十一里，南北一万六千九百一十八里，元东南所至不下汉、唐，而西北则过之，有难以里数限者矣。"[1]元代建立，直接打破了汉民族垄断中原政权的传统，使得少数民族第一次成为统治全国的民族，当战时停歇，时局稳定之后，忽必烈在刘秉忠、赵璧、许衡、姚枢等人的影响下，推行了一系列缓和的民族政策，比如禁止诸王将校狩猎践踏农田，禁止改农田为牧场，"重农桑、宽赋敛、省徭役"对社会生产恢复产生了积极意义；任用汉族文武官员，效法汉制"颁章服，举朝仪，定官制"[2]，甚至迁都燕京，取《易经》"元亨利贞""大哉干元"之意，改国号为"大元"，拉拢、保护地主阶级利益

等则一定程度缓和了汉族的反抗情绪，起到了稳固政权、维护统治阶级利益的作用。

元代之前，北魏太武帝拓跋焘、北周武帝宇文邕、唐武宗李炎、后周世宗柴荣等封建君主皆以国家机器、暴力手段直接打击、镇压佛教、道教、景教、摩尼教等宗教。元代实行民族等级制度，划分出蒙古人、色目人、汉人、南人四个等级并实行严厉的民族歧视和压迫。但在宗教信仰方面却是宽容的，统治者们在推崇藏传佛教的同时，对其余各种宗教均加以保护，崇尚信仰自由，对各教减免赋税、免除杂役，提升神职人员的社会地位。佛教在政治生活上获得了尊崇的地位，道教、伊斯兰教、基督教均迎来了各自的鼎盛时期，各色宗教之兴盛均为历史之罕见，而元代的宗教的多元文化亦对江南文化的融合起到了重要作用。

元代疆域辽阔，多民族杂居。除蒙、汉之外。还包括了蒙古之外的西北各族、西域甚至欧洲、西亚、中亚的"回回"、畏兀儿、唐兀（西夏）、吐蕃、阿儿浑、哈剌鲁、康里、钦察、阿速、斡罗斯等三十多个民族，以及原金朝统治下的汉族和汉化的女真、契丹等族。各民族都有自己的传统宗教信仰。伴随着战争、屯田和商业活动，各族人通过各种形式大批进入中国内地，汉人也大量流入少数民族地区，各民族在全国范围内交错分布，普遍杂居，各种宗教亦在全国各地广泛流布。除却本土的道教和早已实现中国话的佛教之外，基督教、伊斯兰教在中国境内有着相当广泛的分布，据《元和元以前的中国基督教》（周良宵先生著）考证，大都、腹里、岭北、辽阳、甘肃、云南、江浙、福建、山西等各个行省均普遍有基督教徒，而《元代回教人与回教》

（白寿彝先生著）则详尽分析了元代伊斯兰教在中国各地之普遍。犹太教分布虽无详尽史料，然开封、杭州、大都、泉州、宁夏等地的居住痕迹可间接证明犹太教分布的行迹。伴随海上贸易，摩尼教、印度教在东南沿海地区的流传也可以做出这样的推断。

元代统治者信奉萨满教，而萨满教是一种多神教，没有强烈的排他性，在其征服的过程中，亦并未强迫其他民族接受他们的宗教文化形态，而是推行"教诸色人户各依本俗行事"的宗教政策。常人出家、信教没有严格的限制，佛教徒只要"通晓经文，或能念诵书写，或习坐禅，稍有一能"便能剃度为僧尼。领到张天师的"戒法"为证书便可称作"先生"（即道士）。而信仰的自由也体现在统治阶层内部，成吉思汗曾严令诸位皇子"切勿偏重何种宗教，应对各教之人待遇平等"[3]。皇室成员内部，元太祖成吉思、太宗窝阔台、宪宗蒙哥三位大汗都是萨满教徒，定宗贵由和成吉思汗次子察合台信奉基督教，成吉思汗之孙别儿哥信奉伊斯兰教，世祖忽必烈信奉佛教，太宗后脱列哥那、睿宗后唆鲁禾帖尼信奉基督教，世祖后察必信奉佛教，安西王阿难答（忽必烈之孙）及所部十余万人信奉伊斯兰教，如此种种。

在宗教信仰自由的环境下，元代对各民族的宗教文化也表现出了充分的礼遇。《林县宝严寺圣旨碑》载"成吉思皇帝圣旨：和尚、也可里温、先生、答失蛮、不拣那什么差发休当者，告天俺每根底祝寿有者。"[4]即是说：佛教徒、基督徒、道教徒、回教徒都是沟通神与人的使者，是替皇室向上天祝寿祈福的，一切差遣徭役都应予以免除。至元十二年（1276）诏令"名山大川寺观庙宇，并前代名人遗迹，不许毁拆。……庙宇损坏，官为修理"。同时不准闲人随便进入寺院骚扰，"其有司勾当之人，非官司印押公文差遣，不得辄入寺观，骚扰僧道"[5]。

成吉思汗时期，全真教便得到赏识，礼遇之隆，太祖称丘处机为"神仙"[6]，命其掌管天下教门。入元之后，全真教地位尊崇，被赋予自由建宫观、广收徒众的权利，历任掌教尹志平、李志常、张志

敬等皆得元廷赐号，至元六年，世祖诏封全真祖师东华帝君、钟离权、吕洞宾、刘海蟾、王喆为"真君"，封王喆之七大弟子为"真人"。至大三年，武宗加封全真五祖为"帝君"，七真人为"真君"，嗣丘处机教业者尹志平、李志常等"十八宗师"为"真人"。流行于北方的太一道和真大道亦获赐真人号。江南地区盛行的正一、上清、灵宝三大传统符箓道派也都得到元廷认可，自正一道三十六代天师张宗演，历代嗣位的正一天师皆获元廷认可，封真人号，袭掌江南道教事，亦有道教徒在元廷任职，参与国家枢机大事。

元代藏传佛教地位空前，元世祖尊八思巴为帝师，授玉印，任中原法主，掌天下教门。赐"皇天之下，一人之下，（开教）宣文辅治大圣至德普觉真智佑国如意大宝法王，西天佛子，大元帝师"之无上称号[7]。自此奉为成例，每位皇帝登基之前必谒见帝师。汉地佛教则以南方的临济宗和北方的曹洞宗最为昌盛。早在蒙古征金时，成吉思汗就赐予临济宗名僧海云印简"告天人"称号，忽必烈仰慕其教证功德，遣专使请问佛法大意及"安天下之法"。在元一代，汉传佛教所受之优礼如《至元辨伪录》载"太祖则明诏首班。太宗则试经、造寺、雕补藏经。谷与（即贵由）皇帝则令僧扈从，恒诵佛经。蒙哥皇帝则供僧书经，高营宝塔"[8]。元代凡举行法会、念经、祈祷、印经、斋僧、修建寺院，费用几乎由国库支出，可谓"国家经费，三分为率，僧居二焉"[9]，元危素称"盖佛之说行乎中国，而尊崇护卫，莫盛于本朝"[10]。

元代通称基督教为"也可里温"，即"信奉福音或有福缘之人"。元代基督教主要是聂思脱里派（景教）和罗马天主教派。也可里温虽然"种田入租，贸易输税"[11]，但也可以享受优免差发徭役的特权。当时的大商人中，不少都是基督徒。至于从政而见于史传者不在少数，尤以镇江府路副达鲁花赤马薛里吉斯最具代表。据《大兴国寺记》记载马薛里吉斯"虽登荣显，持教尤谨，常有志于推广教法。一夕，梦中天门开七重，二神人告云：汝当兴寺七所，

赠以白物为记。觉而有感，遂休官务建寺。"[12]相继于镇江建大兴国寺、云山寺、聚明山寺、甘泉寺，于丹徒建四渎安寺，于黄山建高安寺，于杭州建大普兴寺等七寺院。还在云山和聚明山二寺下建立景教公墓。元代基督教教徒众多，遍布全国记周边地带，尤以镇江、杭州为多，据《志顺镇江志》卷三所载，元代镇江每167户便有1户为也可里温，每63人就有1人是也可里温，仅次于汉人、蒙古、女真之后。

元代伊斯兰教称"木速蛮"，汉文古籍中一般称为"回回"，不同于前代文献所称之"回回"，元代"回回"已与畏兀儿区分，专指迁居中国境内信仰伊斯兰教的阿拉伯人、波斯人和中亚各族。因元廷对色目人的重用，伊斯兰教成为与佛、道、基督教并列的大教之一。元代各地有清真寺万余所[13]，《巴图塔游记》便记载"中国各个城市都有专供居住的地区，有供礼拜用的大寺"，元廷还专门成立"回回哈的司"主管穆斯林民事诉讼和为国祈福，又设"回回国子学"进行宗教教育，设"回回司天监"掌观象衍历，设台医院广惠司掌修御用"回回药物"为帝王、皇戚治病。可见元廷对伊斯兰教的倚重。元代穆斯林上层社会地位较高，派往各地为官的回族人尤以江南为多，也使得江南地区回族人口较唐宋大增。其中又以泉州、扬州、杭州、镇江等地回族为众，杭州凤凰寺更是东南沿海伊斯兰教四大古寺之一

白寿彝先生指出："从民族发展上看，宋元时代是中国历史上的第三次民族大融合。"[14]在元代多民族杂居、多元宗教传播发展的局面下，各种宗教也开始兼收并蓄、彼此融合。以儒、释、道这三大文化精神来看，唐中晚期佛道思想与道教哲学充分融合进了儒家文化中，至宋一代，逐步形成了以儒为主，佛道为辅的思想格局。元代对佛道思想普遍认同，这虽然可能有社会政治的客观原因，但不难看出，元代既崇尚儒学又尊奉佛道现象非常突出。海云印简禅师曾进言："孔子善稽古典，以大中至正之道，三纲五常之礼，性命祸福之原，君臣父子夫妇之道，治国齐家平天下。……自孔子至此袭封衍圣公，凡五十一代。凡有国者使之承袭，祀事未尝有缺。"[15]倪昭奎（倪瓒兄长）曾任儒官，后皈依全真教，延佑二年授真人称号，成为元廷受封的道教领袖。又如张养浩在《寄阅世道人侯和卿》一曲中唱道："披一领熬日月耐风霜道袍，系一条锁心猿拴意马环绦，穿一对圣僧鞋，戴一顶温公帽，一心奉敬三教。休指望做神仙上九霄，只落得无是非清闲到老。"描绘出一个披道袍、穿僧鞋、戴儒帽的阅世道人形象。程巨夫认为："孔、释之道，为教虽异，而欲安上治民、崇善闭邪则同。"[16]开元重臣刘秉忠曾入全真教苦修，又拜天宁寺虚照禅师门下，学贯儒释道三家，推汉法、建礼乐、规划两都、制定国号，其在《呈全一庵主》写到"庄周一梦花间蝶，圆泽三生石上僧"[17]，援引庄老，又融入佛禅之境界。可见元代以儒治世、以道治身、以佛治心的三教合一思想格局已基本形成。

宗教的发展对文学、艺术、文字、历法、社会生活等各个方面产生影响，对文人的影响更为突出。元代文人"寄迹道家，游意儒术"[18]的现象非常普遍。究其缘由，或因遗民避祸"托于黄冠以晦迹"[19]；或无意仕宦向往林泉，追求清静无为；或为求仕不成，寄情山水。道教超脱物外，极虚静，弃物欲的宗旨成了文人的精神寄托。北方的全真教、太一道、真大道都呈现出浓厚的文人化倾向，以正一派为代表的南方道教也表现出相当的儒学特点。故元一代，能文、善诗，又兼书法绘画的道士颇多，丘处机、马钰、马臻、吴全节、朱思本、张雨、陈日新等皆为翘楚，其中又以马臻和张雨成就最高。马臻为正一派道士，字志道，别号虚中，钱塘人，善诗，有诗集《霞外集》，以书画闻名于当时。张雨亦为钱塘人，字伯雨，别号贞居子，倪瓒称其"诗、文、字、画、皆为本朝道品第一"[20]。相对于道教，元代文人遁入空门者则相对少一些，但在元代的宗教政策下，却是高僧辈出，"诗僧"辈出。释圆至（天隐）、释本诚（觉隐）、释大欣（笑隐）都是元代成就很高的诗僧，有"诗禅三隐"之称。清人顾嗣立《元诗选》收录16人530首僧诗，《元诗选癸集》又增补

126人277首；《元诗纪事》（陈衍 编）收录46位僧人诗作；《四库全书》收录元代僧人诗文集5部，分别为善住《谷响集》三卷，释英《白云集》三卷，圆至《牧潜集》七卷，大新《蒲室集》十五卷，大圭《梦观集》五卷，共有诗十八卷，1377首；《元代僧诗全集》《全元诗》更是收录300位僧人7000余首诗作。可见元代僧人的诗文成就。

在佛道思想的影响下，江南文人与宗教的关系更为密切，文人儒士亦多于僧道交游往来。倪瓒精通经史诸子、释老岐黄诸家学说。曾在友人玄文真师之玄文馆内修习多年，每日"谢绝尘事，游心淡泊"[21]，与张雨、高启、虞集、黄公望、薛玄曦、顾瑛、云冈道师、杜真人、章炼师、钱羽士等作诗文之会。晚年参禅悟道，又与惠朗禅师、简上人、释方厓等佛教人士交往密切。同为元四家的黄公望，"幼习神童科，通三教，旁晓诸艺。善画山水，师董源，晚年变其法，自成一家"[22]，年轻时怀有"兼济天下"的抱负，后"为权豪所中"[23]，便绝意仕途投全真教门下，徜徉山水之间，与张雨、吴全节等道友往来唱和，与王逢、杨维桢、倪瓒等名士交游。马致远早年亦有"佐国心，拿云手"[24]的抱负，奈何郁郁不得志，遂归隐林泉，做了名"酒中仙""风月主"[25]，"尘外客""林间友"[26]（马致远《[双调]行香子》）的隐士。他存世的7部杂剧有5部是神仙道化剧，可见佛道对其创作的影响。杨

维桢在诗文、戏曲方面均有建树，其诗婉丽动人又雄迈自然，后称"铁崖体"，为历代文人推崇。其未曾皈依佛道，却对道宗佛法理解精义，诗友学生之中亦多有道士，僧人，其自称"以余交浮屠南北之秀，凡数十人。"[27]，更是"挟才藻，风流豪赏"出入玉山草堂，堪称精神之领袖[28]。昆山顾瑛，家业豪富，清财好客，广结名士。其《自题像》中"儒衣僧帽道人鞋，天下青山骨可埋。若说向时豪侠处，五陵鞍马洛阳街。"正是儒、释、道三合一的形象，亦是其悠游世外，出入三界之写照。玉山草堂更是名卿大夫、高人韵士与夫仙人、释士之流饮酒赋诗、挥麈清谈、题序记跋、琴箫唱和之地，

元代是一个宗教异常繁荣的时期，在宽松且多元的宗教文化影响下，元代文人对宗教的接受和认同也达到前所未有的程度。在江南一地，虽广有伊斯兰教、基督教徒，但仍未能撼动儒释道思想的根本地位，亦是在"三教合一"的影响下，文人们逐步形成了隐逸内敛的精神风尚，元代隐逸之士，数量远超过往，方式也前所未见，他们隐于田园，隐于山林，隐于释老，隐于市井，隐于书画。在散曲中吟唱人生理想，任情纵性、享受自然山野之乐。在诗文中表达平和旷达、闲适潇洒、优哉游哉的禅道情趣。在杂剧中描绘远离尘嚣、自在逍遥的桃源仙境。亦为"江南"带来不一样的人文风情。

注释：

[1] 〔明〕宋濂等：《元史》卷五十八《地理志一》，中华书局1976年，第1345页。

[2] 〔明〕宋濂等：《元史》卷一百五十七《刘秉忠传》，中华书局1976年，第3694页。

[3] 多桑：《多桑蒙古史》上册，冯承钧译，中华书局1962年，第158页。

[4] 蔡美彪：《元代白话碑刻集》，《一二六一年林县宝严寺圣旨碑（二）》，科学出版社1955年，第22页。

[5] 《大元圣政国朝典章·礼部》，僧道教门清规。

[6] 〔明〕宋濂等：《元史》卷二百二《释老传》，中华书局1976年，第4525页。

[7] 〔明〕宋濂等：《元史》卷二百二《释老传》，中华书局1976年，第4516页。

[8] 〔元〕释祥迈：《至元辨伪录》，南京礼部祠祭清史司明永乐十五年刻本。

[9] 〔元〕张养浩：《归田类稿》卷二《时政书》

［10］ 李修生:《全元文》卷一四七四《危素》七《扬州正胜寺记》,凤凰出版社1998年,第331页。

［11］ 〔明〕宋濂等:《元史》卷五《本纪五》,中华书局1976年,第95页。

［12］ 李修生:《全元文》卷六九六《梁项》,《大兴国寺记略》,凤凰出版社1998年,第336页。

［13］ 孔冠文:《重建礼拜至碑记跋》,《文物》1961年第八期。

［14］ 白寿彝:《白寿彝史学集》,北京师范大学出版社1994年,第4页。

［15］ 〔元〕念常:《佛祖历代通载》卷二十一。

［16］ 〔元〕程钜夫:《雪楼集》卷九《秦国文靖公神道碑》。

［17］ 〔元〕刘秉忠:《藏春集》卷二,《北京图书馆古籍珍本丛刊》集部《元别集类》。

［18］ 李修生:《全元文》卷四九一《吴澄》一九《题吴真人封赠祖父诰词后》,凤凰出版社1998年,第531页。

［19］ 〔清〕顾嗣立:《元诗选》,中华书局1987年,第2371页。

［20］ 〔元〕倪瓒:《清闷阁集》卷九《题张贞居书卷》,西泠印社出版社2012年,第300页。

［21］ 〔元〕倪瓒:《清闷阁集》卷一,五言古诗《玄文馆读书》,西泠印社出版社2012年,第10页。

［22］ 〔元〕夏文彦:《图绘宝鉴》卷五。

［23］ 〔元〕钟嗣成:《录鬼簿》卷下:"黄子久,名公望。松江人。先充浙西宪吏,后在京,为权豪所中,改号一峰,以卜术闲居。"

［24］ 隋树森:《全元散曲》马致远《小令》,(南吕)《四块玉·叹世》,中华书局1964年,第237页。

［25］ 隋树森:《全元散曲》马致远《小令》,(双调)《清江引·野兴》,中华书局1964年,第243页。

［26］ 隋树森:《全元散曲》马致远《套数》,(双调)《行香子》,中华书局1964年,第271页。

［27］ 李修生:《全元文》卷一三〇三《杨维桢》二一《送照上人东归序》,凤凰出版社1998年,第298页。

［28］ 丁福保:《历代诗话续编》,《艺苑卮言》卷六,中华书局2006年,第1040页。

运粮四万六千余石，从海道至京师"[11]。海盗出身的朱清和张瑄拥有大批船只，同时熟悉南北海路，他们利用这些条件首先开辟了国内的海上运输路线，运送粮食之余，也为中央运送江南财物。也正是因为如此，行泉府司建成后，二人从"共同掌管海运事务"逐渐发展为"专掌海运事务。"虽然首次运粮效果不是很好[12]，但是他们建立起了元朝的海运事业。

在朱、张二人开辟的基础上，至元三十年殷明略另开一路，"从刘家港入海，至崇明三沙放洋，向东行，入黑水大洋，取成山转西至刘家岛，又至登州沙门岛，于莱州大洋入界河"[13]，此条航道对漕粮运输起到了很好的效果，顺风时只需十余天就可以到达大都，粮食的实到率也得到了保障。

（二）海外贸易

元政府一直积极倡导海外贸易，鼓励外国商人来华贸易。至元十五年（1278）忽必烈曾下诏"其往来互市，各从所需"。元代的海外贸易从政策上得到了支持的同时，《市舶则法》的完善从法律层面对这一行为做出了保障，"舶商、梢水人等，皆是赶办课程之人，落后家小，合示优恤。所在州县，并以免除杂役"[14]，对于海商的优待政策，也为海外贸易的发展和壮大提供了可能性。

元代江南地区的海外贸易对象主要是相邻的朝鲜半岛和日本。中国与朝鲜半岛自古交往密切，即使是一度在政治上断绝往来，但双方经过海路的贸易活动是一直存在的，元统一全国后，中国和朝鲜半岛的贸易终得到稳定、和平的发展[15]，并成为元代海外贸易的重要组成部分。相比之下，元代中国官方与日本的贸易几乎断绝，这与忽必烈曾两次东征日本有关，但与之相对的是，元代与日本的民间贸易却异常繁盛，一度形成"政冷经热"的局面，而中日关系也在民间来往的频繁互动下出现了松动，最终形成了以睦邻友好的经济贸易和文化交流占主要地位的交往关系。

海外贸易主要经营的对象是元代的手工艺品，其中以瓷器和丝织品为主要输出产品，尤其是中国的瓷器，成了一项销路极大的热门商品。同时，中国也从日本和朝鲜半岛购买大量的珠宝、工艺品、实用器和食物等。庆元港也因为优越的地理位置和它身处制瓷业和丝绸业发达的江南地区，几乎包揽了对日本和朝鲜的贸易，成为元代中国与日本和朝鲜半岛海上贸易最重要的口岸。

（三）江南地区的重要港口

所谓港口城市，是指位于水域沿岸，拥有港口并具有水陆交通枢纽职能的城市，这些城市往往要承担着沟通海外与内陆贸易的职责。自至元十四年（1277），元政府在泉州、庆元、上海、澉浦设立4个市舶司始，虽几经变革，庆元都始终保持着其重要港口的地位。此外，有着优越地理位置且背靠长江三角洲经济区的太仓刘家港，也是元代江南地区的另一个重要港口。

①太仓刘家港

太仓，古称娄东，发源于太湖的娄江，位于长江入海口的南岸。位于太仓东部的刘家港因其符合封建政权的政治需要，进而得以确立其港口的历史地位

至元二十四年（1287），经朱清、张瑄疏导后，娄江由刘家港入海，成为太湖唯一的泄水大道。至元三十年殷明略航线的确立，更是使"不浚自深，潮汐两汛，可容万斛之舟"的刘家港承担了漕粮海运的任务，"万艘如云，毕集于海滨刘家港"[16]，江南地区的粮食从四面八方汇入刘家港，在此装点起运，源源运往大都。

元代刘家港凭借各种机遇和得天独厚的自然条件，在海外贸易方面也发挥了重要作用。以海运为契机，包括刘家港在内的太仓由居民尚不满百的沿海村落发展为"番汉杂处，闽广混居"的六国码头，乃至"天下第一码头"，"大通番舶。琉球、日本、高丽诸国咸集太仓，成天下第一都会"，足以见得太仓刘家港当时的盛况[17]。

为适应海运和漕运的需求，元政府虽然没有在刘家港设立市舶司，但先后在刘家港设海道运粮万户侯，水军都万户府，行泉州司，市舶提举司，至

正二年还将其确立为庆元市舶司的分司，就是对与海运联系在一起的刘家港的现实重要地位的认可。

②明州——宁波庆元港

自唐始，明州之名就出现在史书上。北宋淳化年间明州市舶司的设立对其发展十分有利；南宋时期，朝廷偏安东南，明州成了对外贸易的重要始发港；元代升明州为庆元路。庆元在元代依旧是重要的海外贸易地点，在对外贸易中持续发挥作用。

空前繁盛的海上贸易使得元代通商所及地区和国家相当广泛，东到高丽、日本，南到印度和南洋各地，西南通阿拉伯、地中海东部，西边达非洲。大运河先将国内各种货物运往庆元港，在此装船后，沿海上丝绸之路运往朝鲜半岛、日本乃至东南亚等地，同时也把国外的货物运回国内贩卖，"南通闽广，东接日本，北距高丽，尚博往来，物货丰益"[18]，庆元港成了与日本和朝鲜贸易的重要港口。

明州道是庆元港（也叫明州港、宁波港）最主要的航线，以庆元港为始发港，分南北两条线路[19]：北线是由东南沿海直接横渡东海，抵达朝鲜半岛和日本；南线是从江南的扬州、盐城、明州起航，横渡东海南部至奄美群岛，逐岛北上至九州。

元政府在庆元首设市舶司后，先后将温州市舶司、上海市舶司和澉浦市舶司并入庆元，庆元的地位得到了提升，管理范围也得到了扩大。除了作为港口，庆元还成为朝廷多次重要军事行动与使节出航的始发港[20]，这说明元政府对庆元的重视，也进一步说明了庆元港在元朝经济、军事、政治、外交等方面的重要性。同时，庆元还是海上丝绸之路文化传播的重要窗口，由于庆元自身具有浓郁深厚的佛教文化底蕴，大批日本和高丽僧人从庆元登陆，研习佛典并传回本国，也体现了庆元港在国际文化交流中承担着向外辐射传播的作用

四 结语

在元代开放的海上贸易政策下，"圣人以四海为家，不相通好，岂一家之理哉？"，"仰为孚泰，一视同仁，不遐迩小大之间"，执政者开放的世界观，促成了元朝与其他国家的交往和贸易往来，《市舶则法》的制定和完善，推动了海上贸易规范化和系统化发展，保障了元政府在世界范围内的政治外交和商品贸易。

元代繁盛的海上贸易极大地促进了中外各国之间的文化交流，尤其是对于经济发达，手工业技艺高超的江南地区来说更是如此。对中国来说这种贸易来往并不是单纯的出口和进口，而是一种世界性的活动，在当时的东西方形成了一个国际性的贸易网络，并借由转口贸易的方式覆盖到世界各消费地，如新安沉船出土的阿拉伯玻璃发簪、紫檀木以及各种香料，无疑是先从其原产地被集中到杭州地区，再贸易给新安船货主人的。

在这场对外贸易中，中国在输出物的同时，将承载在这些物上的文化元素传播到了输入地并产生了深远的影响；除此之外，西亚细亚艺术、印度艺术、伊斯兰教艺术、欧洲艺术等也通过中国向朝鲜和日本传播。

注释：

[1] 杨志娟:《回回海商集团与元代海洋政策》，《烟台大学学报》2013年第3期。

[2] 〔东汉〕班固:《汉书》，中华书局，1983年。

[3] 〔明〕宋濂:《元史》卷九十四志第四十三《食货二》，中华书局1976年，第2401页。

[4] 吴晶晶:《元代市舶制度研究》，内蒙古民族大学硕士学位论文，2017年。

[5] 高美京:《新安船出水陶瓷器研究述论》，《故宫博物院院刊》2013年第5期。

[6] 吴晶晶:《元代市舶制度研究》，内蒙古民族大学硕士学位论文，2017年。

[7] 杨志娟:《回回海商集团与元代海洋政策》，《烟台大学学报》2013年第3期。

［8］　杨志娟：《回回海商集团与元代海洋政策》，《烟台大学学报》2013年第3期。

［9］　〔明〕宋濂：《元史》卷一十五《世祖纪十二》，中华书局1976年，第311页。

［10］　陈高华：《元代的海外贸易》，《历史研究》1978年第3期。

［11］　〔明〕宋濂：《元史》卷九十三志第四十二《食货一》，中华书局1976年，第2364页。

［12］　孟飞：《殷明略与元代海运》，《决策与信息》2016年第14期。

［13］　〔明〕宋濂：《元史》卷九十三志第四十二《食货一》，中华书局1976年，第2366页。

［14］　陈高华、张帆、刘晓等点校：《元典章》卷二十二户部八市舶则法第十八条，中华书局、天津古籍出版社2011年，第881页。

［15］　杨妮、王丁国：《元代浙江之海外贸易》，《浙江纺织服装职业技术学院学报》2008年第6期。

［16］　〔元〕危素：《元海运志》，《四库全书》第八十四史部四十政书类存目二《邦记》，编修程晋芳家藏本。

［17］　高荣盛：《元代刘家港历史地位的确立》，《"郑和与海洋"学术研讨会论文集》，1998年，第321—333页。

［18］　〔元〕王元恭辑修：《至正四明续志》卷一《土风》，《宋元方志丛刊》（影印本，全八册），中华书局1990年，第6576页

［19］　梁国庆：《新安沉船与海上丝绸之路》，《中国文物报》2017年6月30日。

［20］　李军：《宋元"海上丝绸之路"繁荣时期广州、明州（宁波）、泉州三大港口发展之比较研究》，《南方文物》2005年第1期。

元代的江南

——书画中的自然与人文世界

杨泽文（苏州博物馆）

内容摘要： 元代书法以江南为重，这要归功于赵孟頫。他提倡复古，取法晋唐。篆、隶、楷、行、草五体兼能，尤长楷书，以清新脱俗、高雅出尘为后世楷模。除赵氏以外，元代的江南还有鲜于枢、杨维桢、倪瓒、陆居仁等书法名家，他们流传于世的书法作品不光本身极具艺术价值，其中所记内容也是十分宝贵的文献资料，以文本的形式向我们呈现了元代江南文人的生活画面。绘画方面，赵孟頫提出"书画同源"的概念，无疑是技术层面的圭臬。而后出现的黄公望、吴镇、倪瓒、王蒙深受其影响。"元四家"们在长期的绘画实践中，将个人的笔墨情趣寄托于江南的山川林木、溪涧泉流之中，江南山、江南水由此变成了黄公望笔下的富春江、倪瓒笔下的太湖。

关键词： 元代　江南　书画作品　自然环境　人文景观

元代，一个金戈铁马的朝代，南宋政权历经半个世纪的顽强抵抗后，最终以崖山一战的失败告终。在统治期间，蒙古统治者为了防止汉人政权的复辟，对位居江南的南方汉人尤为戒备。江南地区主要指太湖和西湖流域，这里是南宋旧地，存在着多个如苏州、杭州之类的重要城市。为使此地汉人远离权力中心，元朝对科举采取了消极的态度，以至江南大多数文人只能放弃仕途，转而寄情山水、参禅入道、畅游艺园。这反倒促使了文学艺术的繁荣和发展，尤其是绘画艺术，在江南大地上一时孕育了赵孟頫、鲜于枢、任仁发、黄公望、倪瓒、吴镇、王蒙等书画俊彦。他们一转宋画严于形似、富贵华丽的冶艳之风，以书法的笔趣和动态承接画灵，并结合自身学识、涵养，将诗思、文心写入画意，满纸逸气，超凡脱俗。

江南，对于这些元代文人画家来说不仅是身心的归宿，也是精神的栖居。他们以手中豪翰，或写萧疏淡远，或写浓密葱郁，或作神采飞扬的书法，无声诉说着他们在江南大地上的故事，记录江南烟雨带给他们的感动，绢素之上实是江南心印。正是有了这些文人雅士的隽永图绘，元代江南才仿佛从迷雾之中向我们缓缓走来，江南文化中一个不可或缺的片段亦渐渐浮出水面。

一　烟雨江南

在中国传统文化语境中，对自然山川有一种超越本体的寄托。这一文化肇启似乎可以追溯到山水画独立为科，南朝宗炳在《画山水序》中说："峰岫峣嶷，云林森眇。圣贤暎于绝代，万趣融其神思。余复何为哉？畅神而已"[1]，提纲挈领地指出中国源起性山水画的要求和目的。元代画家无疑深谙其道，虽然这其中颇有些无奈，但江南的锦绣烟雨、古木丛筸，给了他们精神与肉体的双重自由，这也未尝不是一种幸运。

《富春山居图》卷是黄公望（1269—1354？）的传世名作，此卷为好友无用师所作，描绘了富春江一带的景色，历经沈周、樊节推、谈志伊、吴正志、吴洪裕等鉴藏，据传在明代被火烧成两段。其中较短的一段被称为《剩山图》，经装裱《剩山图》（图一）画面保留了一段山头沙汀。山石用淡墨作长披麻皴，笔法取董、巨，但又更加简约洗练。草木浓淡晕点，郁郁葱葱，尺幅之间山光水色，萧疏淡远，一段优美温婉的江南景致跃然纸上。而后较长的一段，根据画上题跋称为《无用师卷》（图二）。画中峰峦连绵、云洲沙渚，江水苍茫。山林之中的屋舍和泛舟垂钓的人物衬托出"山居"主题，是作者通原为手卷，后改装成册。经册扉页前后有观音、韦驮画像。册内有梁清标题签"赵松雪书心经，棠村重装"。经册装潢精致，檀香木浮雕缠枝花版面，中以璎珞相连，图案精美，雕工细密。册面中心有《赵孟頫心经墨迹》隶书题签。全经以笔法挺健，气势连贯的行书出之，行笔急速流动，结字欹正相生，不复唐宋时期佛经恭谨的笔法，可谓自创一格。除了佛经禅偈作品外，赵氏还有一些与佛教中人往来的作品传世，比如台北故宫博物院藏赵孟頫《俗尘帖》和《如在醉梦帖》，就是当时他与中锋和尚的信札。

相同内容的心经吴镇（1280—1354）也写过，吴镇一生孤洁高标，不接权贵，僻处魏塘，绕屋种梅。实实在在做到了隐居不仕、不随大流。吴镇的《草书心经》卷（图六）在装裱上正好与赵孟頫的相反，原为经折装，后重新揭裱成手卷。吴镇书法多为画作上自题诗文，少有单独的书法作品，此草书心经为其传世仅见的书法作品。卷前有刘墉书"吴仲圭草书心经"一签，卷后有清代刘墉、永瑆、杨守敬三人题跋。笔势取法唐人，古秀苍劲，笔简意深，有风神潇洒之态，自成一格。笔墨酣畅，浓枯相宜，随性变化，一气呵成。除了有作品传世，吴镇本人心向伽蓝，还常出入嘉兴的精严寺，自号"梅沙弥"。

宗教的影响除了体现在当时文人画家的创作中，还有一种情况就是名僧高道直接参与艺术创作活动。释本诚（？—1351后），字道元，号觉隐，嘉兴桐乡人，元僧四隐之一，根据《元诗选》的记载："住兴圣禅寺，嗣法虚谷陵禅师。又主本觉寺，寓吴下佳山水间"。其《夏木垂阴图》轴（图七）写夏日山居景色，画中山峦起伏，林木葱郁，溪流穿梭，房舍隐现，隐逸之士闲坐对谈，渔人放舟垂钓。全图错落有致，松紧相宜。笔法苍秀，山石土坡作披麻皴，树枝以鹿角式为主，树叶用点叶法，营造出一种浓郁茂盛之感。此作山峰秀润，水木华滋透露出董源笔意。张雨（1277—1348），又名天雨，字伯雨，号句曲外史，浙江杭州人，是当时有名的道士，师出镇江句曲茅山上清派，道号贞居子。学成之后回到杭州辅助王寿衍重建开元宫，行书作品《台仙阁记》卷（图八）就是为记录此事所作。此卷从开头"大开元宫台仙阁记"至结尾"张天雨书"共计四百二十二字，包含了台仙阁修建的原因和基本情况，着重记述了台仙阁命名的由来。全卷统一书写在淡墨乌丝格内，结字工整，笔锋清晰可见，体现了张雨对此作的重视与认真。整幅作品用笔劲利，

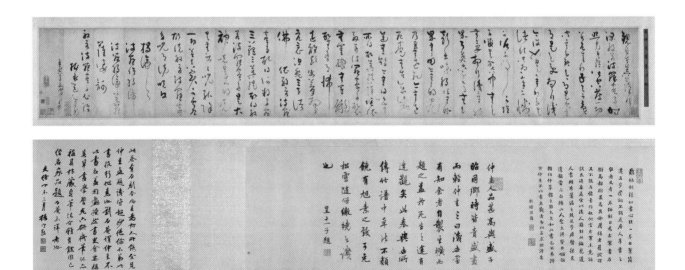

图六　《草书心经卷》

（故宫博物院藏）

图七 《夏木垂荫图》轴
（浙江省博物馆藏）

笔势行云流转，点划之间皆现作者深厚的基本功力。正如古人云："出新意于法度之中，寄妙理于豪放之外"[4]。

除此之外，绘画中佛之有名者还有雪窗、道之有名者方从义即是。宗教的兴盛从侧面反映了元代大一统给江南地区带来了新的繁荣，三教九流、文人雅客一时汇集富庶的江南。反而言之，宗教作为特殊社会意识形态的存在，也使得元代的江南在精神文化层面多了一份交流、碰撞，进而催生了诸多妙笔佳作流传于世。

三 雅集江南

《礼记》中说："独学而无友，则孤陋而寡闻"[5]。将此奉为圭臬的中国古代文人因而在历史上开展了许多交游、集会，以供学术观点的交流、诗词歌赋的唱和、书法绘画的展示，这类活动被称之为"雅集"。其中最著名的莫过于东晋的兰亭雅集，在酒宴之上王羲之以半醉半醒的状态，驱笔写下了流传千古的《兰亭集序》，是中国艺术史上的一段佳话。

江南雅集活动主要集中在元代末期，和元代中前期带有官方背景的雪堂雅集、天庆寺大会等雅集活动有所区别——江南雅集的艺术性更加纯粹。根据记载在当时比较著名的有：苏州耕渔轩雅集、松江竹西草堂雅集、昆山玉山草堂雅集等。这些雅集活动逐步与政治脱离，慢慢变成了群体性艺术追求的集合，行吟唱和、载歌载舞是元代江南文人生活的重要组成部分，其间也诞生了一批因雅集而起的优秀书画作品传世。

倪瓒、王绎（生卒年不详）合绘的《杨竹西小像》卷（图九）中描绘的正是松江竹西草堂雅集的发起人——杨竹西。杨竹西本名杨谦，字平山，号竹西，华亭人。《江南通志》中说他"读书尚志，不乐仕进。多高人胜士之交，尝筑小楼登眺海中大小金山，题曰'不碍云山楼'，杨维桢、贝琼俱为歌咏"[6]。图中所绘杨竹西人物特征明显，为其晚年形象。人物呈站立状，头戴乌巾，右手持竹杖，长衣长袍，骨骼清秀，面容清癯。眼睛刻画最为传神，呈细长、微眇之状，清晰的瞳孔和眼角的皱纹使得眼神坚定而深邃。嘴部虽被胡须遮盖，但仍可以看出薄唇紧闭，嘴角轻微上扬，让人感到安详平和。头顶的方巾和右手的竹杖强化了杨竹西身份和品格。细看整个人物，不难发现不管是躯干还是头部，都有许多淡淡的墨线，根据王绎自己所述"然后以淡墨罩定，逐旋积起……"[7]，这应是画家前期打稿、定型时留下的。在人物两边是倪瓒所补松石，采用了他擅长的枯笔淡墨，在石体上作侧锋皴擦，以呈

图八 《台仙阁记》卷
（上海博物馆藏）

现石头的质感和纹路。画面左侧的松树也用淡墨勾勒，给人以空灵、清秀之感。松石的淡雅、萧疏与人物相得益彰，让整幅画面处在相同的韵律之中。

和竹西草堂有关的作品还有张渥（生卒年不详）的《竹西草堂图》卷（图一〇）此卷首段为赵雍篆书"竹西"二字并附墨笔竹枝一段，篆书中锋用笔一气呵成，结体均匀，布局端庄。竹枝笔法洗练，飘逸清秀。中段为张渥所绘杨竹西草堂一图，此图以河水为分，右上方修竹丛篁，山峰缥缈；左下方背山临水处建一亭阁，通过画中工整的笔法可以看到此亭阁有两层台阶，内设地砖、床榻、背景，三面开门，比一般山间草庐要显得富丽得多，亭后树丛间还隐约有屋檐可见，预示着后面的空间，这应该就是雅集会所大致的面貌。亭内有一文士雅坐于木榻之上，两腿盘坐。阁外虬松杂书成荫，斜坡乱石成趣。整图笔墨清远，造镜雅致，洵为佳构。此

卷后附有杨维桢作《竹西亭志》一文，文中杨维桢解释了杨谦"竹西"之号的来历，全文笔意轻快、潇洒自如，笔势含蓄内敛，与晚年奔放张扬的风格大异其趣，是研究杨维桢早期书风的重要作品。之后还有张雨、马琬、陶宗仪等人的题跋，反映了以杨谦为中心的雅集圈子的概况。

以上两幅作品，详细地为我们描绘了竹西草堂雅集的发起人、场所、参与成员，将一段元代江南雅集活动完整地呈现在我们眼前。并且，倪瓒、王绎合绘的《杨竹西小像》卷是王绎作人物像传世孤本，正是有了这件作品才让我们能够在七百年后的今天，直观感受王绎《写像秘诀》中的人物画要法，领略古人的风采。

四　薪火江南

自赵孟頫提出"书画同源"的概念，历经黄公望、倪瓒、吴镇、王蒙的发展，使文人画中笔墨与

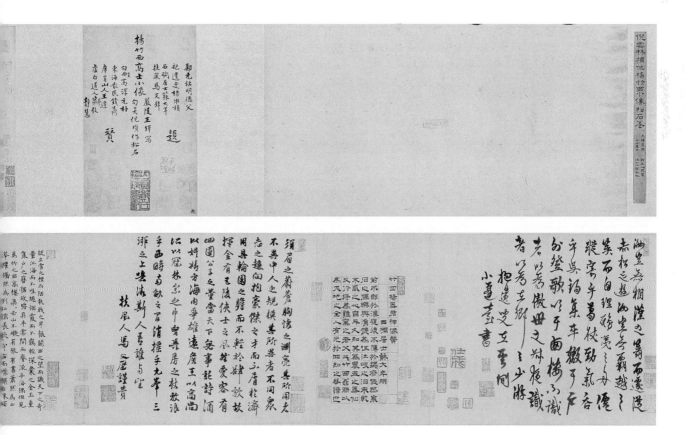

图九 《杨竹西小像》卷
（故宫博物院藏）

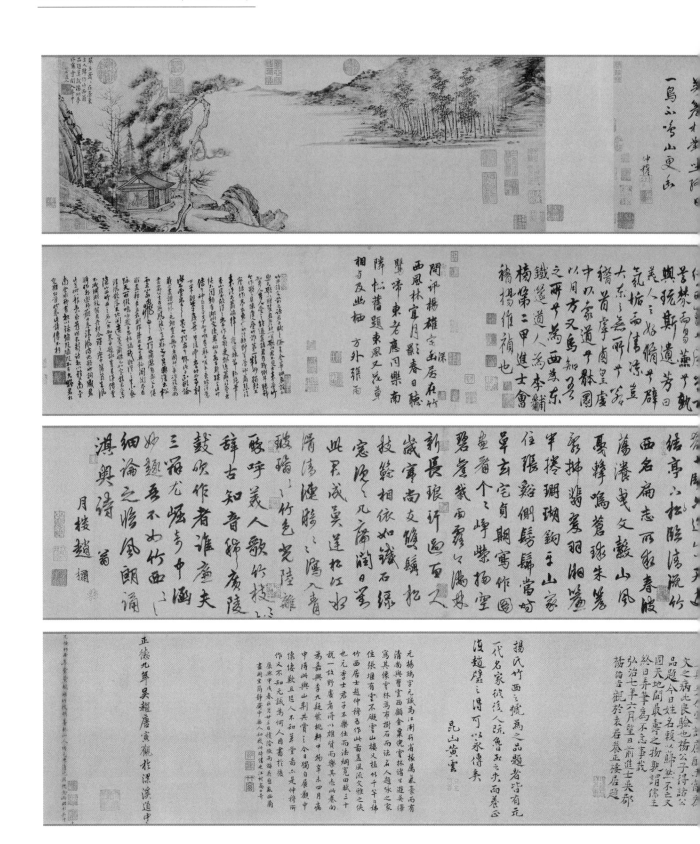

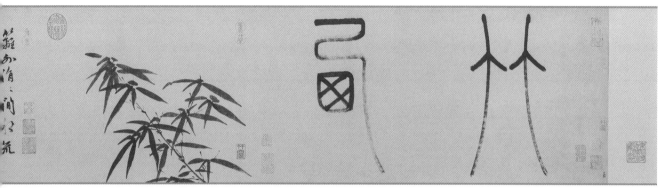

图一〇 《竹西草堂图》卷

（辽宁省博物馆藏）

诗意的形式关系进一步得到确认。这也强化、巩固了中国绘画发展的进程，对后世造成了极大的影响。明末清初的董其昌与"四王"遥接衣钵，在董其昌的《画禅室随笔》、王时敏的《西庐画跋》、王鉴的《染香庵画跋》、王原祁的《雨窗漫笔》、王翚的《清晖画跋》中都不乏对"元四家"的赞赏。同时，他们还有大量仿"元四家"的绘画作品传世。

董其昌（1555—1636）《仿古山水》册（图一一）中第二开、第五开、第七开分别仿作吴镇、

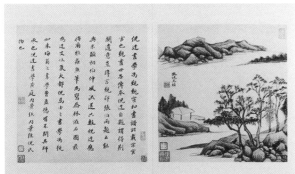

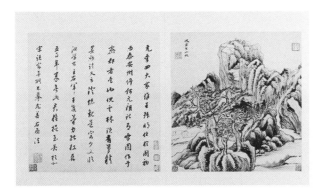

图一一 《仿古山水》册（故宫博物院藏）

1.第二开 2.第五开 3.第七开

倪瓒、王蒙。第二开图中作山间小景，画面右下角三棵古木郁郁葱葱，其下藏一茅草小屋，远处山缝中有瀑布飞下。山体用淡墨勾染，树叶以多种点叶法构成，疏密有致。此图山间瀑布和树叶点染颇有几分吴镇《渔父图》笔意。第五开画中共有沙渚、矮山四处，左侧近处六株直树横排，右侧远处设方檐小庐，笔法中仍可寻云林踪影，但仔细看却缺少了几分疏秀之气。第七开图中山石嶙峋、树木茂盛，景物占据画面近三分之二的位置。画面右侧有一条蜿蜒小路通往山顶，左侧隐约有二三人家。此画主题来源于黄公望的"山居"，山石皴染兼用，有黄公望苍翠旷远之感。

王时敏（1592—1680）《仿宋元各家山水》册（图一二）中有一幅自题"仿倪高士溪亭山色"，此图母本为倪瓒的《江亭山色图》，图中绘一段秋林坡岸、平湖远山的江南景致。相比于倪瓒原作，图中景物更加紧致，逸笔草草，横拖竖抹，同时也缺少了原作的工整、细腻，不过从山石树木的勾勒中均可寻觅出倪氏山水的踪迹。

王鉴（1598—1677）《仿黄子久秋山图》轴（图一三）此幅画上自题："子久秋山图为京口张氏收藏，董文敏谓此大痴一生杰作，此图拟之。"画中景物繁多，作深远之势。画面由近处坡石茂树展开，通过蜿蜒曲折的小溪与山路向深处延伸。山间隐约可见茅屋小楼，山下平湖微波，山上草被木莺翠。整幅作品疏密得当，气韵贯通。黄公望的《秋山图》原作已经散佚，虽然王时敏、王鉴、王翚、王原祁对《秋山图》都有仿作，然画面内容却往往各不相同；但不管怎么样，我们可以看成是这些后来的大师对前代大师的一种致敬。

王翚（1632—1717）《临宋元各家山水》册（图一四）中第四幅自题："赵文敏鹊华秋色卷向在郡中，为好事者购去，石谷子曾留粉本。此图小中见大，风规宛然。"根据题签可知这幅画作是仿习赵孟頫的《鹊华秋色图》卷，由房屋的位置大致可以确定是仿作《鹊华秋色图》的左半段。虽说此画和《鹊华秋色图》在某些方面有所不同，但总体还是可

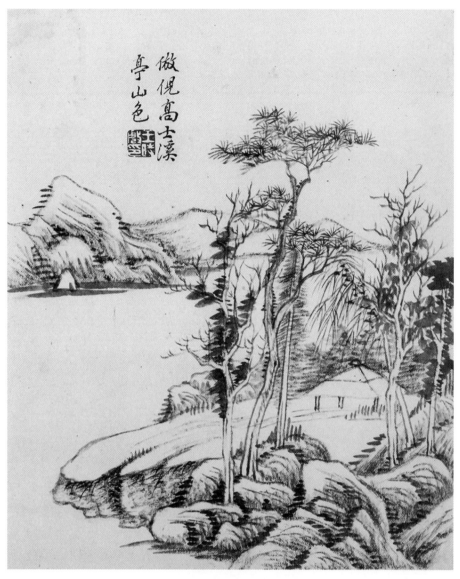

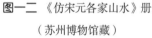

图一二 《仿宋元各家山水》册
（苏州博物馆藏）

图一三 《仿黄子久秋山图》轴
（苏州博物馆藏）

以看出原作的影子。图中坡石小树，屋舍间错，矮山起伏。树木、房屋用淡墨勾出，沙坡、远山则用中锋枯笔，笔意连绵。此图也作淡墨设色，颜色依循原作，但相比之下敷色要淡些。点点赭石红叶与深墨绿叶片交相辉映，整幅画作散发着美妙的秋意。

王原祁（1642—1715）《仿王蒙山水》轴（图一五），据王氏自题可知，此图初作于康熙四十年辛巳，即公元1701年，最终完成于康熙四十四年乙酉，即公元1705年，前后跨度长达四年，经多次点染而成，是王氏六十岁之后的作品，钤有"王原祁"朱文方印。画中皴擦极为繁复，可谓得王蒙三昧。王原祁在题识中说"画贵简，而山樵独烦，然用意仍简，且能借笔为墨，借墨为笔，故尤见其变化之妙"，可以说一语道出了绘画繁简的妙处。图中山势挺立雄浑，近处松林掩荫，小屋鹤舞，远处流水从山间直落，笔法虽取自王蒙，但在构图上与王蒙有别，留白较多，层次清晰。全图笔墨交融，干湿互见，具有苍润的艺术效果，极富文人山水情趣。

图一四 《临宋元各家山水》册
（苏州博物馆藏）

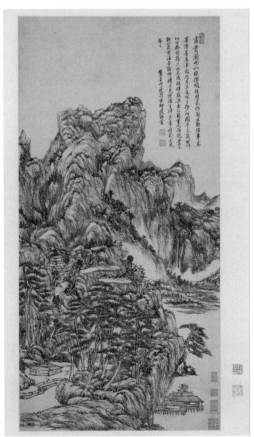

图一五 《仿王蒙山水》轴
（故宫博物院藏）

以上这些画作只是董其昌和"四王"仿元画作的冰山一角，从庞大的仿习规模来说，赵孟頫与"元四家"这些元代画家的影响力可见一斑。事实上，明代中后期活跃在苏州地区的沈周、文徵明等人也从中汲取大量的养分，只不过相对于后来的董其昌等人来说，不是那么明显而已。

五 余论

元代的江南在中国艺术史上宛如一颗耀眼的流星，短短百年却名家辈出，为中国文人画示范了形态准则。其中江南的一草一木、一山一水，成了滋养艺灵的载体。同时，也正是这些艺术家们的聚集、歌咏使江南的文脉通达，继元代之后又出现了明四家、清六家一类的画坛名流，江南的自然与人文在一点一画中隐然可见。

注释：

［1］〔南朝宋〕宗炳撰：《画山水序》，人民美术出版社1985年，第9页。

［2］浙江大学中国古代书画研究中心编：《元画全集》第三卷第三册，浙江大学出版社2013年，第24页。

［3］〔明〕宋濂：《元史》卷八十一《选举一》，吉林人民出版社

1976年，第1247页。

［4］〔宋〕苏轼：《经进东坡文集事略》（影印本）卷六十，北京文学古籍刊行社1957年，第997页。

［5］〔西汉〕戴圣：《礼记·学记》，岳麓书社2021年，第488页。

［6］〔清〕赵宏恩等监修：《江南通志》卷一百六十八，文渊阁四库全书本。

［7］〔元〕陶宗仪：《南村辍耕录》，上海古籍出版社2012年，第140页。

江苏连云港东海峰南村汉墓发掘简报

连云港市文物保护和考古研究所　东海县博物馆

内容摘要： 2022年6月，连云港市文物保护和考古研究所和东海县博物馆在东海县安峰镇峰南村抢救性发掘了一座西汉晚期墓葬。该墓是一座竖穴土坑石椁双棺合葬墓，在连云港地区发现较少，有较强的苏北鲁南汉墓的地域风格特征；出土了22件随葬器物，有釉陶器、铜铁器等，器物时代特征明显，为研究西汉晚期东海地区历史文化和社会经济提供了重要的实物资料。另外，该墓葬距离汉代厚镇遗址较近，或为汉代厚镇遗址居民墓葬。

关键词： 东海　西汉晚期　双室石椁墓　釉陶器

2022年6月9日，连云港东海县安峰镇派出所接群众举报，有峰南村村民在平整农田过程中发现古墓葬一座。随即连云港市文物保护和考古研究所、东海县博物馆考古人员赴现场展开调查，确认墓葬保存情况。后经国家文物局批准，连云港市文物保护和考古研究所联合东海县博物馆对该墓葬进行抢救性发掘工作。该墓葬为一座汉代双室石椁墓，编号2022LDFM1，属中小型墓葬，随葬品较丰富。现将发掘情况简报如下。

一　墓葬概况

墓葬位于东海县安峰镇峰南村北侧农田内，这里位于东海县西南角，与沭阳县交界，西北距安峰山约3.6千米，西南距厚镇遗址约4.3千米，北距东海县人民政府约24千米。地理坐标北纬34°20′41.98″、东经118°46′28.44″，海拔13米。据村民表述，墓葬所在地原名乌鸦墩，原为一大土墩，在二十世纪六十年代平整为农田，现地表往北仍高出周围1—2米（图一）。

现场迹象表明，该墓已遭盗扰。已完全暴露墓室顶，墓葬开口层位不详，墓葬南侧被一现代坑打破。东北角墓顶盖板已被掀开，东侧盖板遭破坏严重，石板缺失，其余结构保存完整。

该墓葬为竖穴土坑双室石椁墓，墓圹平面呈长方形，长3.4、宽2.2、残深1.2米，墓向88°。墓内填土为黄灰褐色花土，土质较致密坚硬，纯净无包含物。墓室平面呈长方形，长2.75、宽2.18、高1.1米，由15块厚石板组合砌成石匣状，由铺底板、两端立板、两侧立板、盖板组成。整个石椁所用石板皆为花岗岩石，为当地附近山上出产的白岩石和青石，长度不一，宽80—88、厚12—20厘米。表面加工平整，素面，两侧立板部分留有修錾石板的线状錾花。墓室内有南北两个椁室，系一次性修建而成。南北椁室形制、大小及结构基本一致，共用中间的立板，中间立板和两端立板交接处，有榫卯凹槽结构卡合。椁室两端立板和两侧立板均为一整块石板，保存完整。南北椁室铺底板均由两块石板拼合而成，部分断裂成多个小碎块。椁室盖板均由两块方形石板构成，东侧一块被盗扰残损严重。南北椁室盖板可独立使用且无叠压关系，加之盖板上部填土被破坏无存，故两椁室之间打破关系及埋葬先后顺序不明（图二）。

南北椁室面积狭小，仅容一棺，由于被盗扰严重，椁内木棺及人骨被扰乱严重，保存极差，棺木大小、位置及葬式不明。南椁室仅在椁内东北角残存部分头骨及肢骨，未发现随葬品。北椁室骨架主体结构尚存，肢骨粗壮，头向东。随葬品被盗扰严重，仅出土有铜带钩、石塞、铁箭镞、铁戈、环首铁刀、"五铢"铜钱等。根据骨骼及随葬品特征，推测北椁室墓主为男性。

在墓葬墓室西侧，有一长方形土坑器物箱，类

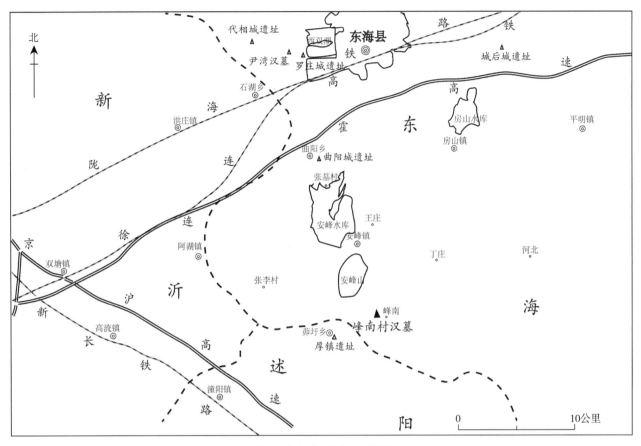

图一　峰南村汉墓位置示意图

似生土二层台构造，深度低于墓室深度。内填黄褐色花土，土质疏松，长2.2、宽0.56、残深0.82米。内放置釉陶器等随葬品。

二　出土器物

墓葬被盗扰严重，共出土随葬品22件（套），有釉陶器和铜铁器、石器。其中南椁室内未出土随葬品；北椁室内出土有铜带钩、铁剑等11件随葬品；另外石椁外的器物箱内出土有釉陶器10件、铜釜1件。下面按材质分述如下。

1. 铜铁器

铁剑　1件。M1：1，残为多段，锈蚀严重，不见剑首、剑格。长剑体中部起脊，双面刃，截面菱形。残长77、最宽3厘米（图三，1）。

铁箭镞　2件。形制相同，均残损锈蚀严重。三角形箭头镞，双面刃，铤身细长，中空，截面圆形。M1：2，残长13.5、最宽2.1厘米（图三，8）。M1：5，

残长16.9、最宽2.1厘米（图三，7）。

铁戈　1件。M1：3，残损锈蚀严重，残存中部。直援中有脊，直背。残长11.1、宽5.7、厚1.2厘米（图三，5）。

铜钱　8枚。均为圆形方孔，有内外郭，尺寸接近，部分黏结锈蚀。M1：4-1，五铢，篆书，"五"字两交笔甚弧曲，上下两部对称似炮弹状，"铢"字金头呈三角形，朱头方折，略高于金头。钱径2.55、穿宽1.06厘米（图三，10）。

环首铁刀　1件。M1：7，残损锈蚀严重。半圆环状首，直背，斜面直刃。残长22、最宽4厘米（图三，6）。

铜带钩　1件。M1：8，通体素面。钩首作兽首状，钩体为琵琶形，腹部较长，腹中部鼓起曲形，背部有一圆钮。通长12、高1.4、圆钮径1.5厘米（图三，3）。

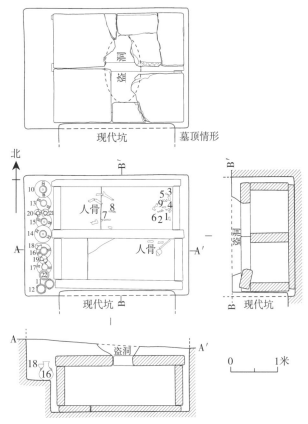

图二　峰南村汉墓墓葬顶面、平面、剖视图

1.铁剑　2、5.铁箭镞　3.铁戈　4.铜钱　6.石塞　7.环首铁刀

8.铜带钩　9.刀削　10、14.釉陶瓿　11、12.釉陶鼎

13、15—17.釉陶壶　18、19.釉陶盒　20、21.釉陶罐　22.铜釜

刀削　1件。M1：9，铁质，锈蚀严重，残存上部。长条形把首，直背，斜面单面刃。残长8.3、最宽2.4厘米（图三，9）。

铜釜　1件。M1：22，锈蚀，薄胎，侈口，尖唇，斜折沿，弧腹，腹下部不存。口径19.2、残高4.2厘米（图三，4）。

2.石器

石塞　3件。M1：6，石质，大小相同。白色泛黄，矮圆柱体，一端略细，通体磨制光滑，素面。可能分属于为鼻塞、耳塞。直径0.6—0.8厘米、高2.3厘米（图三，2）。

3.釉陶器

釉陶瓿　2件。形制相近。均破损，已修复。上

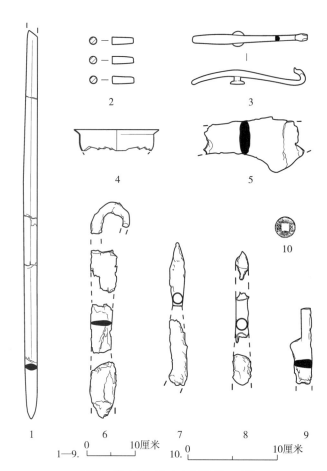

图三　峰南村汉墓出土铜铁器、石器

1.铁剑（M1：1）　2.石塞（M1：6）　3.铜带钩（M1：8）

4.铜釜（M1：22）　5.铁戈（M1：3）　6.环首铁刀（M1：7）

7、8.铁箭镞（M1：5、M1：2）　9.刀削（M1：9）

10.铜钱拓片（M1：4-1）

承盖，盖呈帽形，方唇，弧壁，上有蘑菇状捉手。瓿平口，溜肩，鼓腹，平底内凹。肩及上腹饰三道九周凸弦纹。肩部竖置一对铺首衔环兽面纹耳，耳上方有方形冠状贴饰，上刻有眉、眼、鼻、口、须等纹样。黄绿色釉，脱釉严重，灰色胎。M1：10，盖面素面，最大腹径在腹中部。口径12.4、腹径31.4、底径10.8、高25.5厘米（图四，9）。M1：14，盖面饰有三圈弦纹，最大腹径在腹上部。口径12.4、腹径30.2、底径12、高29.6厘米（图四，12）。

釉陶鼎　2件。形制相同。均破损，已修复。缺盖，器身子母口，深弧腹，盆形，平底。两长方

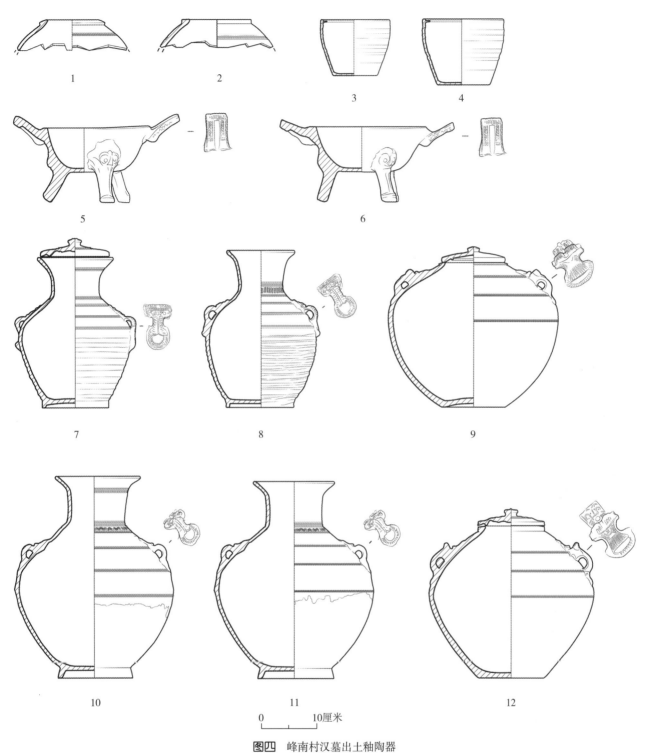

0 ____ 10厘米

图四　峰南村汉墓出土釉陶器

1、2.釉陶罐（M1：21、M1：20）　3、4.釉陶盒（M1：19、M1：18）　5、6.釉陶鼎（M1：11、M1：12）

7、8、10、11.釉陶壶（M1：15、M1：13、M1：16、M1：17）　9、12.釉陶瓿（M1：10、M1：14）

形附耳，外撇近平，耳有长方形穿，耳上饰方格纹。三长蹄足，足上饰兽纹，刻有眉、眼、鼻纹样。M1：11，口径20.3、底径、高15.6厘米（图四，5）。M1：12，口径21.8、底径、高14厘米（图四，6）。

釉陶壶　4件，均破损，已修复。M1：13、15，两件器型相近。侈口，尖圆唇，长束颈，溜肩，鼓腹，矮圈足底。颈下部饰两周凹弦纹。肩及上腹饰三道九周凸弦纹。肩部竖置一对铺首衔环耳。耳上饰兽纹，上刻有眉、眼、鼻、口、须等纹样，下衔环。下腹旋出数圈瓦棱纹。黄绿色釉，脱釉严重，灰色胎。M1：13，无盖。壶颈中部饰数周凹弦纹和波浪纹。口径12.8、腹径20.8、底径12.6、高27.6厘米（图四，8）。M1：15，上承盖，盖呈帽形，方唇，折腰，弧壁，上有蘑菇状捉手。壶口沿下饰两周凹弦纹。口径13.6、腹径20.8、底径12.2、高26.2厘米（图四，7）。

M1：16、17，两件器型相近。侈口，圆唇，长束颈，溜肩，鼓腹，矮圈足底。颈下部饰数周凹弦纹及波浪纹。肩及上腹饰三道九周凸弦纹。肩部竖置一对铺首衔环耳。耳上饰动物纹样，上刻有眼、须等纹样，下衔环。口沿及腹上部施黄绿色釉，脱釉严重，灰色胎。M1：16，口沿下饰四周凹弦纹。口径16、腹径29.4、底径13.8、高36.5厘米（图四，10）。M1：17，口径15.2、腹径30.2、底径14、高35.2厘米（图四，11）。

釉陶盒　2件。形制相近。均破损，已修复。缺盖。器身子母口，圆唇，深弧腹，平底。腹部有数圈施青绿色釉，灰色胎。M1：18，口径14、底径9.3、高10.4厘米（图四，4）。M1：19，口径13.6、底径8.9、高10厘米（图四，3）。

釉陶罐　2件。形制相近。均破损，残存口沿。侈口，腹上部饰三周凹弦纹，施黄绿色釉，灰色胎。M1：20，方唇。口径12.6、残高4.8厘米（图四，2）。M1：21，尖圆唇。口径11.8、残高5.2厘米（图四，1）。

三　结语

（一）墓葬年代

虽然此次发掘的墓葬未出土确切的纪年遗物，

但其墓葬形制及出土器物，时代特征鲜明，在连云港周边地区汉代墓葬中有相似发现。下面主要依据墓葬形制、出土器物的特征来初步推断墓葬的年代。

该墓葬虽被盗扰严重，但其墓葬形制及墓室结构基本完整。该墓葬为竖穴土坑双室石椁墓，石椁外有一专门放置随葬陶器的器物足箱，类似于木椁墓中常见的器物足箱。这种一椁双棺一足箱的合葬墓，是西汉中期以后常见的一种夫妇同穴合葬墓。而这种采用石板营建墓室椁室的石椁墓，在以往的发掘报告中，也有石室墓、石板墓、石匣墓等不同的称谓。但随着学术界对这类墓葬的研究逐渐深入，发现的大部分墓葬用石板围砌的"石室"实际是起到"椁"的作用，内有棺木，是古代棺椁制度在中、下层人群中的体现，因此学界多以"石椁墓"统称之[1]。并认为这种石椁墓是西汉中期后仿照木椁墓开始出现的新的墓葬形制[2]，到西汉晚期之后逐渐演变成汉画像石墓。目前汉代石椁墓在鲁中南发现最多，东海县与鲁南地区接壤，在汉代同属东海郡，两地的文化交流频繁，部分葬制葬俗受其影响深厚（图五、六）。

峰南村汉墓墓葬形制与滕州东小宫墓地东汉中晚期墓葬M161相同，滕州东小宫墓地共发现石椁墓264座，占整个墓地汉墓数量84%以上，时代在西汉中期至东汉中晚期[3]。同时近些年东海县博物馆在东海县境内也发现过形制相近的双室石椁墓，如在洪庄镇抢救性发掘的陈西村汉墓，出土有昭明镜；在黄川镇抢救性发掘的陈西村汉墓，出土有金饼1对。这两座墓葬时代均为西汉晚期至东汉初[4]。

该墓葬虽墓室被盗扰严重，但器物箱内随葬器物未被扰动，以鼎+瓶+罐+壶+盒为器物组合，形制接近西汉早期风格的仿铜陶礼器。陶器均为高温釉陶器，烧成温度较高，胎体较坚硬，基本能达到硬陶标准。出土的釉陶壶（M1：15）是连云港地区西汉晚期至东汉初汉墓中常见的器物，形制与赣榆石岭汉墓M2[5]出土釉陶壶相近。出土的釉陶鼎（M1：10）双立耳，外撇严重，盆形腹，下附三兽足与滕州东小宫墓地西汉晚期墓葬M324[6]出土陶鼎

图五　墓室顶部俯拍

图六　墓葬清理后俯拍

形制相近。出土的五铢铜钱（M4：1-1）字体清瘦，朱字头方折，磨郭五铢和剪边五铢是西汉晚期后的典型特征。因此推测峰南村墓葬的墓葬年代应为西汉晚期，或可至东汉初。

（二）余论

今峰南村周边区域分布的汉代城址，有曲阳城遗址、代相城遗址、罗庄城遗址、城后城遗址、厚镇遗址（厚邱故城）。其中峰南村汉墓直线距离厚镇遗址仅4.3千米，二者距离较近。因此我们推测峰南村汉墓或为汉代厚镇遗址居民墓葬。

厚镇遗址位于今沭阳县茆圩乡厚镇村境内，又名厚邱故城遗址或厚丘故城遗址。据《读史方舆纪要》记载："厚邱故城……县北四十六里，汉县。"[7]《汉书·地理志》记载：东海郡，县三十八……郯、兰陵、朐……厚丘。"[8]另外在尹湾汉墓出土的《集簿》《东海郡下辖长吏名籍》简牍中也提到厚丘县是东海郡下辖的一个县[9]，县域范围在今沭阳和东海县交界地区。此次发掘峰南村汉墓刚好在两县交界地区，为东海、沭阳地区汉代墓葬形制、社会经济发展和丧葬习俗的研究提供了难得的实物资料。

领队：惠　强
发掘：朱良赛　张　杰　刘劲松
　　　杜平　陈渊明
绘图：胡天磊
整理：张　杰　朱良赛　陈渊明
修复：肖振峰
摄影：杜　平　陈渊明
拓片：朱良赛　杜　平
执笔：张　杰　朱良赛

注释：

[1]　山东省文物考古研究所著：《鲁中南汉墓上》，文物出版社2009年，第294页。

[2]　黄晓芬：《汉墓的考古学研究》，岳麓书社2003年，第82页。

[3]　山东省文物考古研究所著：《鲁中南汉墓上》，文物出版社2009年，第209页。

[4]　东海县博物馆内部资料。

[5]　南京博物院等：《江苏赣榆盐仓城遗址及墓地发掘简报》，《考古与文物》2022年第1期。

[6]　黄晓芬：《汉墓的考古学研究》，岳麓书社2003年，第82页。

[7]　〔清〕顾祖禹：《读史方舆纪要》，上海书店出版社1998年，第184页。

[8]　〔清〕班固：《汉书》，团结出版社1996年，第274页。

[9]　连云港市博物馆：《尹湾汉墓》，中华书局1997年，第15页。

鸮面罐相关问题初探

王子煜（南京大学历史学院）

内容摘要：甘青宁地区的马厂类型、齐家文化、菜园文化等文化群体使用一种具有地方特色的器物，即鸮面罐。鸮面罐是来自东方的文化因素和本地文化交融的产物，既有本地人头壶和单把罐的影响，又有偏流口器物和鸟形器的影响。这类器物的出现也支持其他考古发现中相关文化因素在上述时期发生深入交流的观点。

关键词：鸮面罐 甘青宁地区 陶器 文化交流

新石器时代晚期乃至青铜时代早期，在中国西北的甘青宁地区活跃着一系列文化面貌独特而又与周边地区关系密切的文化群体，如半山类型、马厂类型、齐家文化、菜园文化等。考古发现和考古学研究的不断深入显示，甘青宁地区的这些文化群体与周边其他文化具有广泛的文化交流迹象。以宁夏南部地区为例，仰韶时代就已经吸收了来自关中地区相关考古学文化因素[1]，仰韶晚期，又接受了来自甘青马家窑文化的影响，形成了菜园文化—页河子类型[2]。龙山时代，乃至青铜时代早期，随着关中平原客省庄二期文化与甘青宁地区相关文化的互动，一些源自东方的文化因素逐渐在这些文化中明朗起来。在这种频繁而逐渐深入的文化交流背景之下，一种具有地方特色的器物，即鸮面罐在甘青宁地区出现。通过对这类器物的深入观察，可以推测其形成的动因应当与上述的文化交流过程密切相关，或可以说是文化交流的产物。本文罗列了一些现有的鸮面罐的材料，并在此基础上尝试讨论鸮面罐出现的原因及其体现的文化意义。

一 鸮面罐及其发现、研究情况

鸮面罐是甘青宁地区马厂类型、菜园文化、齐家文化等文化群体使用的一类器物，其具体特征为：器身主体为单把（耳）罐，器型整体橄榄形，似鸮的躯干，有的还添加了戳刺纹，模仿鸮体表的羽毛；

口沿部分有半圆形的附加部件，似鸮的头部，上施加镂孔，似鸮的眼、鼻，有的还添加附加泥条等装饰，似鸮面盘上的羽毛。因整体上酷似鸮的形象，故而命名为鸮（枭）面罐。从直观观察，这种器物在很大程度上模仿了现实中鸮的体态特征，因此这种器物是在该地区先民对鸮这种动物的观察和某种关于鸮的含义的赋予下形成的。

目前对鸮面罐的发现和报道并不多。一方面原因可能是鸮面罐是一种地方流行性的器物，在国内出现于甘青宁地区，尚无传播和影响到其他文化的证据；而另一方面，由于其鸮面部分主要是以附加装饰的方式安装于器身上，当鸮面部分脱落，或是器物上部破损残缺时，便很难识别出其原来是鸮面罐，因此，甘青宁相关遗址出土的一部分单把罐残器，有可能是未能识别的鸮面罐。

考古发现的鸮面罐，主要见于以下材料：

1. 1974—1978年，青海乐都柳湾墓地发掘半山类型至辛店文化墓葬共1500座，其中马厂类型872座墓葬中2座墓葬发现共2件，编号为756：5、916：16，并分为两型。齐家文化墓葬366座墓葬中10座墓葬发现共10件，分为两型，Ⅰ型：编号834：5、726：4、972：29等；Ⅱ型：编号1103：26、547：5、1017：5、采06、1056：5、1179：3[3]（图一、二）。

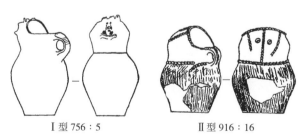

Ⅰ型 756：5 　　　　Ⅱ型 916：16

图一 柳湾墓地马厂类型鸮面罐

（采自《柳湾墓地》，文物出版社1984年）

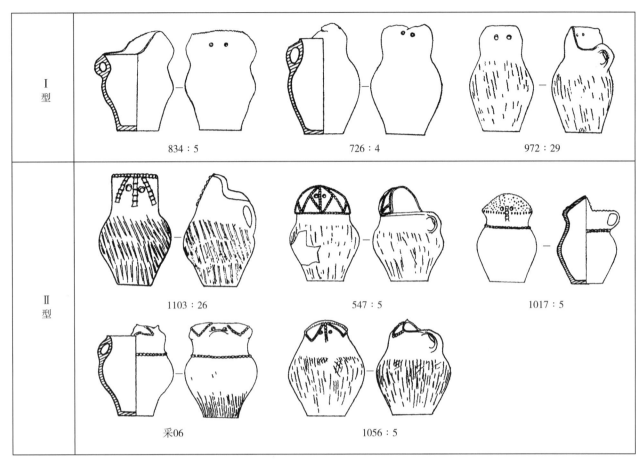

图二　柳湾墓地齐家文化鸮面罐

（采自《柳湾墓地》，文物出版社1984年）

2. 2009年宁夏固原柳沟遗址发现鸮面罐残器两件，编号为H6：15、H2：5，H6：15为口沿残片，有固定鸮面的痕迹；H2：5为鸮面部位残件。发掘者将遗址时代定为齐家文化师赵村类型，但有一定地方特色[4]（图三）。

3. 2015年宁夏隆德沙塘北塬遗址发现鸮面罐残器两件，编号为H186⑫：8、H130⑤：2，均为鸮面部位残件。发掘者将遗址时代定为齐家早期[5]（图四）。

4. 宁夏彭阳县博物馆、甘肃临夏州博物馆等博物馆藏有鸮面罐数件，但无出土信息。

从目前发现的情况来看，鸮面罐在齐家文化形

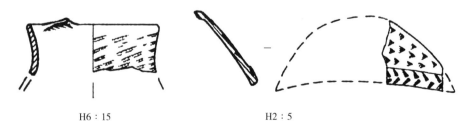

H6：15　　　　　　　　　　　H2：5

图三　柳沟遗址鸮面罐

（采自《宁夏固原柳沟遗址发掘简报》，《文博》2015第6期）

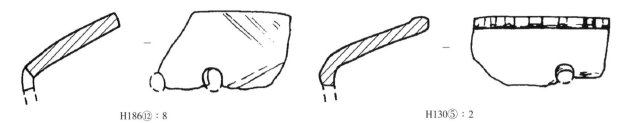

H186⑫：8 　　　　　　　　　　　　　　H130⑤：2

图四 2015年沙塘北塬鸮面罐

（采自《宁夏隆德县沙塘北塬遗址2015年发掘简报》，《考古》2018第5期）

成之前就已经出现，例如柳湾墓地马厂类型墓葬以及沙塘北塬遗址均有发现；到齐家文化时期，鸮面罐使用较之前似乎更多，如柳湾墓地齐家文化墓葬中的发现。在之前和之后的时间段的考古发现中，均未见这种器物的报道，这说明鸮面罐可能是这一时段甘青宁地区较有特色的一种器型，但并未对周边其他文化产生影响。甄强等通过对齐家文化大耳罐及其伴出器物的类型学分析中，以大耳罐的类型为序列分为七期，其中第二期出现马厂类型因素的器物，如彩陶双耳罐、鸮面罐等，第三期鸮面罐增多，第四期鸮面罐急剧减少消失[6]。

目前对鸮面罐这种器物的研究有以下一些成果：一些学者将其看作一种仿生形实用器物[7]。在《柳湾墓地》报告中，研究者认为，鸮面罐"造型新颖，形象生动，既是当时生活中的实用器，又是一种别致的陶制艺术品[8]"；汤惠生先生通过将柳湾鸮面罐与欧亚大陆和美洲的鸮面器物的综合研究，认为鸮形象表现了原始萨满对"再生"的追求[9]；有学者认为鸮面罐表现了河湟地区先民对鸮的图腾崇拜[10]；有学者提出鸮面罐可能作为巫师的法器使用[11]；还有研究者将实用器和宗教用具两种观点结合，认为鸮面部分有过滤药渣的功能，同时鸮造型也有驱邪的功能[12]。从目前鸮面罐的发现情况来看，并无这种器物在巫术等仪式使用的证据，这种器物制作并不十分精致，且在墓葬和遗址中都有发现，作为实用器的可能性更大。由于鸮面罐的数量不多，延续时间和分布地域都十分有限，因此对于这类器物的研究较少，进一步深入的研究，如其用途和制作方式等，还有待于新的考古发现提供资料。

二 鸮面罐出现原因及意义的初步探究

鸮面罐作为一种甘青宁地区特有的器型，笔者认为这类器物是代表两种文化的器物融合的产物，其一为甘青宁地区常见的单把罐和人头壶等，其二是来自东方文化的偏口形器物，如盉、鬶等。下文试作分析。

1.单把罐、人头壶等因素

单把罐作为带把罐的一种，是西北地区常见的一类器物，不仅出现于甘青宁地区，在新疆等地的同时代或稍早遗址中也广泛出现，在此不再赘述。甘青地区半山、马厂类型乃至齐家文化时期，以及宁夏菜园文化等文化中，单把罐（杯）作为一种典型器物大量出现。鸮面罐的口沿以下部分，其形制与同地区遗址的单把罐几乎完全相同，在这些遗址中出土的上部残缺的"单把罐"，一部分应该是不能识别的鸮面罐残器。单把罐作为当地常见器物，被甘青宁地区的先民在其基础上进行进一步设计和改造，在口沿部位添加了带有镂孔、贴塑等装饰的"鸮面"，从而形成了鸮面罐这种新的器型（图五）。

此外，西北地区自仰韶时代以来的一种传统的器型，即人头壶，也可能对菜园文化、马厂类型鸮面罐的产生造成了深远的影响。虽然人头形陶器在红山文化、宝墩文化等遗址都有发现，但数量远不及西北地区发现的更多更典型，秦安大地湾、洛南焦村出土的两件仰韶时代的人头壶形象传神，显示西北地区这种器物的制作工艺在仰韶时期已经达到了较高水准；类似器型的人头壶，在柳湾墓地的马厂类型时期仍然存在，如柳湾216：1、242：21[13]；

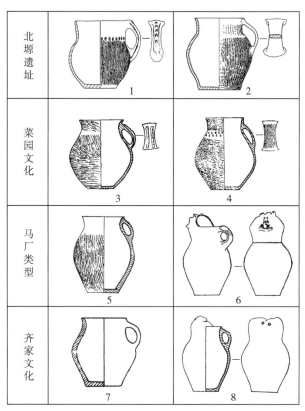

图五 西北地区相关文化的单把罐和鸮面罐

1、2.隆德北塬　3、4.海原切刀把墓地

5、6、8.乐都柳湾　7.永靖秦魏家

图六 秦安大地湾彩陶人头壶（左）及其头部（右）

此外，甘肃临洮、陇南等也发现了类似器物，其中陇南高寺头遗址发现的一件仅存头部，但从形制上看应也是人头壶的一部分，其时代属于齐家文化。这显示人头壶这种器物自仰韶时代以来至齐家文化时期的延续。人头壶的人头部的形态特点为，内部中空，在头顶等部位加入一些表示发型的装饰纹样，耳鼻处凸起，眼和口部位镂空。这些部位的制作模式与鸮面罐的制作模式十分相似，特别是用镂空的孔表现眼、口等，在鸮面罐上采用了同样的表现形式，显然，其也是鸮面罐的器型来源之一（图六）。

2.鸟（鸮）和偏流口器形因素

从偏口形器物上看，东西部不同文化的融合早在马厂类型、菜园文化之前就已开始。例如，陕西华县太平庄出土的仰韶中晚期的陶鹰鼎，作为一件三足器，体现了一些较为独有的特征，例如，器型

是不对称的偏口形，且明确体现了鸟类的形态[14]，这种器物的塑造形式，常见于同时期东方的器物，而陶鹰鼎可能作为这种陶器制作模式向西传播的先声。关中地区至客省庄二期文化时，东方的文化因素已经深入该地，并向甘青宁地区影响，此时偏口形器物，最典型者即鬶—盉类，在客省庄二期文化中已经出现。这一时期，来自东方的偏口形器物的增多，为鸮面罐的产生进一步奠定基础，并且也体现在一些其他器物上：如在宁夏菜园文化遗址中发现的鸭形壶就采用了偏口的形式[15]，其与当地及周边常见的壶口位置并不相同，而是偏于一侧，值得注意的是，壶口偏斜的形式、器物的不对称性与上述的鬶—盉具有异曲同工之妙。与此同时，东方文化因素中常用的鸟的形象，特别是一些鸮类的形体特征可能也在同时开始逐渐进入甘青宁地区。众所周知，鸮的形象在东方文化中表现较多，至商代，以鸮为形的器物非常常见，特别是具有重要功能的青铜器，如妇好墓出土的鸮尊等。刘敦愿先生指出，商代，鸮是"很受尊崇"的鸟类，具有一定的精神含义[16]，作为与东夷文化关系密切的商族，这种现

象可能继承了东方文化一些崇尚鸟类的因素。而这种对鸮的崇尚，似早在齐家文化之前，就已经影响到甘青宁地区，并导致了鸮面罐的出现（图七）。

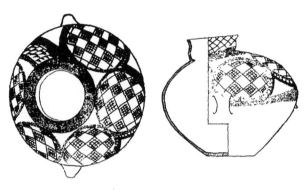

图七　菜园文化鸭形壶
（采自《宁夏海原县菜园村遗址切刀把墓地》，《考古学报》
1989年第4期）

在甘青宁地区出土的齐家文化的"盉"上，这种不同文化因素器型融合的现象得到了更加充分的体现。例如，齐家文化的遗址中发现的两类"盉"是不同的器型，前者是以三足器为基础器型，在大汶口文化中已经出现；而后者是以单把罐为基础器型。但命名者以同一名称命名，显然是因为这两类器物具备重要的共同特征，即其口沿部均为侧偏的管状流，因此器物的使用方式均为向流处倾斜以倒出液体。其中，前一类"盉"，是较为典型的东方文化因素产物，而后一类"盉"，则吸收了前一类的侧偏的流口形制，并将这一形制直接应用于当地自马家窑文化以来流行的单把罐上，合成了新的器型。在同一时代的相近地点出土的这两种器物，说明这种以单把罐作为器身、侧偏口的盉是甘青宁地区该时代形成的一种新的器型样式。这也可以印证甘青宁地区自马厂类型、菜园文化至齐家文化时期，东西两种文化因素碰撞融合的局面。卢超、郭永利认为，前一类盉与后一类盉（卢超、郭永利文中分别称为"甲类"和"乙类"）的关系为，前一类在齐家文化出现的时间早于后一类，前一类的盉在客省庄和新华文化中都存在，但传播至齐家后并未被大规模扩散延续；至与中原龙山晚期至二里头文化时

代相当的齐家中晚期，齐家文化与二里头文化交流更加广泛后，齐家才对二里头的盉进行了广泛的吸收和改制[17]。但从鸮面罐流行的时间看，虽然前一类盉未在关中、陕北地区流行时期向齐家乃至甘青宁地区更早的文化大幅扩散，但偏流口的器型对菜园、马厂、齐家早中期的器型的一定影响是存在的。从柳湾墓地发现的鸮面罐的比例来看，马厂类型共872座墓葬中，鸮面罐仅在2座墓葬中发现共2件，而至齐家文化时期，则在共366座墓葬中的10座发现10件，显然至少在柳湾，其流行程度有一定的上升，这也与盉在甘青宁诸文化的流行趋势大致相似（图八）。

上文中后一类"盉"的产生与鸮面罐的出现过程大致相似，只是口沿部侧偏的管状流来源于盉，而侧偏的斜流口来源于鬶，《青海柳湾》公布的Ⅰ型鸮面罐口沿部的形制与鬶及客省庄二期文化的盉相似，均为侧偏的斜流口，对侧装置的把（耳）上部与口沿相接，则接近客省庄二期文化的盉，且与马厂类型、菜园文化、齐家文化的单把罐把（耳）的位置相同。不同的是，鸮面罐的斜流口有向内倾斜的趋势，并在其中部设置两个或三个圆形镂孔，模拟鸮的两眼，使得这一部分在外观上具有类似鸮类面盘的特点，这来自上文中提到的人头壶。柳湾遗址中的Ⅱ型鸮面罐与Ⅰ型总体相同[18]，但在表现鸟类（鸮）的特征上加入了更多细节，在斜流口上添加了附加泥条，边缘制作成花边口沿的形式，与镂空的眼结合，更生动形象地表现出鸮的面盘的一些突出特征，使器物仿生的制作意匠更明朗；而鸮面罐下部椭圆形的罐体，也与鸮类蹲踞时的体态更加接近，罐体的绳纹、拍印纹等纹饰也辅助体现了鸮类体表羽毛的质感。所以鸮面罐的最初出现，是设计者结合了两种器型的不同特点，并使用了同时期北方文化陶器上常用的花边口沿、附加泥条等装饰，模仿鸮的体态构成的。

3.鸮面罐出现体现的文化意义

菜园文化、马厂类型时期，鸮面罐这种器物开始出现于甘青宁陶器群中，并延续至齐家文化中，

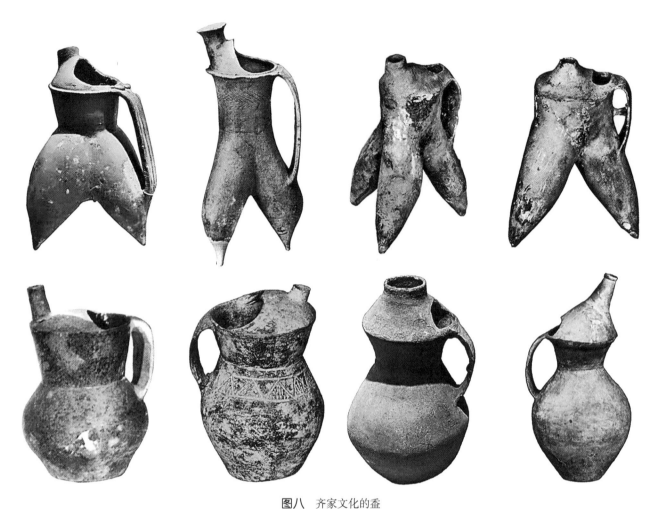

图八　齐家文化的盉

（采自《齐家文化陶盉的初步研究》，《四川文物》2021第1期。上排为前一类，下排为后一类）

体现了这些文化密切的关系。梁星彭先生认为齐家文化早期代表为秦魏家下层，与客省庄二期文化关系密切[19]；叶舒宪先生通过对玉礼器的分析，也同样支持关中地区文化的西进对齐家文化形成的影响[20]；韩建业先生认为，齐家文化的形成，应当是关中的客省庄二期文化与菜园文化融合的结果，并吸收了北方地区文化的一些因素；同时，齐家文化玉器的使用，来自石峁文化的西传，而最终源头，可追溯至海岱和江浙[21]。通过考察鸮面罐的形成，可以进一步印证以上结论的可靠，如，甘青宁地区偏口形器物的出现与客省庄二期文化的西渐关系密切，溯源于东方的偏口三足器和鸟崇尚文化与玉器一样，作为东方文化因素的代表，从关中平原、陕北等地进一步进入甘青宁地区，影响到甘青宁地区的陶器形制，最终导致了鸮面罐的形成。从这一角度看，作为一种文化因素融合的产物，随着其在甘青宁地区的不断发现，其文化意义应当引起进一步的重视。

目前这种器物发现和报道不多，研究还不够深入，尚未有条件可从类型学分析等方法为这类器物的出现和演变规律做一系统性研究，但新的考古发现和研究的展开，将会以对鸮面罐等器物的深入研究为出发点，推动甘青宁地区同一时代陶器群乃至文化发展等认识的新突破。

本文承宁夏文物考古研究所杨剑、王晓阳老师惠示材料和指导完成，特此表示感谢。

注释：

［1］ 胡永祥、高科：《固原地区新石器时代文化遗存分布状况调查》，《宁夏师范学院学报》2015年第2期。

［2］ 陈小三：《试析宁夏海原县林子梁遗址的两类遗存》，《考古》2016年第1期。

［3］ 青海省文物管理处：《青海柳湾》，文物出版社1984年，第126—127页。

［4］ 宁夏文物考古研究所：《宁夏固原柳沟遗址发掘简报》，《文博》2015第6期。

［5］ 宁夏文物考古研究所：《宁夏隆德县沙塘北塬遗址2015年发掘简报》，《考古》2018第5期。

［6］ 甄强、马骞、卢璐：《齐家文化及相关遗址出土双大耳罐研究》，《四川文物》2020第5期。

［7］ 伍秋鹏：《试论黄河流域史前动物雕塑的实用与审美装饰功能》，《重庆师范大学学报》（哲学社会科学版）2006年第4期。

［8］ 青海省文物管理处：《青海柳湾》，文物出版社1984年，第229—230页。

［9］ 汤惠生：《青海史前彩陶纹饰的文化解读》，《民族艺术》2002年第2期。

［10］ 王国林：《新石器时代河湟地区原始先民对"鸮鸟"的图腾崇拜》，《群文天地》2012年第17期。

［11］ 张成志：《青海彩陶造型功能的文化解读》，《青海师范大学学报》（哲学社会科学版）2014年第3期。

［12］ 饶胜：《鸮形器研究》，河南师范大学硕士学位论文，2016年。

［13］ 青海省文物管理处：《青海柳湾》，文物出版社1984年，第229—230页。

［14］ 北京大学考古系：《华县泉护村》，文物出版社2003年，第109页。

［15］ 宁夏文物考古研究所：《宁夏海原县菜园村遗址、墓地发掘简报》，《文物》1988年第9期。

［16］ 刘敦愿：《中国古代有关枭类的好恶观及其演变》，《山东大学文科论文》1979年总第2辑，山东大学文史哲研究所1979年。

［17］ 卢超、郭永利：《齐家文化陶盉的初步研究》，《四川文物》2021第1期。

［18］ 青海省文物管理处：《青海柳湾》，文物出版社1984年，第229—230页。

［19］ 梁星彭：《黄河中上游史前、商周考古论文集》，社会科学文献出版社，2015年，第60—92页。

［20］ 叶舒宪：《关于齐家文化的起源——十次玉石之路考察的新认识》，《中原文化研究》2019年第4期。

［21］ 韩建业：《齐家文化的发展演变：文化互动与欧亚背景》，《文物》2019年第7期。

安阳郭家湾新村殷商墓地研究

华天语（吉林大学考古学院）

内容摘要：安阳郭家湾新村墓地是一处文化内涵丰富的殷商时期文化遗存，是研究当时生活在殷墟的中小贵族与平民生产、生活的重要资料。本文以该墓地已确认分期的213座墓葬为主要研究对象，对其诸要素进行了时间、空间与等级上的比较分析，并将研究深入到了社会层面。同时，本文对郭家湾新村墓地与大司空墓地墓葬的诸要素进行了比较研究，认为它们包括陶器组合在内的诸多葬俗均十分近似，但大司空墓地的墓葬规格在宏观上略高于郭家湾墓地。

关键词：郭家湾 殷墟 墓葬 大司空

安阳郭家湾新村遗址是一处面积较大、保存较完好、文化内涵较为丰富的殷商时期文化遗存[1]，它位于殷墟保护区的东部边缘，于2000年秋季进行发掘并于2020年10月出版了发掘报告。在发掘过程中发现了商代中小型墓葬379座，出土了大量陶、石、骨、蚌、贝器及少量铜、玉、卜骨等随葬品[2]。这些遗存为研究聚居于此的殷商基层民众的生产和生活方式、社会经济和意识形态及聚落形态提供了重要的资料，弥补了殷墟以往考古发掘中缺少中小贵族与平民生产、生活相关材料的缺憾[3]。

目前有关郭家湾新村墓地的研究资料较少，除发掘报告外，仅李贵昌、李阳、孟小仲于2017年在《殷墟大型族邑聚落墓地中墓葬陶器组合的比较研究》中提出了相关认识。他们将郭家湾新村墓地中能够确定分期的墓葬进行了整理，并对这些墓葬随葬品中陶器的组合进行了总结与数据上的分析[4]。2020年出版的郭家湾新村考古发掘报告对该墓地墓葬包括头向、面积、葬式、随葬品在内的诸多要素进行了整理和描述，对随葬品和墓葬进行了分期，同时对墓地进行了分区和组合的整理研究。发掘者认为，郭家湾新村墓地是殷商时期家族墓地的生动

写照，这些墓葬虽然等级不高，但随葬品组合有较强的一致性，表现出很强的家族墓地的特征[5]。

本文希望以发掘报告和以往有关商代墓葬、商代家族墓地、商代等级分化、商代两性社会等方面的研究资料为基础，针对发掘报告中资料较为齐全的三十余座墓例和附表中分期已得到确定的百余座墓葬制作墓葬卡片，进而对墓地诸要素进行多角度的比较研究，在发掘报告详细描述与数据统计的基础上，以单个墓葬为单位，从微观角度对郭家湾商代墓地进行横向和纵向的梳理，试图揭示郭家湾新村墓地在葬式葬俗、墓葬的布局结构等方面的更多信息，总结出该墓地的一些规律性变化，进而从动态的角度考察该地区殷商基层社会结构的变迁状况。同时本文将把邻近的大司空墓地的相关考古发现纳入视野，探讨其与郭家湾新村墓地之间的关系，以此来丰富对殷商文化基层平民社会的研究，或可有助于深化学术界对殷墟商代文化的认识，为深入研究殷墟整体社会提供一个新的视角。

一 墓葬诸要素分析

安阳郭家湾新村殷商墓地共揭露商代中小型墓葬379座，它们被划分成三个墓区。其中西区墓葬分布密集，有约200座墓葬位于此处；中区墓葬相对稀疏，共有约130座墓葬；东区则有约40座墓葬零散分布[6]。在这379座墓葬中有213座墓葬目前能确定分期，其中属于殷墟文化第一期的墓葬共2座，属于殷墟文化第二期和第三期的墓葬各61座，属于殷墟文化第四期早段的墓葬共55座，属于殷墟文化第四期晚段的墓葬34座。本文拟以《安阳郭家湾新村》提供的相关资料为主，对这处墓地能够确定分期的墓葬就其各要素进行进一步研究。

（一）墓葬方向（表一）

发掘报告对郭家湾新村墓地中分期明确的墓葬

的方向角度都进行了明确记录，本文按照四个方向对这些墓葬按区和分期进行了整理与计算，从而得到了下表。从表中可以看到，郭家湾新村的墓葬大多都是北向（70.89%），南向（21.13%）次之，东向（6.57%）再次之，西向（0.94%）最少，呈现出主要为南北方向，东西方向零星分布的态势。这与殷墟遗址中墓地方向的整体特征是相一致的[7]。按照分区观察可以发现，东区墓葬以南向为主，东向次之，北向再次之；中区墓葬全为南北向，且以北向为主；而西区墓葬则在南北向为主的基础上，东西向均零星分布，三个区域的特征各不相同。

表一　郭家湾新村墓地墓葬方向统计表[8]

东 区					备注
	东	西	南	北	
第一期	0	0	0	0	
第二期	0	0	8（80%、13.11%）	2（20%、3.28%）	
第三期	0	0	1（100%、1.64%）	0	
第四期 早段	4（44.44%、7.27%、4.49%）	0	4（44.44%、7.27%、4.49%）	1（11.11%、1.82%、1.12%）	
第四期 晚段	1（20%、2.94%、1.12%）	0	3（60%、8.82%、3.37%）	1（20%、2.94%、1.12%）	
中 区					
	东	西	南	北	
第一期	0	0	0	1（100%、50%）	
第二期	1（5.88%、1.64%）	0	1（5.88%、1.64%）	15（88.24%、24.59%）	第二期M606 不知方向
第三期	0	0	2（9.52%、3.28%）	19（90.48%、31.15%）	
第四期 早段	0	0	1（5.56%、1.82%、1.12%）	17（94.44%、30.91%、19.10%）	
第四期 晚段	0	0	1（10%、2.94%、1.12%）	9（90%、26.47%、10.11%）	
西 区					
	东	西	南	北	
第一期	1（100%、50%）	0	0	0	
第二期	3（9.09%、4.92%）	1（3.03%、1.64%）	7（21.21%、11.48%）	22（66.67%、36.07%）	
第三期	0	0	9（23.08%、14.75%）	30（76.92%、49.18%）	
第四期 早段	2（7.14%、3.64%、2.25%）	0	4（14.29%、7.27%、4.49%）	22（78.57%、40%、24.72%）	
第四期 晚段	2（10.53%、5.88%、2.25%）	1（5.26%、2.94%、1.12%）	4（21.05%、11.76%、4.49%）	12（63.16%、35.29%、13.48%）	

（二）墓室面积（表二）

表二　郭家湾新村墓地墓葬面积统计表

			第三等级	第四等级
东区	第一期		0	0
	第二期		5	5
	第三期		1	0
	第四期	早段	4	5
		晚段	3	2
中区	第一期		1	0
	第二期		8	9
	第三期		10	11
	第四期	早段	9	9
		晚段	2	8
西区	第一期		0	1
	第二期		14	19
	第三期		19	20
	第四期	早段	18	10
		晚段	10	9

根据郜向平在《商系墓葬研究》中所述，他综合殷墟各个遗址的资料，以墓葬面积为主，结合随葬品和殉祭遗存，将殷墟的商代墓葬划分为四个等级。其中第一等级的墓葬面积为200到400平方米，其墓主身份推测为商王；第二等级的墓葬面积为8到150平方米（包括8平方米），其墓主身份推测为高级贵族；第三等级的墓葬面积为2.5到8平方米（包括2.5平方米），其墓主身份推测为中小贵族；第四等级的墓葬面积在2.5平方米以下，其墓主身份推测是平民[9]。以此为依据对郭家湾新村的墓葬进行分类可以得到上表的数据。从表中可以看到，郭家湾新村墓地第三等级的墓葬共103座，第四等级的墓葬共109座，从总体看二者比例相当，第四等级比重略高，这与《商系墓葬研究》中总结的殷墟墓地的情况一致[10]。按照分区观察可以发现，东区第三等

级的墓葬共13座，第四等级的墓葬共12座，西区第三等级的墓葬61座，第四等级的墓葬59座，均为第三等级墓葬所占比例较高；而中区第三等级的墓葬29座，第四等级的墓葬38座，第四等级的墓葬比例高一些。从时间上可以看到，第二期第三等级的墓葬有27座，第四等级的墓葬有33座；第三期第三等级的墓葬有29座，第四等级的墓葬有32座；第四期晚段第三等级的墓葬有15座，第四等级的墓葬有19座，均为第四等级的墓葬比例较高，而第四期早段第三等级的墓葬有31座，第四等级的墓葬有24座，为第三等级的墓葬比例较高。

（三）葬具（表三）

郭家湾新村墓地213座墓葬中能够确定葬具的墓葬共207座，其中仅有棺的墓葬共194座（93.72%），有棺有椁的墓葬共10座（4.83%），没有葬具的墓葬共3座（1.45%），可见该墓地能够确定分期的墓葬中绝大部分的葬具为棺，少量还有椁，极少量无葬具。整体上看，除黑漆棺较少以外，其他种类均流行，并且各种类在等级区分上没有较大差异。仅能看出黑漆棺在平民墓葬中更普遍，但因髹黑漆的墓葬数量太少，此现象可能仅仅是巧合。按照分区观察可以发现，东区墓葬的葬具以不髹漆或者髹红漆为主，在第四期出现了黑漆和其他颜色的漆；中区始终流行在棺上髹红漆，此外髹红黑漆和不髹漆的数量也较多，髹黑漆的较少；西区在棺上不髹漆和髹红漆、红黑漆皆很流行，髹黑漆的较少。

（四）葬式（表四）

郭家湾新村213座墓葬中所有能够被辨别的葬式均为直肢葬，其中仰身直肢葬共81座（69.83%），俯身直肢葬共22座（18.97%），剩余无法进一步辨认的直肢葬共13座（11.21%）。通过下表可以发现，仰身直肢墓的性别差异不大，女性稍多，而俯身直肢葬与男性的关系密切，该墓地所有可以辨别性别的俯身直肢墓均为男性墓葬。可见当年郭家湾新村遗址与殷代的其他遗址一样也流行着男性俯身葬的葬俗[11]。

（五）性别（表五）

郭家湾新村墓地确定分期的213座墓葬中只有

表三　郭家湾新村墓地葬具统计表[12]

东区		无葬具	只有棺					有棺有椁
			未髹漆	红漆	红黑漆	黑漆	其他	
第一期		0	0	0	0	0	0	0
第二期		2（0、2）	2（1、1）	4（2、2）	2（2、0）	0	0	0
第三期		0	0	1（1、0）	0	0	0	0
第四期	早段	0	2（1、1）	2（1、1）	1（1、0）	3（0、3）	1（1、0）	0
	晚段	0	2（2、0）	2（1、1）	0	1（0、1）	0	0
中区		无葬具	只有棺					有棺有椁
			未髹漆	红漆	红黑漆	黑漆	其他	
第一期		0	0	0	0	1（1、0）	0	0
第二期		0	2（1、1）	10（4、6）	3（1、2）	0	0	2（2、0）
第三期		0	5（2、3）	12（5、7）	3（2、1）	0	0	1（1、0）
第四期	早段	1（0、1）	1（0、1）	12（7、5）	2（2、0）	2（0、2）	0	0
	晚段	0	0	6（2、4）	2（0、2）	2（0、2）	0	0
西区		无葬具	只有棺					有棺有椁
			未髹漆	红漆	红黑漆	黑漆	其他	
第一期		0	0	0	1（1、0）	0	0	0
第二期		0	13（6、7）	6（3、3）	9（3、6）	2（0、2）	0	2（2、0）
第三期		0	14（9、5）	4（1、3）	12（3、9）	3（2、1）	0	5（5、0）
第四期	早段	0	10（7、3）	8（6、2）	7（5、2）	1（0、1）	1（0、1）	0
	晚段	0	4（3、1）	4（2、2）	7（5、2）	1（0、1）	0	0

表四　郭家湾新村墓地葬式统计表

	女性	男性	无法辨别性别	总计
仰身直肢	23	17	41	81
俯身直肢	0	21	1	22
直肢	0	0	13	13

表五　郭家湾新村墓地性别与墓葬等级统计表

	第三等级	第四等级	总计
女性	2	21	23
男性	9	29	38

61座墓葬目前已确定性别，其中墓主为女性的有23座（37.70%），墓主为男性的有38座（62.30%）。根据郜向平对殷墟墓葬等级分类的理论可以得出，女性墓葬中第三等级的墓葬仅有2座，占女性墓葬的8.70%；男性墓葬中第三等级的墓葬有9座，占男性

墓葬的23.68%，女性较高等级墓葬无论从数量还是比例上都远低于男性较高等级墓葬。而从随葬品来看，女性墓葬也是少于男性墓葬的。女性墓葬无论等级高低均为陶器墓，且第四等级墓葬随葬陶器均为1到3件，只有第三等级墓葬有超过3件的随葬陶器。而男性第四等级墓葬随葬陶器有的多达6件，其

至有 1 座墓葬随葬有铜器；第三等级墓葬有的随葬陶器多达 9 件，随葬品种类除了陶器外还有铜器、玉器和骨器。

（六）腰坑与壁龛（表六、表七）

表六　郭家湾新村墓地腰坑统计表[13]

	第一期	第二期	第三期	第四期	
				早段	晚段
东区	0	6（4、2）	1（1、0）	3（3、0）	4（3、1）
中区	1（1、0）	9（7、2）	13（9、4）	11（8、3）	4（2、2）
西区	0	24（12、12）	21（14、7）	15（11、4）	11（6、5）

表七　郭家湾新村墓地各期各墓区拥有腰坑的第三和第四等级墓葬占总数百分比统计表

	第一期	第二期	第三期	第四期	
				早段	晚段
东区	0、0	80%、40%	100%、0	75%、0	100%、50%
中区	100%、0	87.5%、22.22%	90%、33.33%	88.89%、33.33%	100%、25%
西区	0、0	85.71%、63.16%	73.68%、35%	61.11%、40%	60%、55.56%

郭家湾新村墓地确定分期的 213 座墓葬中有腰坑的墓葬共 133 座，占总数的 62.44%，其中第三等级墓葬中有腰坑的共 80 座，占总数的 77.67%；第四等级墓葬中有腰坑的共 53 座，占总数的 48.62%，与《商系墓葬研究》中所总结的殷墟墓地相关情况一致[14]。观察每个墓区各时期的具体数据可以发现，第三等级墓葬中拥有腰坑的墓葬数量基本都大于第四等级的墓葬，比例大于乃至远大于第四等级墓葬。可见对于当时生活在郭家湾新村的人群来说，腰坑自始至终都有较强的等级意味。

郭家湾新村墓地仅 4 座墓葬建有壁龛，它们分别处于第二期、第三期、第四期早段和第四期晚段，且均为第四等级的墓葬。可见在该地区壁龛并不流行，且壁龛的有无与墓葬等级没有关系。根据报告

对壁龛的详细描述可知，4 座墓葬中 M59 的壁龛位于墓主头侧墓壁（东）上[15]，属于《商系墓葬研究》中的第一类 B 型[16]，其余墓葬壁龛均位于墓主头端墓壁上[17]，属于《商系墓葬研究》中的第一类 A 型[18]。

（七）殉葬（表八、表九）

表八　郭家湾新村墓地拥有殉牲和祭牲的墓葬统计表[19]

	第一期	第二期	第三期	第四期	
				早段	晚段
东区	0	2（1、1）	1（1、0）	4（3、1）	2（1、1）
中区	0	2（1、1）	2（2、0）	5（4、1）	0
西区	0	5（4、1）	10（8、2）	6（6、0）	2（2、0）

表九　郭家湾新村墓地各期各墓区拥有殉牲和祭牲的第三第四等级墓葬占总数百分比统计表

	第一期	第二期	第三期	第四期	
				早段	晚段
东区	0	20%、20%	100%、0	75%、20%	33.33%、50%
中区	0	12.5%、11.11%	22.22%、0	44.44%、11.11%	0
西区	0	28.57%、5.26%	42.11%、10%	33.33%、0	20%、0

郭家湾墓地中拥有殉牲和祭牲的墓葬共 41 座，占总数的 19.25%。具体观察郭家湾的殉牲和祭牲可以发现，其种类以狗为主（41 座墓葬中仅 1 座未发现狗）。墓地中以殉葬一条完整的狗居绝大多数，少数殉葬了超过一条的狗（M294 殉葬了 2 条；M321 殉葬了 3 条），未殉葬完整狗的墓葬仅 3 座，占总数的 7.32%。殉狗多被放在腰坑中，少数墓葬选择将其放在二层台上或填土中。关于殉狗的头向可以发现，报告中明确头向的 6 座墓葬中所有殉狗的头向均与墓主头向相反或相异。郭家湾墓地的殉牲中除了殉狗，还有 1 座墓葬殉鸡（M70）。而有祭牲的墓葬较少，共 5 座，其中第三等级的墓葬 4 座（80%），第四

等级的墓葬1座（20%），它们被放在二层台上、椁盖上或者墓主腿下。并且第三等级的墓葬均葬了牛腿（此外也有羊腿或狗头），而第四等级的墓葬只葬了羊腿，此现象符合韩巍所说的不同等级墓葬在祭牲上的种类差异[20]。

具体观察不同等级拥有殉牲和祭牲的墓葬的数量和比例可以发现，第三等级拥有殉牲和祭牲的墓葬共33座，占总数的32.04%，第四等级共8座，占总数的7.34%，两者数据的差异证明在该墓地殉牲和祭牲的有无具有一定的等级意义。同时将其与殷墟其他墓地同等级的墓葬进行对比可以发现，其比重均相对较低[21]，说明殉葬在当时的郭家湾遗址中不算特别流行。这意味着当时生活在郭家湾新村遗址的人相对于殷墟其他居民来说，对于在腰坑内殉狗用以奠基和驱鬼辟邪[22]与在填土、二层台等地殉狗以守卫或陪伴墓主人[23]的需求并不大。这在一定程度上可以进一步说明，他们对狗的重视和喜爱程度相对也是较低的。

郭家湾墓地中无人牲，有殉人，殉人的墓葬数量极少，共2座，分别是M552和M63。其中M552殉人置墓室东南角椁盖之上，为少年，1.3米左右，性别不明，仰身直肢，头北面向西，脚蹬在南二层台上[24]，其身份应为墓主的仆从或侍卫[25]；M63的殉人位于北二层台上[26]，为成年人，性别不明，侧身屈肢，头向东，面向下，肢骨不全[27]。

二 墓地形态的探讨

墓地形态研究，是以墓地分期和随葬品分析为基础，结合现存的全部墓葬信息，从既有的考古资料中总结归纳出葬俗和随葬品的特征组合在时间和空间上分布的规律，以探讨墓地在人群组织和非物质方面的问题[28]。本文以发掘报告对郭家湾墓地的分区与分期判断为基础，对该墓地能够确定分期的213座墓葬进行了时空上的归纳。

（一）东区

东区相对远离中区和西区，以空白地带自然形成了一个墓区。东区发掘出土的墓葬少，能够确定分期的墓葬更少，仅25座。通过观察东区不同时期的墓葬可以发现，它们分布没有时空上的规律，但大多集中在东区的西南部，仅少数墓葬位于墓区较偏远的东北方向。观察东区墓葬的头向可以发现，除第二期外，墓葬的头向均不统一，呈现出杂乱的特点。东区共发现两个墓葬小组群：一个包括M70-M74（共5座，其中M73时期不明，其余时期从第二期到第四期早段），一个包括M63、M65、M67-69、M77、M78（共7座，其中第二期1座，第四期早段和第四期晚段各3座）[29]，报告将其认定为两个家族墓群。具体来看，第一个小组群的墓葬头向分布和随葬品[30]在时空上呈现较强的一致性，从等级上来看，该组群有三个第三等级的墓葬，分别是M70、M72和M73，三座墓葬均有动物殉葬，且M70有两鸡一狗。而随葬品除M73因被盗未出随葬品，其余两座均出铜器，可见这三座墓葬是这个组群中地位较高的墓葬，墓主即为在宗族中地位较高的成员，与该组群其余墓葬的主人属于不同等级。第二个组群分布较为稀疏，排列略显混乱，并且该组群的墓葬头向不论从动态的角度还是按照等级区分来看均较为分散。观察这7座墓葬的随葬品，本文也认为一致性不够强[31]。发掘报告将该组群随葬品的统一性总结为均随葬了鬲[32]，但该组群M67未随葬鬲。因此不论从分布、头向还是随葬品上看，将该组群视为一个家族的证据都不够明确，本文认为该结论有待商榷（图一、表一〇、表一一）。

表一〇　东区组群1墓葬出土随葬品情况

墓号	分期	随葬品
M71	二	陶鬲Ⅰ
M72	三	陶鬲CⅡ 铜觚Ⅱ 爵Ⅱ（被盗扰）
M70	四早	陶鬲CⅢ 铜铃AⅡ 铅戈1
M74	四早	陶鬲EⅡ（被盗扰）

（二）中区

中区墓葬靠近西区，共发现能够确定分期的墓葬68座，它们的头向十分一致，绝大部分为北向，

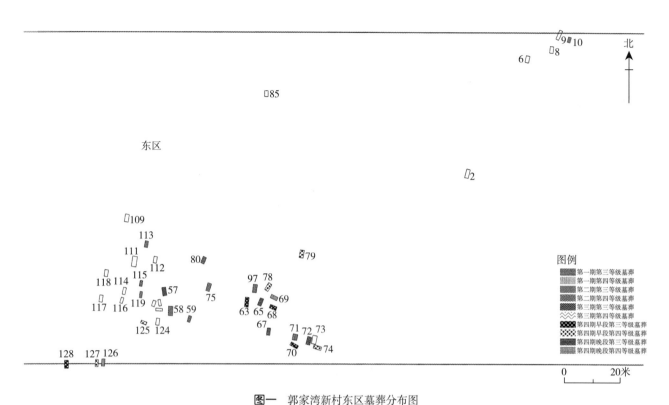

图一 郭家湾新村东区墓葬分布图

（根据《安阳郭家湾新村》考古报告图一五三改绘）

表一一 东区组群2墓葬出土随葬品情况

墓号	分期	随葬品
M77	二	陶鬲B Ⅱ
M63	四早	陶鬲F Ⅲ
M68	四早	陶爵Ⅴ 鬲FⅡ 铜戈BⅠ 戈1镞Ⅰ2蛤1（被盗扰）
M78	四早	陶觚Ⅵ 盘Ⅰ 鬲HⅠ
M65	四晚	陶鬲GⅡ 贝3（被盗扰）
M67	四晚	陶觚Ⅸ 爵Ⅸ
M69	四晚	陶鬲HⅡ 贝1

少量为南向。其中大部分能够确定分期的墓葬集中在中区的西南部，另一部分分散于墓区的中部偏东及偏南。动态地观察中区西南部分的分布可以发现，第二期的墓葬位于西南部墓群的偏西部分，且第三等级的墓葬主要位于南部，第四等级的墓葬位于相对较北的区域；第三期墓葬的分布重心相对第二期略向东偏移，且第三等级的墓葬分布较为集中，第

四等级的墓葬分布在其周围；第四期早段的墓葬穿插在第二期和第三期的墓葬中间，分布较为分散；第四期晚段的墓葬集中在西南部墓群的南部。中区墓葬虽分布相对集中，但从微观来看依旧稀疏，能够被认为是组群的墓葬群较少，共三个，一个包括M320-326、M566、M567（共9座，其中4座分期不明，其余时期从第二期到第四期早段），一个包括M287-291、M207、M208（共7座，其中1座分期不明，其余时期从第二期到第四期晚段）[33]，一个包括M305-309（共5座，其中2座分期不明，其余时期从第二期到第四期早段）。具体来看，第一个组群的墓葬头向较为一致，除M566向西外，其余墓葬均为北向墓，观察其从早到晚的埋藏顺序可以发现，能够确定分期的墓葬以最早的第二期的M323为中心，后期墓葬围绕它分布。从等级上来看，M323、M326、M321和M320为第三等级的墓葬，其中出土随葬品的墓葬均随葬陶礼器；其余为第四等级的墓葬，其中出土随葬品的M324和M325均出土铜器，

M325甚至出土了玉器和绿松石牌等。观察该组群的随葬品则可以发现，该组群随葬品存在一致性，但一致性不强[34]，仅能发现出土了随葬品的第三等级墓葬均随葬了陶礼器和贝。因此如果综合以上因素，暂时将该组群视为一个家族的话，其墓主身份在整个宗族中应相对处于较高的位置。第二个组群中M207和M289为南向墓，其余为北向。从等级上来看，第二期的M289、第四期早段的M291为第三等级的墓葬，其余为第四等级。具体观察它们的随葬品可以发现，第三等级墓葬随葬丰富，有包括陶礼器在内的大量陶器，此外还有铜器、玉器和贝（M289被盗，不做考虑），第四等级的墓葬中，也有墓葬随葬丰富，如M287不仅随葬有陶礼器，还有铜刀，M288除陶礼器等陶器外还随葬有贝，但该组群随葬品一致性不强[35]。因此该组群可认定为一个家族的证据仅有地理位置紧密和头向基本一致，如以此为基础暂时将这一组群视为一个家族，那么其地位也应较高。第三个组群墓葬的头向均向北，能够确定分期的M306、M307和M309均为第三等级的墓葬，其余均为第四等级墓葬。具体观察它们的随葬品可以发现，即使是第三等级的墓葬随葬也较为简单，不仅没有铜器等其他器类，连陶礼器也不见，但这可能也与M307和M309被盗有关，第四等级的墓葬随葬更为简陋。而该组群的随葬品是否具有一致性，也因出土随葬品的墓葬大多被盗而无法观察。因此本文认为，如果根据其分布密集和头向一致的现象暂时将该组群视为一个家族的话，其地位应不高（图二、表一二至表一四）。

表一二　中区组群1墓葬出土随葬品情况

墓号	分期	随葬品
M323	二	陶觚Ⅱ 爵Ⅱb豆ＡⅤ 铜戈ＢⅡ 贝3兽骨（被盗扰）
M324	三	陶豆ＢⅡ 铜饰件1
M326	三	陶觚Ⅲb爵Ⅳa豆ＢⅡ 小罐Ⅳ 小壶Ⅲ 铜铃ＡⅡ 2贝1
M321	四早	陶觚Ⅴ 爵Ⅳb簋ＢⅡ 鬲ＡⅢ 罍ＡⅥ 小罍Ⅰ 贝1
M325	四早	陶鬲ＥⅢ 小铜钺1玉龟1戈1绿松石牌1贝211

表一三　中区组群2墓葬出土随葬品情况

墓号	分期	随葬品
M289	二	陶鬲ＣⅡ 罐Ⅳ 铜爵Ⅰ（被盗扰）
M287	三	陶觚Ⅳb 爵Ⅳb簋ＢⅠ 鬲ＥⅠ 罐Ⅱ 铜刀1
M290	三	陶豆ＢⅡ 贝1
M288	四早	陶觚Ⅵ 爵Ⅴ 豆ＣⅠ 簋ＢⅡ 贝4
M291	四早	陶觚Ⅵ 爵Ⅵ 盘Ⅱ 簋ＡⅤ、ＢⅡ 鬲ＦⅢ 罍ＡⅦ3 铜戈ＣⅠ 玉戈1贝2
M207	四晚	陶鬲ＨⅡ 贝1

表一四　中区组群3墓葬出土随葬品情况

墓号	分期	随葬品
M306	二	陶豆ＡⅣ 小罐Ⅱ2、Ⅲ 器盖Ⅰ 贝1
M307	三	陶豆ＢⅡ 贝5 蛤1（被盗扰）
M309	四早	陶簋ＡⅤ 鬲ＧⅠ（被盗扰）

2.3 西区

西区能够确定分期的墓葬在三个墓区中数量最多，共120座。它们绝大部分为北向墓葬，少量为其他朝向。动态地观察西区墓葬的分布可以发现，各时期墓葬分布较为分散，但从总体来看，除少数墓葬零散分布外，其余墓葬大体是按照各个大型墓葬群进行分布的。西区能够划分组群的墓葬群较多，超过10座的就有5个。将目光着重放在能够确定分期的墓葬后可以发现，除了报告中提到的M356-M371、M401-413和M388-M397，最为显著的就是位于墓区中部偏西的M497-M506、M507-M509、M511-M514、M528、M532、M535共20座墓葬。其头向除M497、M505、M506、M511为东向，M501、M513、M528为南向外，其余均为北向。总体看这一组群的布局显得较为杂乱，且有叠压打破的现象，但该组群墓葬的分布重心有逐渐南移的趋势。观察其随葬品组合可以发现，第二期到第三期出土随葬品的9座墓葬中，除M512（被盗扰）和M513外，其余均出土了豆，第四期的4座墓葬中也有2座随葬了豆，另外2座则随葬了盘。可见该组群的墓主十分

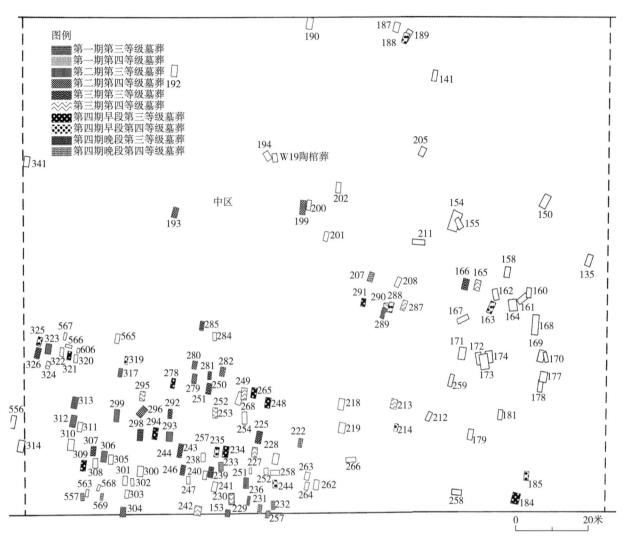

图二　郭家湾新村中区墓葬分布图

（根据《安阳郭家湾新村》考古报告图一五三改绘）

重视豆，但这个现象在第三期到第四期期间有逐渐被盘取代的趋势。而观察该组群墓葬的等级则可以发现，第三等级的墓葬多出现在第三期和第四期早段，因此如果根据上文将该组群看作一个家族的话，该家族的鼎盛时期暂时可以认为是这一阶段（图三、表一五）。

表一五　西区组群1墓葬出土随葬品情况

墓号	分期	随葬品
M500	二	陶觚Ⅱ爵Ⅱa豆AⅣ铜戈AⅢ
M502	二	陶觚Ⅰa爵Ⅰc豆AⅠ
M507	二	陶觚Ⅱ爵Ⅱb罍AⅢ豆AⅤ铜觚Ⅱ爵Ⅰ鼎Ⅰ戈AⅠ、AⅡ、BⅡ3矛Ⅰ、Ⅱ铃AⅡ3镞Ⅱ磨石1贝1

续表

墓号	分期	随葬品
M535	二	陶豆AⅡ
M499	三	陶觚Ⅲa爵Ⅲa豆BⅠ铅戈1贝1
M501	三	陶觚Ⅲa爵Ⅱb豆BⅡ铜觚Ⅱ爵Ⅱ簋Ⅰ铃AⅠ（被盗扰）
M508	三	陶觚Ⅳa爵Ⅲb豆BⅡ
M512	三	陶簋CⅠ盘Ⅰ铜戈BⅢ2（被盗扰）
M513	三	陶觚Ⅳb爵Ⅳb
M503	四早	陶觚Ⅵ爵Ⅵ盘Ⅱ
M504	四早	陶觚Ⅴ爵Ⅳc豆CⅠ（被盗扰）
M509	四早	陶觚Ⅵ爵Ⅴ豆CⅠ盘Ⅰ（被盗扰）
M506	四晚	陶觚Ⅷ爵Ⅸ盘Ⅲ

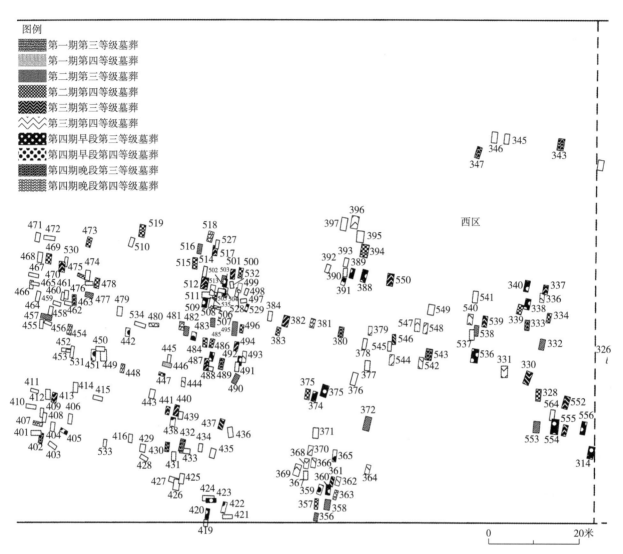

图例
第一期第三等级墓葬
第一期第四等级墓葬
第二期第三等级墓葬
第二期第四等级墓葬
第三期第三等级墓葬
第三期第四等级墓葬
第四期早段第三等级墓葬
第四期早段第四等级墓葬
第四期晚段第三等级墓葬
第四期晚段第四等级墓葬

西区

0   20米

图三 郭家湾新村西区墓葬分布图

（根据《安阳郭家湾新村》考古报告图一五三改绘）

三 社会状况

墓葬诸要素都具有一定的符号性含义，在当时的人群中约定俗成地代表着一些确定的意义，通过对这些特质进行深入研究，在一定程度上能够获得更多关于该墓地的信息，进而将对它的研究推进到更深的层面。

（一）性别与社会身份

根据发掘报告中的统计，郭家湾墓地能够确定分期的墓葬中被确定为男性的墓主共38人，其中1人被确定为中年；被确定为女性的墓主共23人，其

中1人被确定为青年，1人被确定为中年，3人被确定为老年。因大部分性别明确的墓主的年龄未被确定，因此本文在这方面无法进行更深入的研究，但观察其他要素可以发现，男性墓葬中8座（21.05%）为第三等级的墓葬，其余30座为第四等级的墓葬；女性墓葬仅2座（9.52%）为第三等级的墓葬，其余21座皆为第四等级的墓葬，女性较高等级的墓葬比例远低于男性，且由前文可知同等级男性墓葬的随葬规格也远高于女性。

具体来看墓中的随葬品可知，在墓中随葬武器

（包括戈、矛、钺、刀）的墓葬共4座，均为男性墓葬；随葬工具（包括锛、凿）的墓葬共1座，为男性墓葬；随葬装饰品（包括玉环、骨笄、玉饰、玉柄形饰）的墓葬共4座，亦均为男性墓葬；随葬礼器（觚、爵）的墓葬共22座，其中男性墓葬19座，女性墓葬3座。可见在郭家湾墓地中，男性和女性的随葬品在数量、种类等方面均差别巨大，男性墓葬无论等级在随葬品方面均比女性墓葬丰富。这似乎说明，当时生活在该地区的人们由于性别因素带来了等级方面的巨大差异，男性相对女性一般地位较高，这一点也许可以成为未来对该墓地进行更广泛的性别判定的依据。

若将视角聚集在男性墓葬可以发现，随葬武器的墓葬等级均不高（墓葬面积相对较小），本文认为这意味着这些兵器可能不是标识身份的礼仪性用器，而是墓主生前使用的工具，是墓主曾经参与过战争的证据。而随葬装饰品的墓葬等级相对较高，这可能意味着对于当地的男性贵族来说，随葬装饰品也是一种身份的象征。同时该墓地有12座墓葬出土了铜铃，虽报告认为其与殉狗关系密切，但具体观察这些墓葬与殉狗之间的关系可以发现，有些随葬铜铃的墓葬并没有殉狗。结合上述对墓主社会性别的研究来看，本文认为，那些没有殉狗但随葬铜铃的墓主应均为男性，其铜铃的作用可能更倾向于王祁所说的性别指示性的推断，是军事行动或与此有关事物的象征物[36]。

（二）社会分层与等级结构

在等级社会中，不同人群的等级身份往往会体现在其埋葬方式和随葬品中[37]。具体观察商代的各类墓葬可以发现，商代墓葬往往通过墓葬规模的大小[38]和随葬品来区分等级。因此本文在《商系墓葬研究》对墓葬面积分级的基础上，将郭家湾墓地中确认分期的213座墓葬按照随葬品种类的不同分为铜器墓、陶器墓（表一六）。

郭家湾墓地确定分期的213座墓葬中共发现铜器墓46座（21.60%），陶器墓167座（78.40%），其中各墓区各等级铜器墓和陶器墓的数量如下表所示。

表一六　郭家湾新村墓地铜、陶器墓统计表[39]

	铜器墓	陶器墓
东区	4（4、0）	21（12、9）
中区	20（16、4）	48（13、35）
西区	22（17、5）	98（44、54）

依照上表，本文认为郭家湾新村的213座墓葬可以分为四类——随葬铜器的第三等级墓葬，随葬铜器的第四等级墓葬，随葬陶器的第三等级墓葬和随葬陶器的第四等级墓葬。

毫无疑问，随葬铜器的第三等级墓葬在四类墓葬中等级最高，仅随葬陶器的第四等级墓葬在四类墓葬中等级最低。未随葬铜器的第三等级墓葬则可以分为以下三种情况，一是被盗扰的墓葬，这类墓葬在东区有4座，中区有8座，西区有16座，因为盗扰因素的存在，无法确定它们原本是否随葬铜器。第二类是未随葬铜器，但随葬了其他珍贵材料制作的随葬品的墓葬，如东区的M75、西区的M340和M440随葬了玉器；西区的M413和M516随葬了骨器；西区的M556随葬了蚌牌，它们的主人的等级虽然不如随葬了铜器的墓主高，但应高于仅随葬了陶器的第三等级墓葬的主人。第三种则是仅随葬陶器的第三等级墓葬。此外郭家湾新村的墓葬中共有9座第四等级的墓葬随葬了铜器，它们分别是M287、M317、M324、M325、M331、M469、M485、M500和M515，具体观察其随葬的铜器的器类可以发现，除M324随葬的是铜饰件以外，其余均随葬的是铜兵器（包括铜刀、铜钺、铜戈和铜镞）。随葬铜兵器的第四等级墓葬中有的墓葬面积很小，如M317的面积为1.98平方米、M469的面积为1.84平方米，其墓主身份等级应该较低，随葬的铜器应多为其生前使用的工具，因此这些墓主的身份很大可能是侍卫或近似的身份。而有的墓葬的面积十分接近第四等级和第三等级的分界线，如M287和M485的面积是2.45平方米、M325的面积是2.365平方米，其墓葬中往往随葬了较多陶器（如M287随葬了5件陶器），或随葬了其他珍贵材料制作的随葬品（如 M325 随葬了玉器、绿松石牌和贝做的装饰品；M485 随葬了玉器），其墓主的身份本文认为应更接近于中小贵族，即使不是贵族也应在平民中较有威望和地位。

以墓区为单位观察铜器墓和陶器墓的数量可以发现，中区铜器墓的比例最高，东区和西区次之，且东区略高于西区。由此可见，从能够确定分期的墓葬视角出发，郭家湾新村三个墓区中，中区（相对）高等级的人群比例较高，人均财富占有量也较多。

若从动态角度观察则可以发现，第二期随葬有铜器的墓葬共 17 座，占第二期墓葬总数的 27.87%；第三期随葬有铜器的墓葬共 14 座，占第三期墓葬总数的 22.95%；第四期早段随葬有铜器的墓葬共 11 座，占第四期早段墓葬总数的 20%；第四期晚段随葬有铜器的墓葬共 4 座，占第四期晚段墓葬总数的 11.76%，比例呈现下降趋势，这从一定程度上证明当时生活在郭家湾的人群随着时间的推移是在不断衰败的。

四　与大司空墓地的比较研究

殷墟大司空村东南大型族邑遗址位于殷墟遗址东北部，郭家湾新村遗址的西侧，是殷墟遗址中在洹水北岸的一处集居住、手工业生产和丧葬于一体的大型族邑聚落[40]。其墓地前后经历了十余次发掘，截至 2004 年共发掘殷代墓葬 1525 座，其中带墓道大墓有 4 座，此外还发掘了车马坑 5 座。两处遗址距离接近，因此本文希望以 2004 年发掘的大司空遗址的墓地和郭家湾墓地为主要研究对象，通过对其墓葬各要素进行比较，探讨两个遗址之间的关系。

首先，李贵昌、李阳和孟小仲在《殷墟大型族邑聚落墓地中墓葬陶器组合的比较研究》中曾提出，郭家湾新村族邑墓地应是大司空村东南族邑墓地向东的延伸部分[41]。他们以两个墓地的陶器组合为证，指出它们的特征是基本一致的。两者在一到三期陶器组合中均是单件器物组合、含豆含簋的组合多于含觚和爵组合的数量，并且在第四期的组合中，辅助器类都以簋为最多，而盘在组合中的数量较少[42]。

而具体观察两个墓地墓葬的其他要素则可以发现，它们在包括墓葬形制、墓葬结构、葬式在内的多方面也都具有较强的一致性。首先两个墓地的墓葬均为土坑竖穴墓（大司空墓地少量车马坑、祭祀类墓葬和灰坑葬除外），且两者墓葬的规模根据两本报告所述也大体相当，但大司空墓地有少数墓葬规模大于两个墓地的其他墓葬，长度达到了 3.5 米以上。

从墓葬的结构来看，两个墓地的墓葬十分相似。它们一般都修整了墓壁，建有熟土二层台；墓内填土颜色虽有差异，但大体接近；虽然大司空墓地建有壁龛的墓葬的数量和比例均大于郭家湾墓地，但绝对数量依旧不大，可见当时该地区和郭家湾一样，并不流行在墓室建造壁龛。而从腰坑来看，大司空墓地的墓葬多数建有腰坑[43]，且多在其中殉有一条完整的狗，郭家湾墓地建有腰坑的墓葬比例稍少，确认建有腰坑的墓葬占总数的 40.63%，但它们和大司空墓地的墓葬一样，亦多殉葬一条完整的狗。

从葬具来看，抛开盗扰等因素的干预，郭家湾新村墓地明确有葬具的墓葬比例远高于大司空墓地（郭 81.53%；大 51.4%），其中大司空墓地有棺有椁的墓葬占比（17.58%）比郭家湾墓地（3.88%）高，只有棺的墓葬占比（82.42%）比郭家湾（95.79%）低。具体看两个墓地的葬具形制可以发现，大司空墓地部分墓葬葬具的精美程度远高于郭家湾墓地。根据报告所述，郭家湾墓地葬具的装饰方式仅为髹漆，其最精美者为 M243，髹漆四层[44]；而大司空墓地有的葬具则有彩绘[45]，不少墓葬在棺、椁上还铺有芦席，少数盖有彩绘画幔[46]。

同时，两个墓地的葬式特点也十分相似。在二者明确葬式的墓葬中，仰身直肢葬都是最多的，且比例均在 70% 左右。俯身直肢葬次之，其中大司空墓地该葬式的比例（24.08%）略高于郭家湾墓地（17.22%）。其余均还有少量的其他葬式。值得注意的是，郭家湾墓地出现的俯身屈肢葬在大司空墓地没有出现，并且郭家湾墓地采用这种葬式的墓葬等级均较低，它们的面积相对其他墓葬较小，且均未发现随葬品。

郭家湾墓地中发现殉人的墓葬共2座，占总数的0.53%；大司空墓地发现殉人的墓葬共4座，占总数的1.13%，将大司空墓地相对较大的墓葬基本被盗空[47]的情况考虑在内可知，大司空的殉人比应是远大于郭家湾墓地的。在殉牲和祭牲这一方面，殉狗的墓葬比也是大司空（21.47%）高于郭家湾（12.66%），同时大司空墓地祭牲的种类也比郭家湾墓地丰富一些，出土了郭家湾没有发现的羊头、猪头、牛头和鸡腿等。

具体来看两个墓地的随葬品情况可知，大司空墓地出土的随葬品种类较郭家湾墓地丰富，如大司空墓地发现了郭家湾墓地没有发现的陶盂、陶盆、金器、铜车马器、铜方彝、铜铲等。

由上文可知，郭家湾墓地与大司空墓地中的墓葬在诸要素上均十分相似，但在有些方面可以看出大司空墓地（相对）高等级墓葬的比例比郭家湾墓地高，并且其中一些墓葬的规格是高于郭家湾所有墓葬的，如大司空部分墓葬的葬具饰有彩绘、盖有彩绘画幔。因此本文认为，发掘者对郭家湾新村族邑墓地是大司空村东南族邑墓地向东的延伸部分[48]的推论应是正确的（表一七）。

表一七　郭家湾墓地与大司空墓地墓葬诸要素对比表

		郭家湾墓地	大司空墓地	备注
墓葬形制		土坑竖穴墓		大司空墓地少量车马坑、祭祀类墓葬和灰坑葬除外
墓葬规模		多数长2-2.6米，宽0.8-1.8米，少数墓葬长达3米以上	多数长1.9-2.8米，宽0.8-1.5米，少量较大型墓葬长3米以上，有的长达3.5米以上	
墓葬结构	填土	黄褐色花土、黄灰色花土及灰褐色花土，几乎皆经夯实	多为黄褐色花土，少数灰色花土，皆经夯打	
	墓壁	一般修整光滑，有的可能曾拍打过		
	二层台	多数墓葬有熟土二层台，少数有生土二层台		
	腰坑	40.63%的墓葬确认建有腰坑	多数建有腰坑	其中均多殉葬一条完整的狗
	壁龛	有壁龛的墓葬占总数的1.06%	有壁龛的墓葬占总数的8.47%	
葬具		明确有葬具的墓葬占总数的81.53%，其中有棺有椁的墓葬占比为3.88%，只有棺的墓葬占比为95.79%	明确有葬具的墓葬占总数的51.4%，其中有棺有椁的墓葬占比为17.58%，只有棺的墓葬占比为82.42%	大司空墓地部分墓葬葬具的精美程度远高于郭家湾墓地
葬式		仰身直肢葬最多，占比约70%，俯身直肢葬次之，占比约17.22%，其余还有少量仰身屈肢葬、俯身屈肢葬和侧身葬	仰身直肢葬最多，占比约70%，俯身直肢葬次之，占比约24.08%，其余还有少量仰身屈肢葬和侧身葬	
殉人		殉人的墓葬共2座，占总数的0.53%	殉人的墓葬共4座，占总数的1.13%	
殉牲和祭牲		殉狗的墓葬比为12.66%，此外有些墓葬中还出土了鸡、牛腿骨、羊腿骨和羊肩胛骨	殉狗的墓葬比为21.47%，此外有些墓葬中还出土了羊头、羊腿、猪头、猪腿、牛头、牛腿、鸡腿等	
随葬品	种类	大司空墓地出土的随葬品种类较郭家湾墓地丰富		大司空墓地发现了郭家湾墓地没有发现的陶盂、陶盆、金器、铜车马器、铜方彝、铜铲等
	陶器组合	其特征是在一到三期陶器组合中均是单件器物组合、含豆含簋的组合多于含觚和爵组合的数量，并且在第四期的组合中，辅助器类都以簋为最多，而盘在组合中的数量较少		

五 结论

本文以郭家湾新村墓地中分期确定的213座墓葬为研究对象，对其包括分期、方向、面积、葬具、葬式在内的多要素进行了数据统计与分析，而后以此为基础对郭家湾墓地的布局与结构进行了时空上的分析，并将对该墓地的研究深入到了社会层面。本文认为，郭家湾新村墓地是商代晚期殷墟的一处典型的中小贵族和平民墓地，其中墓葬的特征既符合先前学者已总结的殷墟墓葬的特点，又带有自身的特性。通过对其墓葬按墓区进行研究，可以看到三个墓区在墓葬分布方式、地位等级等方面的差异；对墓葬按照分期进行研究，可以看到该墓地从第一期到第四期晚段逐渐形成的过程；对墓葬分等级研究，则可以看到当地中小贵族与平民之间的差异。同时将郭家湾新村墓地与大司空墓地的墓葬各要素进行了多方面比较研究后，本文认为，两个墓地的葬俗相近，墓葬形制类似，但大司空墓地的墓葬规格相对较高，本文同意先前学者提出的郭家湾遗址是大司空遗址延伸的推论。

注释：

［1］ 中国社会科学院考古研究所、安阳市文物考古研究所：《安阳郭家湾新村》，科学出版社2020年，内容简介。

［2］ 中国社会科学院考古研究所、安阳市文物考古研究所：《安阳郭家湾新村》，科学出版社2020年，内容简介。

［3］ 中国社会科学院考古研究所、安阳市文物考古研究所：《安阳郭家湾新村》，科学出版社2020年，内容简介。

［4］ 李贵昌、李阳、孟小仲：《殷墟大型族邑聚落墓地中墓葬陶器组合的比较研究》，《殷都学刊》2017年第38（01）期。

［5］ 中国社会科学院考古研究所、安阳市文物考古研究所：《安阳郭家湾新村》，科学出版社2020年，第228页。

［6］ 中国社会科学院考古研究所、安阳市文物考古研究所：《安阳郭家湾新村》，科学出版社2020年，第107页。

［7］ 郜向平：《商系墓葬研究》，科学出版社2011年，第91页。

［8］ 括号内第一个百分比为该数量在该时期该墓区所占百分比，第二个百分比为该数量在该时期整个墓地所占百分比。

［9］ 郜向平：《商系墓葬研究》，科学出版社2011年，第18–19页。

［10］ 郜向平：《商系墓葬研究》，科学出版社2011年，第58页。

［11］ 孟宪武：《殷墟南区墓葬发掘综述——兼谈几个相关的问题》，《中原文物》1986年第3期。

［12］ 括号内分别为使用该葬具的第三等级和第四等级墓葬数量。

［13］ 括号内分别为拥有腰坑的第三等级和第四等级墓葬数量。

［14］ 郜向平：《商系墓葬研究》，科学出版社2011年，第74页。

［15］ 中国社会科学院考古研究所，安阳市文物考古研究所：《安阳郭家湾新村》，科学出版社2020年，第119页。

［16］ 郜向平：《商系墓葬研究》，科学出版社2011年，第80页。

［17］ 中国社会科学院考古研究所，安阳市文物考古研究所：《安阳郭家湾新村》，科学出版社2020年，第108页。

［18］ 郜向平：《商系墓葬研究》，科学出版社2011年，第80页。

［19］ 括号内分别为拥有殉牲和祭牲的第三等级和第四等级墓葬数量。

［20］ 韩巍：《西周墓葬的殉人与殉牲》，北京大学文博学院考古系硕士学位论文，2003年。

［21］ 郜向平：《商系墓葬研究》，科学出版社2011年，第134–135页。

［22］ 刘丁辉：《商代殉狗习俗研究》，郑州大学历史学院考古学及博物馆学硕士学位论文，2011年。

［23］ 刘丁辉：《商代殉狗习俗研究》，郑州大学历史学院考古学及博物馆学硕士学位论文，2011年。

［24］ 中国社会科学院考古研究所，安阳市文物考古研究所：《安阳郭家湾新村》，科学出版社2020年，第121页。

［25］ 郜向平：《商系墓葬研究》，科学出版社2011年，第123页。

［26］ 中国社会科学院考古研究所，安阳市文物考古研究所：《安阳郭家湾新村》，科学出版社2020年，第234页。

［27］ 中国社会科学院考古研究所，安阳市文物考古研究所：《安阳郭家湾新村》，科学出版社2020年，第114页。

［28］ 陈畅：《崞县窑子墓地研究》，《中原文物》2012年第3期。

［29］ 中国社会科学院考古研究所、安阳市文物考古研究所：《安阳郭家湾新村》，科学出版社2020年，第223页。

［30］ 均随葬陶鬲，随葬品具体情况见表10。

［31］ 随葬品具体情况见表11。

［32］ 中国社会科学院考古研究所、安阳市文物考古研究所：《安阳郭家湾新村》，科学出版社2020年，第223页。

［33］ 中国社会科学院考古研究所、安阳市文物考古研究所：《安阳郭家湾新村》，科学出版社2020年，第222页。

［34］ 随葬品具体情况见表12。

［35］ 随葬品具体情况见表13。

［36］ 王祁：《殷墟墓葬两性社会角色的考古学研究》，《江汉考古》2019年第1期。

［37］ 郜向平：《商系墓葬研究》，科学出版社2011年，第56页。

［38］ 张应桥：《商周墓道制度辩论》，《中原文物》2009年第2期。

［39］ 括号内分别为铜、陶器墓的第三等级和第四等级墓葬数量。

［40］ 李贵昌、李阳、孟小仲：《殷墟大型族邑聚落墓地中墓葬陶器组合的比较研究》，《殷都学刊》2017年第38（01）期。

［41］ 李贵昌、李阳、孟小仲：《殷墟大型族邑聚落墓地中墓葬陶器组合的比较研究》，《殷都学刊》2017年第38（01）期。

［42］ 李贵昌、李阳、孟小仲：《殷墟大型族邑聚落墓地中墓葬陶器组合的比较研究》，《殷都学刊》2017年第38（01）期。

［43］ 中国社会科学院考古研究所：《安阳大司空：2004年发掘报告》，文物出版社2014年，第209页。

［44］ 中国社会科学院考古研究所，安阳市文物考古研究所：《安阳郭家湾新村》，科学出版社2020年，第109页。

［45］ 中国社会科学院考古研究所：《安阳大司空：2004年发掘报告》，文物出版社2014年，第223页。

［46］ 中国社会科学院考古研究所：《安阳大司空：2004年发掘报告》，文物出版社2014年，第227页。

［47］ 中国社会科学院考古研究所：《安阳大司空：2004年发掘报告》，文物出版社2014年，第239页。

［48］ 李贵昌、李阳、孟小仲：《殷墟大型族邑聚落墓地中墓葬陶器组合的比较研究》，《殷都学刊》2017年第1期。

先秦辽西地区铜纽钟初步研究

杜 超（苏州博物馆）

内容摘要：春秋晚期至战国早期，我国辽西地区出现了一类具半环形纽、器身镂孔、大多为素面的铜纽钟。此类器物常呈现2件及以上组合出土的形式，并多与东北亚系青铜文化的代表器物曲刃青铜短剑共存。有学者认为朝鲜半岛及日本列岛广泛存在的"铜铎"的原型即为辽西地区的此类铜纽钟。对辽西地区铜纽钟的考古发现进行梳理，使用共存遗物分析、文化因素分析等研究方法，初步阐释我国辽西地区铜纽钟的源流及传播，着力探讨铜纽钟所代表的的人类族群特征，重点说明铜纽钟与日、韩地区铜铎之间的联系。

关键词：铜铎 纽钟 东北亚系青铜文化 曲刃青铜短剑 细形铜剑

铜铎是我国先秦时期的一类乐器，在以河南、陕西为代表的中原地区和以湖北为代表的长江中游等地均有发现自铭为"铎"的器物[1]。然而辽西地区公元前800年左右存在的一类"铜铎"较为特别，整体呈纽钟状、形态偏小，顶部饰半圆形纽而无甬，国内出土的器物多被发掘者称为铜纽钟。日、韩出土的此类小型铜纽钟则被称为"小铜铎"，而日本列岛存在的巨大化之后的铜铎直接称"铜铎"。

公元前400年前后，我国辽西地区的铜纽钟随东北亚系青铜文化人群的迁移进入朝鲜半岛产生了小铜铎，后进入日本九州岛地区，发生了诸多变化后成为日本弥生时代重要的祭祀器物——铜铎。关于铜铎的研究，日本学者佐原真[2]、高仓洋彰[3]、宫里修[4]等曾多次着文论述铜铎的源流以及纹饰含义，我国学者王建新也曾通过对曲刃青铜短剑和细形铜剑的分类研究，对铜铎的存在地域进行了探讨[5]。从现有的研究来看，日本列岛广泛存在的祭祀神器铜铎来源于朝鲜半岛小铜铎，而这些小铜铎的源头则应是我国辽西地区所存在的铜纽钟。

一 铜铎的源流及传播简述

目前，铜铎在日本关东和中部地区出土数量最多，类型最为丰富，制作最为精美。日本学者过去的观点认为，铜铎大多数出土于关东和中部地区，与关西、九州岛地区出土的大量细形铜剑形成了鲜明对比，因此也产生了日本关西及九州岛地区为"铜剑文化圈"，关东地区为"铜铎文化圈"的认知[6]。然而，从近期的考古发现来看，日本九州地区吉野ケ里遗址出土了小型铜铎[7]，比惠遗址也出土了多枚小型铜铎[8]，而关东及中部地区出土的大多为纹饰精美、铸造繁复的中大型铜铎，这样的考古发现使得"铜铎文化圈的"说法受到了相当的挑战，我国学者王建新也提出了将"铜铎文化圈"修正为"铜镜文化圈"的观点[9]。日本列岛的铜铎主要存在于遗址及周边的祭祀遗存当中，如德岛市矢野遗址出土1枚突线纽式铜铎[10]；荒神谷祭祀坑则一次出土了6枚铜铎和358柄细形铜剑[11]。日本列岛早期铜铎如比惠遗址的铜铎均为体形较小、置半圆形纽并且镂孔装饰的小铜铎；后期日本列岛的铜铎产生了巨大化现象，不仅器型不断放大，形制也逐渐复杂，器身出现各类几何细线纹装饰，纽也演变出扁平纽、突线纽、外缘附加纽等样式（图一）。结合其他青铜器如细形铜剑、多钮细纹镜以及铜矛等器物的源流来看，日本列岛弥生时代中期以来出现的类似于我国纽钟的祭祀器铜铎应当来源于朝鲜半岛的小铜铎。

从朝鲜半岛的考古发现来看，出土的铜铎形态较小，似纽钟。主要有以下特点：第一，绝大多数出土于墓葬之中。如庆州入室里墓[12]、礼山东西里石棺墓[13]、夫租秽君墓[14]。第二，从形制来看，均为素面，带环状纽，部分器物有镂孔，与我国辽宁地区发现的铜纽钟极为相似；第三，从共存遗物来看，多与细形铜剑、铜戈、铜矛等青铜器共存，与多钮细纹镜共存现象极少，主要存在于朝鲜半岛东南部及北部，显示出了较强的地域界线性。第四，绝大多数情况下以2枚及以上组合出土的形式出现[15]。而朝鲜半岛的此类小铜铎和我国辽宁地区出土的铜钮钟在形态上极为相似，并且同样与曲刃青铜短剑或细形铜剑共存，显示出了较强的一致性。从东北亚系青铜文化传播的视角来看，朝鲜半岛小铜铎的来源应是我国辽宁地区的铜钮钟（图二）。

图二　日本滋贺县大岩山出土铜铎
（采自日本国立博物馆所藏品统合检索系统）

图一　韩国扶余郡合松里墓出土小铜铎
（采自李健茂：《扶余合松里出土一括遗物》，
《考古学志》1990年第2卷）

我国的青铜钮钟出现于西周晚期，科学发掘出土的较早实例为出土于三门峡虢国墓地M2009的一套8件编钮钟[16]，该墓入葬时间在周厉王、宣王之际，钮钟自铭为"宝铃钟"，显示出铜钮钟与铜铃之间有着密切的联系。事实上，虢国墓地各墓当中出土的形制类似的器物数量较为丰富，如M2010中出土14件，记为棺饰中的铃[17]；M2013中发现4件，同记为铃，为棺饰，墓葬年代推测为西周晚期[18]。陕西扶风、甘肃毛家坪、湖北随州、枣阳等地也曾出土过成组的铜钮钟或同形制的铜铃。总的来说，我国中原地区发现的铜钮钟大多集中于河南、湖北以及陕西部分地区，时代以西周晚期至春秋早期为主。直至春秋晚期至战国早期，我国辽宁地区出现了铜钮钟（图三、四）。

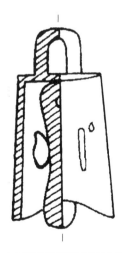

图三　上村岭虢国墓地M2013出土铜铃
（采自河南省文物考古研究所、三门峡市文物工作队：《三门峡虢国墓地M2013的发掘清理》，《文物》2000年第12期）

二　东北地区考古发现的铜钮钟

我国东北地区发现的铜钮钟集中于辽西地区和内蒙古东南部地区，其特点主要是使用环状钮、肩部或有镂孔以系舌、器身截面呈上窄下宽梯形等特

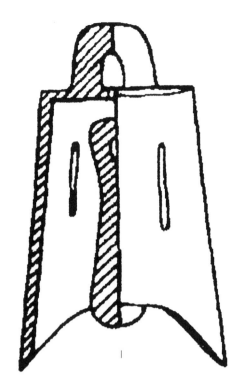

图四 上村岭虢国墓地 M2010 出土铜铃

（采自河南省文物考古研究所、三门峡市文物工作队：《三门峡虢国墓地 M2010 的清理》，《文物》2000 年第 12 期）

征，有的器身还有镂孔，与朝鲜半岛发现的同类器，即"小铜铎"的形制基本类似。

到目前为止，我国辽西地区出土的铜纽钟及其共存遗物如下表所示（表一）。

从表一可以看出，此类铜纽钟的主要分布范围为我国的辽西地区，集中于喀左、凌源等大、小凌河流域地区。从地缘位置上来看，其存在地域与夏家店上层文化区有一定程度的重合，同时接近于十二台营子类型之后存在的南洞沟类型，南与燕文化的北界邻近，而与存在于辽宁中部的郑家洼子类型距离较远（图五）。

三　辽西地区铜纽钟的共存遗物分析

铜纽钟的共存遗物当中，既有代表东北亚系青铜文化人群的曲刃青铜短剑、长颈壶等器物，也有北方系的环首刀、銎柄式铜剑等遗物，也有中原青铜器如铜鼎、铜戈等；因此，使用铜铎的人群构成较为复杂，展现了多样的文化面貌。

从凌源五道河子的发掘情况来看，8 座墓葬分布于同一区域，墓向均为大致南北向，故可认为是具有高联系度人群的几座墓葬。这一墓葬区内共发现 14 件铜纽钟。同时，出土的铜剑当中，主要可以分为以 M4：2 为代表的类中原式铜剑和以 M1：5 为代表的北方式銎柄青铜短剑。环首刀 5 件，颇具北方特色。铜斧 4 件，均为长方形。铜戈 3 件，其中一件上

表一　辽西地区出土的铜纽钟及其共存遗物统计表

出土地点	数量	主要共存遗物	备注
凌源五道河子 M1[19]	2	铜剑、铜戈、铜斧、车軎、马衔、节约、环、泡、挂缰钩、鳄鱼形饰等	
凌源五道河子 M2[20]	1	铜剑等	
凌源五道河子 M3[21]	1	未知	
凌源五道河子 M7[22]	4	铜泡、连珠形饰等	
凌源五道河子 M8[23]	1	铜剑、铜戈、铜斧、动物形饰等	
宁城孙家沟 M7371[24]	2	曲刃青铜短剑、铜锥、齿柄刀等	
凌源三官甸石椁墓[25]	6	曲刃青铜短剑、铜鼎、铜戈、铜斧、马衔、马镳、蛙形饰、双蛇衔蛙饰、虎衔兔形饰、蛙形节约、虎形节约、铜泡、金虎形饰、鹿形饰、管状饰、红陶长颈壶、玛瑙管、绿松石串珠等	
喀左果木树营子土圹墓[26]	2	曲刃青铜短剑、铜戈、铜环、带钩、陶双耳壶等	
兴城朱家村墓地[27]	3	曲刃青铜短剑、喇叭形铜器、车軎、马衔、马镳等	

图五　我国东北地区铜纽钟分布图

还阴刻海兽图案。另有各类动物牌形饰、铜节约等马具、带钩、铜环、铜泡等遗物。因此从出土的遗物来看，五道河子8座墓葬体现出的文化因素主要是中原地区文化以及北方草原文化相结合的一种态势，未发现曲刃青铜短剑、多钮镜、扇形铜斧等体现出非常明显的东北亚系青铜文化特色的遗物，但却发现了与南洞沟墓地较为类似的鳄鱼形铜饰。并且，根据发掘者的观点来看，M1∶41铜纽钟之上的纹饰非常类似于中原地区青铜器的纹饰[28]；赵凌烟认为此枚铜铎之上饰蟠螭纹，与湖北地区出土的早期"铃钟"、纽钟上的兽面有相通之处[29]；笔者认为M1∶41这件铜铎之上的纹饰应是云气纹与蟠螭纹相结合所产生的一类特殊纹饰。无论如何，这枚铜铎与中原地区同类器的形制较为相似，展示出了中原文化的强烈影响（图六）。

宁城孙家沟M7371中出土的遗物较少，但是出现了曲刃青铜短剑与铜纽钟的共存现象。从曲刃青铜短剑的型式以及枕状器上的折线形几何纹饰来看，

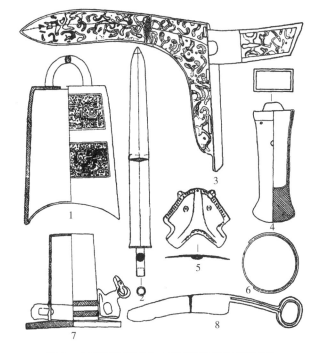

图六　五道河子墓群出土铜纽钟及其他部分遗物

1.铜纽钟　2.铜剑　3.铜戈　4.铜斧　5.鳄鱼形饰

6.铜环　7.车軎　8.环首刀

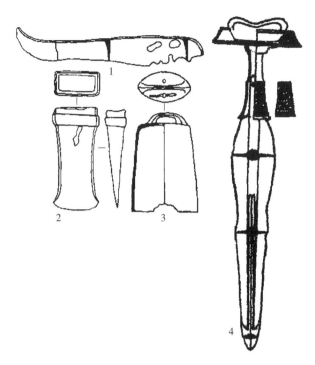

图七 孙家沟出土铜纽钟及其他铜器

1.齿柄铜刀 2.铜斧 3.铜纽钟 4.曲刃青铜短剑

图八 三官甸出土铜纽钟、铜鼎

其时代应与郑家洼子6512号墓大致相当（图七）。

凌源三官甸石椁墓也出土了大量青铜器物。青铜鼎1件，饰蟠虺纹，类中原器；铜戈1件，样式与五道河子墓中出土器类似。铜斧2件，一件长方形，另一件类扇形铜斧。环首刀2柄，与五道河子墓出土环首刀基本一致；铜泡2枚，均圆形、素面、置桥形纽，并残留布纹痕迹。另有动物形铜饰、马具等器物。值得注意的是出土的陶壶发掘者的描述为："夹砂，手制，素面磨光，长颈，口略侈，鼓腹，平底。通高12.5、宽12、口径8.5厘米。"简报中未提供器物图片[30]。从描述中来看，此长颈壶的形态、大小均应类似于郑家洼子6512号墓中的黑陶长颈壶。有马匹陪葬坑。同时，在青铜短剑的枕状器及剑柄之上均装饰三角形纹饰，与喀左南洞沟石椁墓中出土的青铜短剑基本一致，其样式与多钮几何纹铜镜上的"之字形雷纹"也存在相当程度的契合（图八、图九）。

同样，喀左果树营子土圹墓发现了铜铎与曲刃青铜短剑的共存现象，从曲刃青铜短剑的型式来看，其年代应晚于三官甸石椁墓。另从其陶器和墓葬的埋藏方式来看，有学者认为该墓葬与上述墓葬同属于南洞沟类型[31]。

兴城朱家村墓地中也发现了铜铎与曲刃青铜短剑共存的情况，并且发现与郑家洼子墓地形制类似的喇叭形铜器和马衔。有学者通过二者铜剑、马具和喇叭形铜器的相似性将两处墓地同归为"郑家洼子类型"[32]（图一○）。

因此，通过对以上几座墓葬的初步分析，可以得出几个结论。首先，从凌源五道河子八座墓葬的埋藏形式和随葬品来看，展示了诸多北方及中原的文化因素，文化属性更接近于夏家店上层文化，并吸收了部分的中原地区的文化因素。其次，五道河子墓地的年代约为春秋晚期至战国早期，与郑家洼

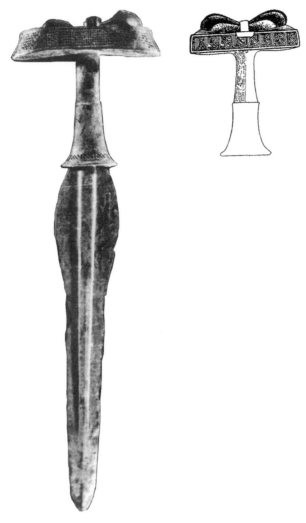

图九　三官甸出土曲刃青铜短剑

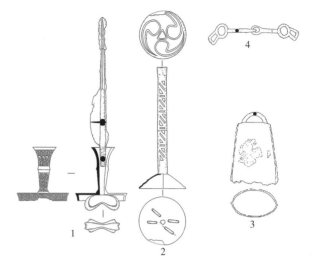

图一〇　兴城朱家村墓地出土铜纽钟等遗物

1. 曲刃青铜短剑　2. 喇叭形铜器　3. 铜纽钟　4. 马衔

子6512号墓极为接近，并且一次性出土了14件铜铎，数量多；其中1件饰蟠螭纹，制作较为精致。最后，其他几处出土铜纽钟的墓葬均发现了铜纽钟与曲刃青铜短剑的共存现象，并出现了与中原式青铜器、北方式青铜器不同程度的共存情况。然而铜纽钟均为素面，制作也较为粗糙。

结合辽宁地区西周晚期至战国晚期的考古发现来看，铜纽钟并非这一地区所固有的一类器物，而是受到中原文化或是北方草原文化影响而产生的。从现有的考古材料来看，发现于五道河子墓葬当中的铜纽钟应当是铜纽钟传入辽西地区后的早期器型，环状纽、半圆形曲状下缘的形制与上村岭虢国墓地、

甘肃毛家坪先秦墓地的同类型器基本一致，并且仍带有中原地区青铜器的纹饰；而后铜纽钟继续传播扩散至整个辽西地区，形成了独特的素面镂孔铜纽钟的形式。

四　铜纽钟视角下的东北亚系青铜文化人群

从我国东北地区的考古发现来看，铜纽钟多与各类青铜马具、动物形装饰品共出，同时还可见少量的青铜礼器。特别的是，铜纽钟既与东北亚系青铜文化的代表器物曲刃青铜短剑共存，又同时与中原式铜剑、北方系銎柄式短剑共存，而又不见与多钮几何纹铜镜的共存现象。以凌源三官甸石椁墓为例，分别出现了带有中原文化因素的蹄足虹纹铜鼎，又可见夏家店上层文化中常见的虎形、鹿形装饰品，以及代表了东北亚系青铜文化的曲刃青铜短剑。因此，从随葬品来看，三官甸石椁墓的墓主人不仅具有较高的社会地位，并且其文化因素构成非常复杂。

首先，朝鲜半岛与日本列岛存在的铜铎，其来源应是我国辽西地区的铜纽钟，辽西铜纽钟的文化因素来源目前来看只能是使用铜钟和铜铃的我国的中原文化区。然而，现有的考古发现没有显示出燕辽地区出土过半圆形纽的铜纽钟，因此中原-燕-辽西的传播路径还有待进一步考证。值得注意的是三门峡虢国墓地的发现，上村岭虢国墓地M1612当中

发现了中原地区极为罕见的双钮鸟兽纹铜镜[33]，与辽宁地区出现的多钮几何纹铜镜有着密切联系；并且如前文所述，在虢国墓地中发现了一类镂孔半圆形铜纽钟，和辽宁地区的铜纽钟有着文化因素上的关联。因此，结合殷商时期中原地区就与北方草原地区的卡拉苏克及塔加尔文化有所交流的情况来看，在铜铎的传播上或许存在着另一条道路，即中原区－北方草原－辽西的传播路径。然而，现有的考古发现仍无法说明北方草原地区是铜纽钟传播的中间环节。因此，关于铜纽钟是如何传播到辽西的问题仍有待于更多的考古发现来进行探讨。

并且，从三官甸墓葬中出土的青铜短剑，以及枕状物和剑镖上的纹饰来看，与喀左南洞沟墓葬、郑家洼子6512号墓中的同类器基本一致。这种现象说明大、小凌河流域所存在的南洞沟类型与辽河流域所存在的郑家洼子类型具有相当多的文化共通性。不同的是，南洞沟类型的各类墓葬中，曲刃青铜短剑主要的共存器物为动物形牌饰、铜戈、铜铎（铜纽钟）以及铜马具，同时还有中原系和北方系的铜剑出现；郑家洼子类型中多钮几何纹铜镜、黑陶长颈壶和铜镜形饰则成了青铜短剑的主要共存器物，更加具有东北亚系青铜文化特色。这种共存遗物上的差别体现出南洞沟类型和郑家洼子类型在精神文化面貌上的差异性。而从朝鲜半岛和日本列岛的考古发现来看，多钮镜与铜铎二类器物，常与曲刃青铜短剑共存，而二者共存现象极少，说明南洞沟类型与郑家洼子类型器物组合上的差异在东北亚系青铜文化进入朝鲜半岛后仍然存在，并有着地理区域上的区别。

因此，对于郑家洼子类型和南洞沟类型的区分问题，也许可以从铜纽钟的角度来进行一定程度的推测。目前辽西地区发现铜纽钟的墓葬中，南洞沟类型的墓葬占据绝大多数，郑家洼子类型分布区中仅朱家村墓一处发现了铜纽钟。但是郑家洼子类型无论是其定义，还是其内涵、范围等方面均有可以讨论的余地。首先，郑家洼子的典型墓葬即为郑家洼子6512号墓，但无论是辽河流域还是辽西沿海地区，皆尚未找到形制、器物组合与其相符的墓葬。仅有兴城朱家村一处墓地出土了与郑家洼子6512号墓地相似的喇叭形铜器及双环式马衔，其墓葬形制也较为类似。但二者是否为同一文化类型，更进一步来说，郑家洼子类型的概念是否需要进行讨论都是未来研究的重要方向。

最后，东北亚系青铜文化进入朝鲜半岛后，体现出的主要文化因素既有铜剑、铜矛、铜戈等武器形青铜器，也有铜铎、铜镜等日常用青铜器，然而并无辽西地区的动物形牌饰及铜马具的出现。这种现象在人群迁移过程当中非常值得关注，某人群在迁移过程中哪些遗物被保存下来，而哪些遗物则被遗弃，展现的是被保留的遗物体现出了该人群最为核心和鲜明的特色，对于探讨和判断人群的文化面貌和族属关系有着极为重要的作用，有待于日后更多考古工作的进行来参考、讨论。

五 结语

根据目前的考古发现来看，辽西地区的铜纽钟的文化因素来源极有可能是中原地区在西周晚期出现的同类器，于春秋晚期至战国早期出现，主要分布于南洞沟类型分布区。在不断的发展和人群迁移的过程中，铜纽钟逐渐成了东北亚系青铜文化的代表器物之一的铜铎。区别于曲刃青铜短剑和细形铜剑，是东北亚系青铜文化当中唯一具备单纯祭祀器物性质的遗物。对于探究东北亚系青铜文化的传播、特征及其内部差异性有着重要意义。

注释：

[1] 曹淑琴：《先秦铜铎及相关问题》，《文物》1991年第3期。

[2] 〔日〕佐原真：《铜铎型式分类的研究史》，《考古学杂志》1967年第53卷第2、3期。

[3] 〔日〕高仓洋彰：《铜铎制作开始年代论的问题点》，《九州岛考古学》第48期。

［4］〔日〕宫里修：《青铜器视角下的公元前10世纪的朝鲜》，早稻田大学博士论文，2008年。

［5］王建新：《东北亚系青铜短剑分类研究》，《考古学报》2002年第2期。

［6］〔日〕寺泽熏：《王权的诞生》，米彦军等译，文汇出版社2021年，第109页。

［7］〔日〕九州国立博物馆：《古代九州的国宝》，太宰府市九州国立博物馆2009年，第35页。

［8］〔日〕福冈市教育委员会：《比惠66——比惠遗址第125次调查发掘报告》，福冈市教育委员会2014年，第3页。

［9］王建新：《濊人与倭人》，《文明的和谐与共同繁荣："东亚古代文化的交流"考古分论坛论文或摘要集》，北京大学出版社2004年，第137—155页。

［10］〔日〕高仓洋彰：《铜铎起源研究》，蔡凤书译，《华夏考古》2003年第1期。

［11］〔日〕松元岩雄、足立克己：《出云神庭荒神谷遗迹》，岛根县教育委员会1995年。

［12］〔日〕藤田亮策、梅原末治、小泉显夫：《大正十一年古迹调查报告第二册——南朝鲜地区的汉代遗迹》，韩国国立中央博物馆藏影印资料1925年，第81—222页。

［13］〔韩〕池健吉：《礼山东西里石棺墓出土遗物》，《百济研究》1978年第9期。

［14］〔韩〕李顺镇（音译）：《关于"夫租薉君"墓》，《考古民俗》1964年第4期。

［15］杜超：《东北亚系多纽几何纹铜镜研究》，西北大学硕士论文，2020年。

［16］赵凌烟：《两周辽西地区"铜铎"命名问题及源流探究》，《北方文物》2020年第4期。

［17］河南省文物考古研究所、三门峡市文物工作队：《三门峡虢国墓地M2010的清理》，《文物》2000年第12期。

［18］河南省文物考古研究所、三门峡市文物工作队：《三门峡虢国墓地M2013的发掘清理》，《文物》2000年第12期。

［19］辽宁省文物考古研究所：《辽宁凌源县五道河子战国墓发掘简报》，《文物》1989年第2期。

［20］辽宁省文物考古研究所：《辽宁凌源县五道河子战国墓发掘简报》，《文物》1989年第2期。

［21］辽宁省文物考古研究所：《辽宁凌源县五道河子战国墓发掘简报》，《文物》1989年第2期。

［22］辽宁省文物考古研究所：《辽宁凌源县五道河子战国墓发掘简报》，《文物》1989年第2期。

［23］辽宁省文物考古研究所：《辽宁凌源县五道河子战国墓发掘简报》，《文物》1989年第2期。

［24］宁城县文化馆、中国社会科学院研究生院考古系东北考古专业：《宁城县新发现的夏家店上层文化墓葬及其相关遗物的研究》，《文物资料丛刊》第9辑，文物出版社1985年，第23—58页。

［25］辽宁省博物馆：《辽宁凌源县三官甸青铜短剑墓》，《考古》1985年第2期。

［26］刘大志、柴贵民：《喀左老爷庙乡青铜短剑墓》，《辽海文物学刊》1993年第2期。

［27］葫芦岛市博物馆《辽宁兴城朱家村春秋木棺墓清理简报》，《文物》2019年第8期。

［28］〔韩〕池健吉：《礼山东西里石棺墓出土遗物》，《百济研究》1978年第9期。

［29］赵凌烟：《两周辽西地区"铜铎"命名问题及源流探究》，《北方文物》2020年第4期。

［30］辽宁省文物考古研究所：《辽宁凌源县五道河子战国墓发掘简报》，《文物》1989年第2期。

［31］吴江源：《关于辽宁——朝鲜半岛西北部中细型铜剑的研究》，李慧竹译，《北方文物》2005年第1期。

［32］成璟瑭、徐韶钢：《郑家洼子类型小考》，《文物》2019年第8期。

［33］中国科学院考古研究所：《上村岭虢国墓地》，科学出版社1959年，第31页。

隋唐至两宋时期墓葬所出人首鱼身形象考

徐　旻（首都师范大学历史学院）

内容摘要：隋唐至两宋时期人首鱼身俑作为随葬明器迅速发展，随时代发展体现了由北向南的流传趋势。人首鱼身像则集中在中国西北地区，并在表现模式上体现了和人首鱼身俑不同的源流传布。通过搜集全国范围内墓葬所出现的人首鱼身形象，加以考古类型学方法进行分析，将俑和像二者结合，试图得出其各自背后所蕴含的文化内涵。

关键词：人首鱼身　明器神煞　墓葬装饰

引　言

（一）研究对象

研究对象为隋唐至宋元时期之间墓葬中所出的人首鱼身形象。选定隋唐至宋元时期为研究对象的时间范围，不仅在于出土材料丰富，而且隋唐五代与宋元前后两段时期之间既有先后承接的文化连贯性，又存在不同社会背景之下各自的独特性，这对于墓葬中明器神煞体系的传布及后续本文所探讨的相关问题都有密切联系。目标对象主要包括随葬明器中的人首鱼身俑和墓内壁面上人首鱼身装饰图像两类，基本涵盖了墓葬中所能见到的人首鱼身实物资料与图像资料。此外，因人首鱼身图像资料存世少，时空跨度大，故本文也含有少许时段前后之外的材料，以便能开展更全面的探析。

（二）研究现状

目前，国内学者对于人首鱼身形象，从形制到内涵均有涉及。徐苹芳先生首开唐宋墓葬中明器神煞研究之先河，根据《秘葬经》记载"公侯卿相墓中于棺东按仪鱼"的说法，正好对应史载宋真宗永定陵明器记录中的鲵鱼，认为在唐宋墓葬中所出的人首鱼身，或人首鱼身下有四足的俑可能为"鲵鱼"或《秘葬经》中的"仪鱼"[1]。针对墓葬中所出的人首鱼身材料进行考古类型学和分期研究的，有崔

世平、王乐、丁子杰等人，根据人首鱼身俑的型式与出土地域等背景信息，将俑分为A、B两型，以此分析人首鱼身俑的流布，并进一步探索时代葬俗的发展。基本结论相似，即河东地区葬俗受到河北地区影响，并在时代变迁上整体呈由北向南的趋势[2]；唐五代的人鱼俑造型统一，应用讲究，不仅代表镇墓神煞、地理风水，也是当时丧葬礼制的一种体现；宋代由于出土情况阶层下降，并且伴出系列神怪俑，则受道教影响更多[3]；另外，随葬人首鱼身俑或许也和"鱼跃龙门"、期盼科举高中的习俗有关[4]。

从宗教史、美术史等角度出发，部分学者在探求人首鱼身形象内涵中也阐述其独到的见解。白冰根据《雷法议玄篇》认为形似"X首X身"的神煞俑皆为雷神俑，在墓葬中起到"炼度幽魂"的作用[5]。郭明明认为砖雕壁画和出土明器属于两个不同概念，砖雕壁画更多地体现了一种装饰思想，墓葬中所出的人首鱼身像可根据古代文献传说相对应，而非明器神煞的渊源[6]。郭清章[7]、马艳芳[8]等综合以上两路的观点，总结人鱼形象是人们对鱼的拟人化，是从精神世界出发，将人与鱼结合，既赋予了人的形象也表现了神的内涵，总体体现了人们对生活和未来的美好寄托[9]。田春论证了有关人首鱼身形象的流布，从图像构成上将目前所出人鱼俑中可分有足、无足两类，上古神话中所流传的"氐人"形象与无足人首鱼身俑相似；有足人首鱼身俑可能是《宋会要辑稿》中的"鲮鱼"。鲮鱼纹经过衍生有了性别的变化，成就了陵鱼，启发了鲛人成形[10]。

通过对前人研究的梳理，可以发现人首鱼身形象自古而今应用于多种场合，并被赋予多层内涵。不过总体来看明确表现了学界对于人首鱼身形象的两大方向性观点，即：渡魂消灾与世俗祈愿。其中俑的流布体系似与墓葬装饰图像的展现有所不同。

一　形制特征

因前人已将人首鱼身俑的类型学和地区分布分析的相对清晰，故本文将从墓葬所出人首鱼身的形象角度着手加以分类对比，试图得出有关人首鱼身体系的流传与演变结论。

（一）人鱼俑

目前学界所作关于人首鱼身形象的类型学分析主要集中于人首鱼身俑上，因此材料收集已较为充分。本文在此基础上最终收集了隋唐至宋元所出共56件人首鱼身俑。

根据所出人首鱼身俑的具体形态，拟分为A、B两型。A型人首鱼身俑有明显的人首形象，人首朝前，有人化双臂或四足，鱼身平直，部分戴冠，有较强的拟人化特征，整体刻画均细腻生动。其中A型内可分为两式：AⅠ式：人首刻画清晰，女性特征明显，有明显的人格化上肢，叉手于胸前，胸部以下为鱼身。目前所发现仅有陕西洋县南宋彭杲夫妇墓（图一）一例，女性人首，头部微扬，面部丰盈，梳丫形发髻，双手自然交叉于腹前，胸以下为鱼身，鱼鳞鱼鳍刻画细腻，鱼尾上摆，整体流畅自然。AⅡ式：人首大多表现为男性，面部刻画清晰，不明显的四足或以鳍为四足，颈下为鱼身，部分戴冠（图二），部分尖耳竖立（图三）。

图二　五代唐李昪墓出土人首鱼身俑

图三　山西襄垣唐墓M1出土人首鱼身俑

B型俑只有刻画清晰的人面而非完整的人首表现，无上肢或四足，整体制作不如A型讲究，但人首鱼身得特征依然鲜明。是目前所发现人鱼俑中占比最大的类型。B型内也分为两式：BⅠ式：人面眉目清晰。面向右看，尾向左摆，高脊鳍后掠，呈S形自然弯曲，作摇摆状。以河北邯郸南吕固乡唐墓（图四）为典型。BⅡ式：人首朝前，整体呈直线型，鱼身或扁平或肥大，鱼尾微上扬。如辽宁朝阳七道

图一　陕西洋县南宋彭杲夫妇墓出土三彩人首鱼身俑

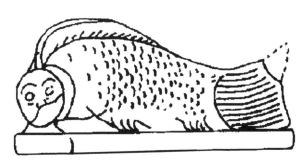

图四　河北邯郸南吕固乡唐墓出土人首鱼身俑

泉子唐墓（图五）、河北元氏大孔村吕众墓等（图六）。B类中以Ⅱ式人鱼俑居多。

图五　辽宁朝阳七道泉子唐墓 M1：27 出土人首鱼身俑

图六　河北元氏大孔村吕众墓出土人首鱼身俑

福建博物馆藏宋陈元吉墓人首鱼身俑，身体中段形状如山，遍钻大小不一的浅圆孔，体现其独特性，与其同出的还有一件人首蛇身俑，造型制作也与人鱼俑相似，可见这种独特性应当是特定地域环境或墓主人的选择所致（图七）。近年来陕西历史博物馆征集了一批随葬三彩俑明器，其中有一件人首鱼身俑（图八），其头向右摆，长发及腰，鱼身平直，与上文分析的人鱼形象完全不同，难以探究，有待于未来更多的材料出现给予证明，本文便不作讨论。另，还有兽首鱼身的结合，如山西长治北石槽2、3号墓出土的兽首鱼身俑（图九），拟于下文进行具体分析（表一）。

（二）人鱼像

由于选取的时代跨度较大，和壁面装饰多漫漶不清、斑驳剥落的客观条件，故虽搜集了约500座带有壁面装饰的墓葬，但最终所得材料依然贫瘠。以期利用目前所搜集的8处共23个人首鱼身像，通过与人首鱼身俑的梳理对比，能得出一些有趣观点。

依据俑的分类，同样将人首鱼身像分为A、B两

表一　出土人首鱼身俑情况一览表

序号	时代	时间	墓葬	墓主阶层	数量	质地	类型	墓中位置	同出俑					同出神煞俑及图像	资料来源
									镇墓俑	人首蛇身	生肖俑	仰观伏听	观风鸟		
1	隋	605年	北京出土		1	陶	AⅡ								高桂云：《北京出土青釉红陶人首四足鱼身俑》，《文物》1983年第12期
2	唐	653年	山西襄垣唐墓	曾任长安县低级官吏	1	陶	AⅡ		√	√		√		人首蛇身俑，镇墓兽，匍匐俑	山西省考古所、襄垣县文物博物馆：《山西襄垣唐墓》，《文物》2004年第10期
3		660年	山西长治唐范澄夫妇墓	处士	1	陶	AⅡ	墓室南部，周围有镇墓兽	√	√				双人首蛇身俑，镇墓兽，动物俑	长治市博物馆：《长治县宋家庄唐代范澄夫妇墓》，《文物》1989年第6期
4		673年	河北文安麻各庄唐董满墓	版授蘽城县令	1	陶	BⅡ		√	√		√		双人首蛇身俑，镇墓兽，伏听	廊坊市文管所、文安县文物管理所：《河北文安麻各庄唐墓》，《文物》1994年第1期

续表

序号	时代	时间	墓葬	墓主阶层	数量	质地	类型	墓中位置	镇墓俑	人首蛇身	生肖俑	仰观伏听	观风鸟	同出神煞俑及图像	资料来源
									\multicolumn{5}{}{同出俑}				
5		673年	辽宁朝阳七道泉子1号唐墓		1	陶	BⅡ		√			√		伏听，镇墓兽，兽首鸟身俑，双人首兽身连体俑，人首兽身俑（可能为人首蛇身俑）	朝阳市龙城区博物馆：《辽宁朝阳七道泉子唐墓发掘简报》，《文物》2018年第6期
6		675年	河南安阳杨偘墓	平民		陶	BⅠ			√			√	人首蛇身俑，观风鸟	安阳市博物馆：《唐杨偘墓清理简报》，《文物资料丛刊》第6辑，文物出版社1982年，第130—133页
7		676年	山西长治北石槽6号墓	柱国府朝散大夫乐方				墓室中部	√	√				人首蛇身俑，镇墓兽，动物俑	山西省文物管理委员会晋东南文物工作组：《山西长治北石槽唐墓》，《考古》1965年第9期
8		676年	山西长治王惠墓	云骑尉	1	陶	BⅡ	棺前西部，周围有人首蛇身俑	√	√		√		双人首蛇身俑，镇墓兽，匍匐俑，动物俑	长治市博物馆：《山西长治市唐代王惠墓》，《文物》2003年第8期
9		676年	辽宁朝阳唐张狼墓		1		BⅡ	墓室前端西侧，靠近墓门，周围有人首蛇身俑，镇墓兽	√	√				人首蛇身俑，镇墓兽	辽宁省文物考古研究所、日本奈良文化财研究所：《朝阳唐张狼墓发掘简报》，《朝阳隋唐墓葬发现与研究》，科学出版社2012年，第19—29页
10		679年	山西长治唐王深墓			陶	AⅡ	墓门处，周围有镇墓兽	√	√		√		镇墓兽，匍匐俑，兽首蛇身俑	山西省文物管理委员会：《山西长治唐墓清理简报》，《考古》1957年第5期
11		684年	山西长治北石槽4号墓	骁骑卫乐道仁	1			棺床中部，周围有其他动物、神怪俑	√	√				人首蛇身俑，镇墓兽	山西省文物管理委员会晋东南文物工作组：《山西长治北石槽唐墓》，《考古》1965年第9期
12		685年	元氏县大孔村唐吕众墓	北齐故魏州司功参军	1	陶	BⅠ			√			√	人首蛇身俑，观风鸟	刘超英冀艳坤：《元氏县大孔村唐吕众墓》，《文物春秋》1999年第2期

续表

序号	时代	时间	墓葬	墓主阶层	数量	质地	类型	墓中位置	同出俑					同出神煞俑及图像	资料来源
									镇墓俑	人首蛇身	生肖俑	仰观伏听	观风鸟		
13		688年	河北南和东贾郭唐墓		1	陶	BⅠ		✓	✓	✓	✓	✓	双人首蛇身俑，观风鸟，镇墓兽，伏听，动物俑	李振奇、辛明伟：《河北南和东贾郭唐墓》，《文物》1993年第6期
14		688年	河北南和唐郭祥墓	宾从县令	1	陶	BⅠ	墓室东侧，附近有观风鸟	✓		✓		✓	观风鸟，镇墓兽，伏听，动物俑	辛明伟、李振奇：《河北南和唐代郭祥墓》，《文物》1993年第6期
15		689年	山西长治唐代崔拏墓	朝散大夫	1	陶	BⅡ	墓室东部	✓	✓				双人首蛇身俑，镇墓兽，动物俑	长治市博物馆：《山西长治市北郊唐崔拏墓》，《文物》1987年第8期，
16		691年	山西长治唐冯廓墓	处士	1	陶	BⅡ		✓	✓		✓		双人首蛇身俑，镇墓兽，伏听	长治市博物馆：《山西长治市唐代冯廓墓》，《文物》1989年第6期
17		700年	山西襄垣唐李石夫妇墓	骑都尉	1	陶	BⅡ				✓			人首蛇身俑	山西大学文博学院、襄垣县文物博物馆：《山西襄垣唐代李石夫妇合葬墓》，《考古》1962年第2期
18		704年	山西长治北石槽2、3号墓	云骑尉	1	陶	BⅡ	人骨周围，附近有其他人首兽身俑	✓	✓		✓		兽首鱼身俑，伏听，双人首蛇身俑，镇墓兽	山西省文物管理委员会、山西省考古研究所：《山西长治北石槽唐墓》，《考古》1962年第2期
19		621—704年	河北定县南关唐墓		1	陶	BⅠ	棺床西侧，附近有观风鸟	✓	✓		✓	✓	双人首蛇身俑，镇墓兽，观风鸟，伏听	信立祥：《定县南关唐墓发掘简报》，《文物资料丛刊》第6辑，文物出版社1982年，第110—116页
20		660—704年	辽宁朝阳市双塔区中山营子村唐墓		1	陶	AⅡ				✓			人首蛇身俑	辽宁省文物考古研究所、日本奈良文化财研究所：《朝阳市双塔区中山营子村唐墓出土文物简报》，《朝阳隋唐墓葬发现与研究》，科学出版社2012年，第73—80页

续表

序号	时代	时间	墓葬	墓主阶层	数量	质地	类型	墓中位置	同出俑					同出神煞俑及图像	资料来源
									镇墓俑	人首蛇身	生肖俑	仰观伏听	观风鸟		
21	初唐		太原金胜村三号唐墓		1	陶	BⅡ	墓室中部，周围有镇墓兽	√	√		√		人首蛇身俑，镇墓兽，蹲伏俑，动物俑	山西省文管会：《太原南郊金胜村3号唐墓》，《考古》1960年第1期
22		8世纪前叶	辽宁朝阳黄河路唐墓		1	陶	BⅠ	墓室中部	√	√	√	√	√	双人首蛇身俑，镇墓兽，伏听，观风鸟，生肖俑	辽宁省考古所等：《辽宁朝阳市黄河路唐墓的清理》，《考古》2001年第8期
23	盛唐前期		河北安国梨园4号唐墓		1	陶	BⅡ			√			√	人首蛇身俑，观风鸟	河北省文物研究所、保定市文物管理处、安国市文物管理所：《河北安国市梨园唐墓发掘简报》，《文物春秋》2001年第3期
24	中唐以前		河北南吕固唐墓		1	陶	BⅠ		√			√		镇墓兽，跪伏俑	邯郸市文物管理处：《河北邯郸南吕固唐代墓葬发掘简报》，《文物春秋》1998年第1期
25	中唐		河北献县唐墓		1	陶	BⅠ		√	√		√		双人首蛇身俑，伏听，镇墓兽，动物俑	王敏之、高良谟、张长虹：《河北献县唐墓清理简报》，《文物》1990年第5期
26	867年		江苏无锡唐皇甫云卿墓	乌江、昆山县尉	1	木		可能原先位于壁龛	√			√		镇墓兽，仰观	无锡市博物馆：《江苏无锡发现唐墓》，《文物资料丛刊》第6辑，文物出版社，1982年，第122—125页
27	唐		天津军粮城刘家台子唐墓		1	陶	BⅠ	可能在石棺尾部的石龛中	√	√		√		人首兽身俑（双人首龙身俑），伏兽	天津市文化局考古队：《天津军粮城发现的唐代墓葬》，《考古》1963年第3期
28	中唐至五代		福建漳浦县刘坂乡唐墓		2	陶	BⅡ	可能在后室，周围有其他兽俑	√	√				人首蛇身俑，鳖形俑，马头鱼身俑，镇墓兽	福建省文管会：《福建漳浦县刘坂乡唐墓清理简报》，《考古》1959年第11期

续表

序号	时代	时间	墓葬	墓主阶层	数量	质地	类型	墓中位置	镇墓俑	人首蛇身	生肖俑	仰观伏听	观风鸟	同出神煞俑及图像	资料来源
										同出俑					
29	五代	920年	扬州北郊武义二年魏赟墓			陶	BⅡ			√				人首蛇身俑，动物俑	束家平：《扬州五代神怪俑的涵义》，《扬州博物馆建馆五十周年纪念文集（1951—2001）》，《东南文化》2001年增刊第1期
30	五代		南唐李昪墓	帝王	3	陶	AⅡ	后室		√				人首蛇身俑	南京博物院：《南唐二陵发掘报告》，文物出版社1957年
31	五代		南唐李璟墓	帝王	10	陶	AⅡ	前室		√				人首蛇身俑	南京博物院《南唐二陵发掘报告》，文物出版社1958年。
32	五代		五代闽国刘华墓	闽王王延钧妻	1	陶	AⅡ	后室	√	√				双人首蛇身俑，老人俑，生肖俑，鬼面俑，四神俑，猪俑	福建省博物馆：《五代闽国刘华墓发掘报告》，《文物》1975年第1期
33	五代		江苏邗江蔡庄五代墓	可能为杨吴皇室		木	AⅡ	可能在后室	√	√	√	√		双人首蛇身俑，镇墓兽，伏听，生肖俑，人首蛇身俑，人首兽身俑，蛙俑	扬州博物馆：《江苏邗江蔡庄五代墓清理简报》，《文物》1980年第8期
34		942年	昇元六年吕德柔墓			陶	BⅡ			√	√			人首蛇身俑，动物俑，生肖俑	束家平：《扬州五代神怪俑的涵义》，《扬州博物馆建馆五十周年纪念文集（1951—2001）》，《东南文化》2001增刊第1期
35	五代		福建漳浦县湖西畲族乡五代墓		1	陶		腰坑内	√	√	√			双人首蛇身俑，伏听，人首蛇身俑，生肖俑	王文径：《漳浦县湖西畲族乡五代墓》，《福建文博》1988年第1期
36	宋	1065年	景德镇市郊毛蓬店宋墓		1	瓷				√	√	√		生肖俑，人首蛇身俑四件，四神俑伏听	彭适凡：《景德镇市郊出土宋瓷俑》，《考古》1977年第2期

续表

序号	时代	时间	墓葬	墓主阶层	数量	质地	类型	墓中位置	同出俑					同出神煞俑及图像	资料来源
									镇墓俑	人首蛇身	生肖俑	仰观伏听	观风鸟		
37		1067年	四川邛崃宋墓	平民	1	陶			√	√	√	√		双人首蛇身俑，镇墓武士俑，生肖俑，仰观，牛头人身俑，金鸡玉犬，鲵鱼俑	邛崃县文物保管所：《邛崃县发现一座北宋墓》，《成都文物》1987年第4期
38		1117年	江西进贤北宋吴助墓		1				√	√	√	√		人首蛇身俑两件，伏听，生肖俑，镇墓武士俑	彭适凡、唐昌朴：《江西发现几座北宋纪年墓》，《文物》1980年第5期
39	北宋		江西彭泽北宋刘宗墓				AⅡ		√		√	√		生肖俑，镇墓武士俑，鲵鱼俑	江西省文管会：《江西彭泽宋墓》，《考古》1962年第10期
40		1193年	陕西洋县南宋彭杲墓		1	陶	AⅠ	墓室北部靠近墓门							汉中市文物管理委员会、洋县文博馆：《陕西洋县南宋彭杲夫妇墓》，《文物》2007年第8期
41		1208年	福建南宋陈元吉夫妇合葬墓		1	石		双室墓中的南室	√	√				人首蛇身俑，四神，动物俑，镇墓兽，老人俑	张焕新：《福建博物院藏南宋陈元吉墓出土器物》，《文物》2011年第7期
42		1209—1211年	四川绵阳杨家宋墓		1	陶	BⅡ	棺台周围	√	√				人首蛇身俑，镇墓兽	何志国：《四川绵阳杨家宋墓》，《考古与文物》1988年第1期
43		1248年	浙江云和县正屏山南宋墓		1	陶									浙江省文物考古研究所：《浙江宋墓》，科学出版社2009年，第137页
44		南宋	罗田县汪家桥宋墓		1	陶	AⅡ	棺床西侧	√	√	√	√		人首蛇身俑，双人首蛇身俑，生肖俑，四神俑，伏听，镇墓武士俑，鲤鱼俑，地蚕两件（双头蚕身人面）	罗田县文管所：《罗田县汪家桥宋墓发掘记》，《江汉考古》1985年第2期
45		南宋	陕西历史博物馆馆藏（征集品）		1	陶									呼啸、师小群：《解读宋三彩陶俑》，《收藏》2011年第8期

型。A型已有明显上肢或鱼鳍正向四肢过渡，人首刻画细腻，面容丰润，头部上扬，作飞升状。其中分为两型：AⅠ式大多为女性，作妇人发饰（图一〇），男性似为孩童相貌（图一一），两臂向前伸展或合十于胸，双臂或围绕飘带，胸部以下为鱼身。AⅡ式同人鱼俑的AⅡ式相像，以敦煌佛爷庙湾墓群发现的人首鱼身像为例：似以鳍为足，男性人首，竖立两耳，无冠发，头颈以下为鱼身。题榜"兒鱼"（图一二）。B型似为男性人首，无冠发，头颈以下为鱼身（图一三）。在宣化辽墓中的多处墓葬发现有双人首鱼身形象。由于性质特殊，故暂不归类，于后文单列分析。

另外在陕西延安的道教遗存《创建纯阳庵碑》中有所刻人首鱼身像，由于没有实图辨识，故无法判断类型，但根据其独特的宗教属性，猜测属A型的可能性较大（表二）。

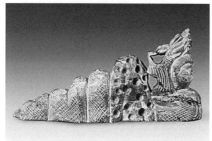

图七　南宋陈元吉墓出土人首鱼身俑

1.人首鱼身俑　2.人首蛇身俑

图八　三彩人首鱼身俑（陕西历史博物馆征集）

图九　山西长治北石槽村唐墓M2出土人首鱼身俑

图一〇　宁夏彭阳张湾金代砖雕墓甬道南壁人首鱼身像砖雕图案

1.人首鱼身像照片　2.人首鱼身像线图

图一二　敦煌佛爷庙湾墓人首鱼身像砖雕图案

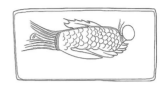

图一一　宁夏彭阳张湾金代砖雕墓甬道北壁人首鱼身像砖雕图案　　　图一三　宁夏彭阳张湾金代砖雕墓甬道外侧人首鱼身像砖雕图案

表二　出土人首鱼身像情况一览表

序号	时代	时间	墓葬	墓主阶层	数量	质地	类型	墓中位置	同出像					同出神煞俑及图像	资料来源
									四神	十二生肖	星宿八卦	祥瑞	神兽		
1	魏晋		敦煌佛爷庙湾西晋壁画墓M1		1	壁画	AⅡ	内照壁第二层	√			√	√	青龙白虎，动物祥瑞图像	郭永利：《河西魏晋十六国壁画墓》，民族出版社2012年，第89页
2			敦煌佛爷庙湾西晋壁画墓M133		1	画像砖	AⅡ		√			√			甘肃省文物考古研究所：《敦煌佛爷庙湾——西晋画像砖墓》，文物出版社1998年，第71页
3	辽	1117年	张世古墓M5	乡绅	1	壁画		前室南壁		√	√	√			河北省文物研究所：《宣化辽墓：1974—1993年考古发掘报告》，文物出版社2001年
4		1117年	张恭诱墓M2	乡绅	1	壁画		前室南壁木门上部		√	√	√			河北省文物研究所：《宣化辽墓：1974—1993年考古发掘报告》，文物出版社2001年
5	金		山西晋城东上村地祇庙		2	线刻	AⅠ	东上村地祇庙正殿台基须弥座束腰部分正中				√		祥瑞图案	马艳芳：《晋城地区两处金代人鱼图像考》，《文物世界》2019年第6期
6		1199年	山西晋城高度玉皇庙		1	线刻	AⅠ	东偏殿当心间东侧檐柱的北面中部				√		祥瑞图案	马艳芳：《晋城地区两处金代人鱼图像考》，《文物世界》2019年第7期
7	金中晚期		宁夏彭阳县张湾金代砖雕墓（女）	平民\地主乡绅	14	砖雕	AⅠ	墓室四壁及甬道南北壁				√	√	孝行图，动物祥瑞图	宁夏文物考古研究所，彭阳县文物管理所：《宁夏彭阳县张湾金代砖雕墓发掘简报》，《北方文物》2020年第2期

续表

序号	时代	时间	墓葬	墓主阶层	数量	质地	类型	墓中位置	四神	十二生肖	星宿八卦	祥瑞	神兽	同出神煞俑及图像	资料来源
									同出像						
8	金中晚期		宁夏彭阳县张湾金代砖雕墓（男）	平民\地主乡绅	14	砖雕	B	墓室四壁及甬道南北壁				√	√	孝行图，动物祥瑞图	宁夏文物考古研究所，彭阳县文物管理所：《宁夏彭阳县张湾金代砖雕墓发掘简报》，《北方文物》2020年第2期
9	元	1289年	创建纯阳庵碑		2	线刻		碑阴额部阴刻"纯阳庵宗派图"，两侧有线刻人首鱼身图案							杜林渊：《金元时期延安地区道教的发展》，《宗教学研究》2014年第2期

二 时空分布

带有明确纪年的人首鱼身俑最早出现在北京，隋大业元年；最晚的俑出土浙江云和县正屏山南宋墓，时间在1248年。上下贯穿了隋唐至两宋时期南北各区。其中北方地区人首鱼身形象出土最多，俑有26处，以山西、河北两地最多，而壁面内容全部出自北方。南方地区俑类出土18处，无壁面装饰出现。体现了人首鱼身俑总体分布北方多，南方少。在隋唐时期，除867年的江苏无锡皇甫云卿墓出土一件外，人首鱼身俑全部出于北方。从晚唐五代时期开始，一直到南宋末，俑全部出于南方，北方不见。体现了人首鱼身俑随时代变迁由北向南发展的态势，其中隋唐时代以河东道、河北道分布数量多，五代时期转移到江苏，两宋期间主要在四川、江西、福建等地发现。依照人首鱼身俑的弯曲形态而言，BⅠ式最为特殊，不同于其他类型的直线型，BⅠ为"S"形作摇摆状，而这一类型人鱼俑只流行于唐代河北道，并且相较其他类型数量最多，时间也较早于同时代的河东道地区，而河东道以及南方地区均不见。这体现了在隋唐时代河东道的葬俗受到了河北道的影响，证实了前人学者的观点。

经观察发现，A型人首鱼身像全部出自西北地区，A型人首鱼身俑虽散落全国各处，但其中AⅠ式人首鱼身俑出自陕西汉中，这些区域都体现了一个共同特点，即区域的闭塞性。据文化传播脉络可知，当一个地域、朝代的文化兴起时，首先在政治文化核心区流行，其次逐渐向四周扩散，边远地区在当时所受的影响会很小并且有一定的滞后性。以A、B两大型比较，在隋唐时期，各地区所出的A型人首鱼身俑皆为年代较早的产品；五代时期A型多出于帝王墓葬，传承了唐代文化内涵；两宋时期，由于所处年代较晚，考古报告中少见实物图，故难以判断。A型人首鱼身俑与像的特征都是拟人化明显，这些流传年代早、地理位置较封闭的特征也许可以从侧面说明了A型人首鱼身形象的传布具有其独特的渊源脉络。例如，陕西洋县南宋彭杲墓中的人首鱼身俑（见图一）与金中期宁夏彭阳县张湾金代砖雕墓中所出的人首鱼身像（图一四）。

图一四 宁夏彭阳张湾金代砖雕墓人首鱼身像砖雕图案

三 文化内涵

我国有关人首鱼身俑的文献记载不多，主要出自《大汉原陵秘葬经》等阴阳地理书，和以《雷法议玄篇》为代表的道教经典。镇墓辟邪、道教雷神的两种说法，也是目前学界关于人首鱼身俑认知的主流。

在敦煌佛爷庙湾西晋壁画墓中发现题榜"兒鱼"的人首鱼身像[11]，无疑说明了这幅壁画就是鲵鱼的展现，而根据画面的形象对比收集的人鱼俑案例，可以看出部分俑的表达也许体现的是鲵鱼形象，如山西襄垣唐墓中出土的一件人首鱼身俑根据考古报告的描述"人首，尖耳上竖。身体鱼形，彩绘鱼鳞，鱼尾上也有彩绘。鱼身下有细弱的四肢，伏于长方形板上"[12]。《北山经》之"龙侯之山"条载："又东北二百里，曰龙侯之山，无草木，多金玉。决决之水出焉，而东流注于河。其中多人鱼，其状如鯑鱼，四足，其音如婴儿，食之无痴疾"[13]，给出了关于鲵鱼的解释。前后印证可得，这也许就是《宋会要辑稿》中所记载的鲵鱼俑的例证。山西长治北石槽2号墓出土的一件兽首鱼身俑（见图九），形制独特，前所未见。在墓葬神煞的表达中，将不同人、动物的部分身体部位结合在一起并不罕见，这件俑首形象的整体表达本身就像水生动物，与鲵鱼形象十分相似。由此可见，在人鱼俑的内涵表达里也许也同壁画装饰一样有另外一类模式，即鲵鱼俑。

是否人首鱼身俑的内涵与道教有对应的联系呢？按白冰[14]观点，《秘葬经》中所载的使用阶层为上层达贵，与出土实物遍布各个阶层的事实不相符，故从道教经典入手，认为这种人首兽身俑代表雷神。首先，宋代的葬制有其不同于前代的独特性。以墓葬营制为例，宋朝官员墓室呈现简单化特点，墓内无仿木构斗拱和砖雕壁面装饰，尤其是对官员大臣要求更加严格，反而由于经济发展和市民的活跃，平民的墓室变得日趋华丽，部分平民墓葬甚至可以比拟一般的官员墓葬。而朝廷对此持开放宽容的态度，其监督对象主要还是在于上层阶级。因此普通平民墓葬中出现神怪俑实与宋代的政治制度有关。其次，若诸如人首蛇身、人首龙身、人首鱼身、人首龟身等明器神煞为四位雷神，但在中唐五代的部分墓葬中有的能出现多件形制相似的人鱼俑和人

蛇俑，如南唐李璟墓[15]甚至出土10件人鱼俑，这说明起码在中唐五代时期这些明器的功能不是源自道教。以目前收集的资料来看，也未曾在一座墓中发现共具四种"雷神"形象的俑类随葬。由此可见，以单一因素来分析从隋唐至两宋时期所出的所有俑像是片面的，由于社会背景和文化风俗的不同，不同年代和区域应有不同的侧重。

总体观察，隋唐时期的人首鱼身俑与其他明器神煞形成相对固定的组合，体现了当时随葬固定明器组合用于随葬的习俗。五代承袭唐代的制度与文化因素，此时期的人首鱼身俑基本出于高等级墓葬中，并且不论是明器的造型规制，还是随葬器物的种类都具有高度的一致性，这说明，隋唐五代时期的明器神煞俑不仅有着其本来的镇墓压胜作用，还体现当时的一种丧葬礼制；此时也出现了新的随葬明器品种，如：老人俑、四神俑、蛙俑等，体现逐渐向宋代过渡的倾向。两宋时期，神煞俑主要出自南方，根据社会背景分析，此时才与道教因素有更多的联系。

北宋建国初期儒释道三教并举，兴修大量佛寺道观，为后期道教发展奠定了基础；到北宋晚期宋徽宗父子当朝期间宋代道教进入最盛的阶段。尤其是宋徽宗时代，不仅自命为道教教主，自述为"朕乃昊天上帝元子，令天下归于正道。帝允所请，令弟青华帝君权朕大霄之府。朕夙昔惊惧，尚虑我教所定未周，卿等可表章册朕为教主道君皇帝"[16]，将道教立为国教，而且大量修筑道观，"因林灵素之言，在景龙门对景辉门，作上清宝箓宫，密连禁署"[17]；崇道抑佛，培养道教人才，修编道教经典。尤其到南宋时期，墓葬中多共出四神俑及各种人兽组合的形象，如出现了牛头人身[18]、马首人身[19]、双人首蚕俑[20]等，同唐代的镇墓兽以及明器组合完全不同，体现与过去中原民间信仰不同的方面。中国从古至今的民间信仰就是兼容并包的，国家主流的倡导会在不同时代有着对不同门类的强调作用，虽然这一定会在人们的日常生活中得以体现，但绝不是一枝独秀的。由于中国历史传承悠久，受多种文化传统

影响，对美好生活的期盼，对生死的敬畏使得我们吸纳一切有利于自己能更好"活着"的信仰。在面对人生重大的生死问题时，丧葬作为生人寄托哀思，为逝者镇墓压胜、引魂升仙的手段，必然使这种内涵得到充分体现。因此，在宋代官方的倡导下，道教因素也杂糅在墓葬文化之中，使随葬明器神煞既有其镇墓本义，又是浓厚道教思想的体现。

虽然文献中对于人首鱼身俑的记载数量少，年代近，但关于人首鱼身像的描述早在远古时期就已流传，如：《山海经·海内北经》载："陵鱼人面，手足，鱼身，在海中。"《山海经·海内南经》载："氐人国在建木西，其为人面而鱼身，无足。"虽然出现了氐人、陵鱼、鲛人诸多名称，但根据文字描述皆统一为上半身与常人无二，胸以下为鱼身的人鱼形象。根据收集材料，人鱼像均作飞升状，头微上扬，或回首接引，体现的内涵是要将墓主人接引升仙。《山海经·大荒北经》记载："有鱼偏枯，名曰鱼妇。颛顼死即复苏。"[21]《酉阳杂俎》中记载："郫县侯生者，于抠麻池侧得鲜鱼，大可尺围，烹而食之，发内复黑，齿落更生，自此轻健。"[22]无疑体现了墓主追求长生不老、死而复生的心愿。

在这些人鱼图像的周围同出有祥瑞图案，或以上下各段分层的形式来表现，同样体现了人们朴素的追求美好未来的吉祥寓意。虽然同样有着再生、升仙的寓意，但人鱼像与南宋蕴含道教因素的人鱼俑并不相同，由于所处地区偏远并带有一定封闭性，人鱼像在此区域的出现可能作为民间的一种美好信仰传统而流传，而非带有固定的宗教意义。在山西晋城玉皇庙、地祇庙[23]等民间信仰场所中都有发现四周伴出的祥瑞图案，就说明了这一点。从出土位置来看，作为墓葬中随葬的明器神煞的人首鱼身俑，往往与人首蛇身俑、人首鸟身俑、匍匐俑等同出一处，说明这些明器带有相似的意义，为墓主人提供辟邪镇墓的作用，而不同于人首鱼身像所伴出的祥瑞含义。目前发现的人首鱼身俑基本为男性，而人首鱼身像却以女性居多，也体现了二者传承的不同。山西晋城东上村地祇庙[24]出现男女两性人鱼对称出

于正殿台基须弥座束腰部分正中，这种男性人鱼的出现应当是在女性人鱼的基础上借鉴古代传说与人鱼俑的传统，并且在内涵中增加了阴阳相合的寓意，也是中国传统美学的一种体现。

在人首鱼身形象的探讨中，出现了一些无法进行细致分类的案例，现依次摘出，试图进行探讨。

在目前出土的实物俑类与壁面装饰类人首鱼身像中，均为单人首鱼身像，然而在宣化辽墓张恭诱、张世古等人墓葬南壁木门上部右侧（图一五），皆发现有双人首鱼身形象。虽然考古报告中并未肯定说明为人首鱼身，但根据身体网格纹的描绘，是鱼身的可能性比较大。作为壁面装饰的一小部分，与同处木门上部左侧对称的可能为双人首蛇身以及壶门内的金鸡玉犬、蒿里老人与女侍形成一套固定组合，在宣化辽墓范围内多有出现。南宋陈元吉夫妇墓中同样出土了双人首鱼身、双人首蛇身、金鸡玉犬、蒿里老人与女侍俑组合，虽然不是以固定组合同出，但证明了在宋代的确流行一些固定的组合模板。是否可以将像宣化辽墓这样壁画内容当作是随葬明器神煞的替代表达方式呢？甘肃武威西郊林场西夏墓出31幅木版画，其中发现有蒿里老人、童子、铁猪、金鸡等明器神煞形象[25]，这反映了在过去的确存在以壁面装饰来代替实物明器随葬。但通过所收集的人首鱼身像并未发现有固定伴出的模式组合，且俑与二者不仅源流内涵不同，形象的展现也并非如此，故明器神煞与壁面装饰二者的相互替代补充应是有固定器类的，不能以偏概全。

图一五 宣化辽墓张恭诱、张世古等人墓葬南壁木门图案

综上所述，我们可以看出墓葬中所出的人首鱼身俑和墓室内壁装饰的人首鱼身像，不管从形

态源流，还是从伴出位置、内涵表现上都不尽相同，说明了二者有其各自的传布体系，表现了不同时代、地域下，人们的生死观和对未来的期盼与寄托。

注释：

［1］ 徐苹芳：《唐宋墓葬中的"明器神煞"与"墓仪"制度——读〈大汉原陵秘葬经〉札记》，《考古》1963年第2期。

［2］ 崔世平：《唐宋墓葬所见"仪鱼"与葬俗传播》，《东南文化》2013年第4期。

［3］ 丁子杰：《唐宋墓葬出土人首鱼身俑研究》，《东南文化》2020年第6期。

［4］ 王乐：《唐代鱼文化相关问题研究》，西北大学硕士学位论文，2017年。

［5］ 白冰：《雷神俑考》，《四川文物》2006年第6期。

［6］ 郭明明：《宁夏彭阳宋墓所见人鱼形象分析》，《西部考古》2017年第14期。

［7］ 郭清章：《北方地区隋唐墓葬研究》，郑州大学硕士学位论文，2009年。

［8］ 马艳芳：《晋城地区两处金代"人鱼"图像考》，《文物世界》2009年第6期。

［9］ 殷小亮：《山西长治地区唐墓人面鱼身俑探析》，《文物鉴定与鉴赏》2020年第2期。

［10］ 田春：《中国古代人鱼图像谱系》，《设计艺术》2015年第1期。

［11］ 郭永利：《河西隋唐十六国壁画墓》，民族出版社2012年，第89页。

［12］ 山西省考古所、襄垣县文物博物馆：《山西襄垣唐墓》，《文物》2004年第10期。

［13］ 《山海经》，中华书局2011年，第332页。

［14］ 白冰：《雷神俑考》，《四川文物》2006年第6期。

［15］ 南京博物院：《南唐二陵发掘报告》，文物出版社1957年，第341页。

［16］ 〔元〕脱脱：《宋史》卷二十一，《徽宗本纪》，中华书局1985年，第400页。

［17］ 〔明〕李濂：《汴京遗迹志》卷一，中华书局1999年，第348—349页。

［18］ 邛崃县文物保管所：《邛崃县发现一座北宋墓》，《成都文物》（内刊）1987年第4期。

［49］ 四川省文管会、蒲江县文化馆：《四川浦江县五星镇宋墓清理记》，《考古与文物》1986年第3期。

［20］ 罗田县文管所：《罗田县汪家桥宋墓发掘记》，《江汉考古》1985年第2期。

［21］ 袁珂校注：《山海经校注》，上海古籍出版社1980年，第416页。

［22］ 〔唐〕段成式：《西阳杂俎》，中华书局1981年，第278页。

［23］ 马艳芳：《晋城地区两处金代"人鱼"图像考》，《文物世界》2019年第6期。

［24］ 马艳芳：《晋城地区两处金代"人鱼"图像考》，《文物世界》2019年第6期。

［25］ 郭清章：《北方地区隋唐墓葬研究》，郑州大学硕士学位论文，2009年。

苏州吴中区穹窿山万鸟园南发现的南宋石仓石人像

何文竞（苏州市考古研究所）

内容摘要：2018年5月苏州市考古研究所在穹窿山万鸟园附近收集到宋代石仓、石人各一件，两件文物虽都有一些风化破损，但整体保存状况较好，是苏州地区南宋时期石刻文物的重要发现。

关键词：南宋　苏州　石人　石仓

一　发现情况

2018年5月23日下午四时许，苏州市考古研究所接到苏州市吴中区文管办通知——穹窿山万鸟园南侧100米左右道路施工过程中发现一块残墓志，附近可能有古代墓葬。接到通知后苏州市考古研究所随即组织工作人员到现场了解情况，因当日天已将黑，工作人员只得在做好现场拍照后将已露出铺地砖的墓葬进行掩盖，又将散落一旁的残墓志运回木渎藏书考古工作站保存，当晚准备好考古发掘所需物品。2018年5月24日上午通过对现场的进一步调查勘探发现该处有一处残砖室合葬墓，墓葬早年已被严重破坏、扰乱，现仅存墓底铺地砖及少量残存

墓壁。只得将墓底清理干净，并进行测量、拍照、绘图工作（图一、二）。

该墓葬为砖室合葬墓，墓圹平面为长方形，墓向26°／206°，南北长3.54米，东西宽3.66米，残深1.4米；墓室南北长3.49米，东西宽3.51米，残高0.58米；墓顶已不存，东侧比西侧多铺一层铺地砖，推测原来应该有两个墓室。西侧墓室外壁南北长3.4米，东西宽1.58米。西壁和南壁残存11层砖，北壁损毁严重，残长16厘米。四壁由单层砖错缝平砌，地砖错缝平铺。东侧墓室外壁南北长3.1米，东西宽1.56米。东壁残存12层砖，南壁损毁严重，残长0.92米，仅存一层砖。北壁残存7层砖。墓砖尺寸为30×15×4厘米。

清理过程中在墓葬填土及附近收集到石屋、石人各一件，两件文物皆较精美，在苏州地区并不常见，具有较高的历史、文化和艺术价值。虽然这两件文物发现时已脱离原始位置，但因为石仓仓体及石人均发现于墓葬填土之中，且石仓顶与残志也发

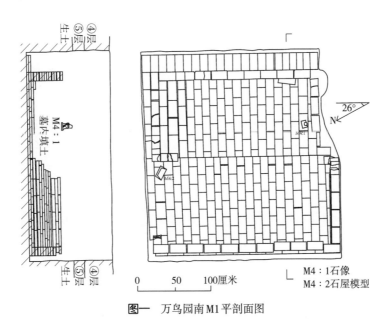

M4：1石像
M4：2石屋模型

0　50　100厘米

图一　万鸟园南M1平剖面图

图二 万鸟园南M1照片（由北向南摄）

现于墓葬附近一两米以内，因此这两件文物及墓志属于此墓葬应无太大问题。残墓志虽已风化殆尽，志文漫漶不清，但依稀可识辨的少数文字有"……路兵马钤辖平江府……"，"钤辖"为宋代武官名[1]，说明墓葬年代为宋，且等级不低（图三）。现将这两件文物具体情况介绍如下。

二 出土文物

石仓（图四、图五），青石质，由仓顶、仓体、仓门三部分组成。先是于墓葬北侧约一米处的散土中发现石仓顶，之后又在墓葬填土中发现石仓下半部分和石门。石仓总高24.9厘米，顶高7.3、长22、宽13.5厘米，底长16，宽7.8厘米。仓顶为歇山式，正脊长15.9、垂脊长6.5、戗脊长6.2厘米，正（背）面可见14道椽条，两侧面各有8道椽条。仓体正面两侧各刻有一道凹槽，背面被雕凿成对称的两扇，仓体内部被雕凿成均匀的五层，其中最下层上部的石隔片已断成三块，仓体正面有石片制成的仓门，门长14.9、宽8.4、厚0.7—0.8厘米，石仓门外侧自

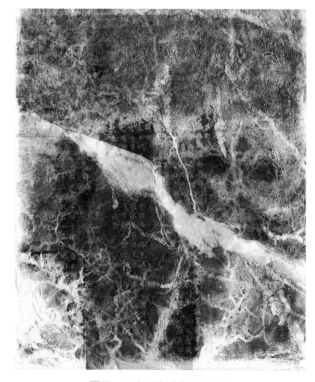

图三 万鸟园南采集墓志拓片

上而下刻有汉字一、二、三、四、五，字体工整，仓门左侧中部有一小圆孔，直径约0.2厘米，仓门发现时为上下两片，上面一片只有"一"层宽，下面一片为"二、三、四、五"四层宽，下片左下角有破损。石仓仓体上部外立面有破损，仓顶则基本完好，说明仓体与仓顶早已分离（图四、五）。

图四 石仓照片

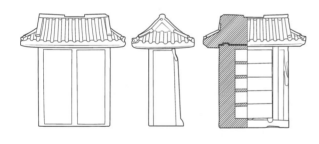

图五 石仓平剖面图

　石人（图六、七），石质白中泛青，发现时位于距墓底约50厘米的扰土之中，上半部分已有一定程度风化，下半部保存完好，可能是历史上墓葬被盗扰时，石人上部暴露在外，下部埋于地下所造成。石人高29.8厘米，下有石座，石座长13.4、宽9、高3厘米。石人头上戴冠，身体微微前倾，五官因为风化已不清晰，长须垂至胸前，为一长者形象，其右手斜握

图六 石人照片

0　　　　10　　　　20厘米

图七 石人平面图

一杖，左手端扶腰带，身着长袍，衣褶流畅，腰系绦带，两条带穗垂至地面，足部穿履，足尖露于袍外。

三　时代及价值

同类型的器物在宋墓中虽不算常见，但类似的文物在考古工作中还是有一些发现。比如1972年上海宝山月浦南宋承务郎谭思通夫人邹氏墓出土陶俑一件、陶屋模型两件（图八），与苏州万鸟园发现的这两件器物十分相似，邹氏卒于嘉定十七年（1224），葬于宝庆二年（1226）[2]，属于南宋中晚期。另外苏州博物馆收藏的几件石屋（钱仓），早年出土于胥口镇石马山，其中有一件在常设展览中展出（图九），其时代为南宋时期[3]。1987年在福建南平大凤乡西洋村后山发掘了一座砖室券顶合葬墓，出土陶仓一件（图一〇，1），白灰面，四阿顶（歇山顶），顶瓦用墨笔绘画，墙体四侧刻划立柱，三面壁上墨绘梧桐叶，一面上方开长方形口，下刻画板层，仓内盛有谷子，通高24.6、底宽14厘米，发掘者认为墓葬年代为南宋早期[4]。同样是在福建南平大凤乡，1989年3月在店口村发现一座砖室券顶合葬墓，墓中出土陶"谷仓"一件（图一〇，2），歇山

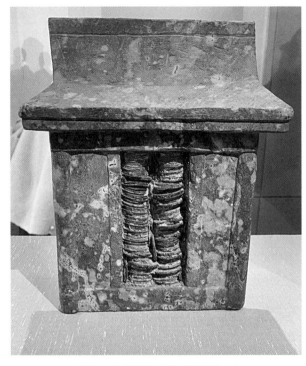

图九　苏州博物馆藏石屋（钱仓）

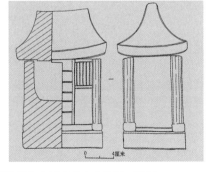

图八　谭思通夫人邹氏墓出土陶俑、陶屋

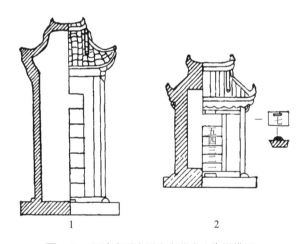

图一〇　福建南平大凤乡宋墓出土陶屋模型
1.福建南平大凤乡西洋村后山墓出土陶仓
2.福建南平大凤乡店口村墓出土陶"谷仓"

顶，双重正脊，屋面刻画条形板瓦，墙体四侧堆贴立柱，檐部堆塑波浪形挡雨板。正面上方开长方口，以下刻画层板，层板自下而上依次刻有一二三四五这五个数字。长方口外置一活动层板（这与苏州万鸟园发现的石仓结构类似），上刻有"七"字和堆塑闩门孔。面阔14.2、进深11.2、高25.6厘米。发掘人

判断墓葬应属南宋早期[5]。

通过对以上几座墓葬资料的梳理，我们发现出土此类仓的墓葬均属南宋，且有确切年代的多为南宋中晚期。仓顶皆为"歇山式"，一定程度上反映了南宋时期建筑物屋顶的流行风格。几座墓葬基本都是砖室合葬墓，墓主身份可能多为南方地区中下层官吏。仓的性质初步判断有两种，南平大凤乡西洋村墓出土的陶仓内盛有谷物，说明其是谷仓模型明器。而苏州胥口石马山宋墓出土的石仓内塞满铜钱，表明其为"钱仓"。其他几座墓葬出土的仓则没有明确确定其用途的线索。

南方宋墓中人物俑随葬的数量很大，包括男女侍俑、文官俑、武士俑、神煞俑、墓主坐像，等等[6]。基本都有各自的定式，结合《大汉原陵密藏经》一般不难做出判断。但此类挂杖老翁俑考古出土数量不多，性质尚待探讨。1977年甘肃武威西郊林场西夏二号墓出土过一件长28厘米、宽10.5厘米的木板画，画中人物为正面立像（图一一），细胡须，头戴峨冠，身着交领宽袖长衫，腰部束带，挂竹杖，侧面墨书"蒿里老人"[7]，此画像应该就是《大汉原陵密藏经》中所载之"蒿里老翁"。我们再将苏州穹窿山万鸟园南发现的石像以及上海宝山月浦谭思通夫人邹氏墓出土的陶俑与这件西夏木版画对比，可以发现三者有许多相似之处，比如站姿、戴冠、长须、挂杖、绦带、长袍等等，笔者怀疑此类人俑非常可能就是"蒿里老人（蒿里老翁、蒿里丈人）"的形象。关于"蒿里老

原图　　　　　复原图

图一一　西夏木板画"蒿里老人"

（原图采自《武威西夏木板画艺术特点研究》，复原图采自
《20世纪中国文物考古发现与研究丛书》）

人"的问题学界已有过不少有益的讨论[8]，最终解决这个问题可能还需要更直接的证据的出现。

绘图、拓片、拍照：王忠山　何文竞

注释：

[1] 〔元〕脱脱等撰：《宋史》卷一百六十七《职官七》，中华书局2000年，第2666—2667页。

[2] 何继英：《上海唐宋元墓》，科学出版社2014年，第63—80页。

[3] 承苏州博物馆姚晨辰先生告知该墓葬中出土有嘉泰四年（1204）买地券，在此向姚晨辰先生表示感谢。

[4] 南平市博物馆：《福建南平大凤发现宋墓》，《考古》1991年第12期。

[5] 张文崟：《福建南平店口宋墓》，《考古》1992年第5期。

[6] 秦大树：《宋元明考古》，文物出版社2004年，第153—159页

[7] 陈于柱：《武威西夏二号墓彩绘木板画"蒿里老人"考论》，《西夏学》2010年第5期。

[8] 陈定荣：《论江西宋墓出土的陶瓷俑》，《江西历史文物》1986年S1期；李颖：《福建五代两宋随葬俑研究》，福建师范大学硕士学位论文，2013年。

一枚五铢与四张面孔

刘彬彬（苏州博物馆）

内容摘要：2022年6月至9月，苏州博物馆联合十家文博单位，于苏州博物馆西馆推出"天下惟宁——汉代文明的四张面孔"特展。展览以汉代与罗马钱币对比作为引子与暗线，围绕诸侯、将士、百姓与神仙四张面孔，通过文物铺陈叙述，描绘了一幅汉代各阶层共盼天下安宁的时代图景。

关键词：汉代 五铢钱 阶层 展览逻辑

苏州博物馆与大英博物馆合作的"罗马：城市与帝国"特展（以下简称"罗马特展"）中展出了一枚银币。银币铸造于公元前44年，一面为尤里乌斯·恺撒的侧身像，另一面为符号化的组合图案，包括象征力量的束棒、象征罗马合法统治的球体和象征信任的紧握双手，两面图像组合后要突出表现恺撒获授"终身独裁"这一政治事件。一年后铸造的另一枚银币，组合式的图像已变成了自由帽和庆祝刺杀恺撒成功的两柄匕首[1]。铸币者通过肖像和符号化的物像，赋予了这两枚银币浓厚的政治宣传气息和纪念碑式的事件记录属性。这种肖像式的带有纪念性质的宣传手段不仅见于钱币之上，仅在罗马特展中，大理石雕像、马赛克镶嵌画甚至戒指之上（如镶嵌马克·安东尼头像的印章戒指）都可见到统治者的真容。这样的宣传也广泛存在于近东与中亚（图一）。

如邢义田指出的那样，与罗马统治者相比，汉代的皇帝从来都是神龙见首不见尾，甚至会刻意隐去面目，保持神秘性[2]。尽管汉代人明白西域钱币头像所蕴含的王权意义，《史记·大宛列传》记载"（安息）以银为钱，钱如其王面，王死辄更钱，效王面焉"，但汉朝皇帝显然对王权统治的宣传形式有着自己的理解。在著名的马踏匈奴石刻中（图二），只见马与匈奴形象，最重要的骑马者却刻意隐去，这与伊朗贝希斯敦崖壁上的大流士脚踩俘虏图像对比鲜明（图三）。

图二 马踏匈奴石刻
（茂陵博物馆藏）

图一 帕提亚帝国米特里达特斯一世

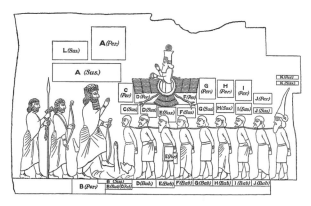

图三　伊朗贝希斯敦崖壁浮雕线图

（采自 The Archaeology of Iran from the Palaeolithic to the Achaemenid Empire）

汉代的钱币与罗马银币相比更显朴实无华，外圆内方的造型和统一的钱文布局，将实用意义彰显无遗。那么作为时代相近的统一帝国，汉代是如何不依靠肖像化的政治宣传，达成了王朝的稳定和汉代文化的赓续？这是举办此次以汉代为主题的古代文明展的核心议题，而答案或许还是要回到一枚五铢铜钱中去寻找，借此，本次展览的另一个目的也得以实现，即通过展示一件文物，来讲述一个故事，还原一个细节，探讨一个问题。

秩序建立

五铢是汉朝留给后世王朝的重要遗产之一，始铸于西汉元狩五年（前118），至隋朝仍在铸行，形制基本相同。直到唐高祖武德四年（621）造开元通宝，五铢方遭废止。

五铢的形制也为其时的西域地区效仿。新疆轮台县出土的汉龟二体五铢，也称"龟兹五铢"（图四），为方孔圆钱形制，同时铸有汉文"五铢"或

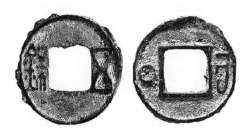

图四　龟兹五铢（采自《龟兹五铢钱考—兼论公元前5世纪至7世纪丝绸之路流通货币》）

"五朱"和两个婆罗谜文符号[3]。而汉代五铢在基本制作要素上又承袭了秦代半两的特征，包括圆形方孔、钱文篆书、"重如其文"等。

秦灭六国后，为了寻求统一地域内经济交流往来的便利，在货币体系上提出了统一的政令，一是珠、玉、龟、贝、银、锡不再作为货币享有稳定的价值尺度，法定货币只有黄金、半两钱和布；二是废除六国钱币，由政府统一铸造和发行半两钱，半两钱形制统一、重如其文。这种统一观念，早在秦尚未成帝国前就已出现。半两钱在战国晚期的秦开始行用，《史记·秦始皇本纪》载，秦惠文王二年（公元前336年）"初行钱"。这在田野考古中也得到印证，四川青川县郝家坪战国M50出土有七枚半两铜钱，发掘者根据同出的秦武王二年（前309）"更修为田律"木牍，推断墓葬年代应在战国晚期[4]。

货币标准只是秦为了建立集权统治秩序而颁布的多项制度中的一项，而传播最广泛的还是度量衡制。秦代使用的度量衡沿用了自商鞅变法开始就确立的标准，商鞅方升、高奴禾石铜权上加刻的廿六年诏书等内容都体现了这种延续性。到了秦朝建立，一批带有相同字体和内容的度量器具散播到帝国内的各处，陕西、甘肃、河南、河北、山西、山东、内蒙古、吉林、江苏等地都出土有这样的度量器具。甘肃省博物馆收藏的铜诏铁权发现于甘肃天水地区，是出土秦权中重量较大的一件，重31.643千克，又称一石权（图五）。依照秦代重量进制，1

图五　铜诏铁权

（甘肃省博物馆藏）

石为120斤，以此权为准，秦代1斤约合264克。秦代石权还包括：高奴禾石铜权，重30.75千克，每斤约合256克[5]；江苏盱眙石权重30.43千克，每斤约合254克[6]；山西左云石铁权，形制与甘肃铜诏铁权相近，重31.5千克，每斤约合263克[7]。铁石权的重量要明显超出其他材质的石权，丘光明认为，这是因为官府在征收粮草时，故意使用重量较大的石权，大进小出，以多收民财[8]。留存的西汉权平均每斤重量约在248克，和秦权相差不大，这是在制度上的重要继承。

西汉同样继承了秦代的尺度与量度。目前可见秦尺极少，而先秦发现的一尺约合今天23.2厘米，汉代各时期一尺保持在23—24厘米。秦代一升约合今天200毫升，汉代带有铭文的容器，一升均值也在200毫升左右[9]。

秦朝留给汉朝的遗产不只有制度架构，秦代的物质文化也渗透到汉代社会的多个方面。蒜头壶[10]、茧形壶[11]初见于三秦地区，鍪[12]和扁壶[13]等器物的造型则由秦人分别从西南和北方吸纳而来。之后，这些器物又随着秦的统一传播到东方六国。所谓的文化传承有两种，一种体现在制度层面的继承与发展，是普遍认可的秦文化对汉代的影响，同时，不可忽视的是民间群体主导的文化传承。秦朝虽亡，但秦人仍在。一方面，他们保持着秦地的固有传统，包括秦文化核心区墓葬中固定的随葬组合；另一方面，秦文化本身与东方诸国、西南、百越等地的文化交流互动，最终融汇成性远习近的汉文化。

诸侯式微

汉初继承秦制，沿用半两钱，但为了恢复经济、提高生产力，实行扩张性的货币政策，主要形式之一就是在铸币政策上做出让步。西汉初期，政府允许地方甚至私人铸钱，这一政策历经多次调整变化，如汉惠帝时曾禁止民间铸钱，汉文帝即位后又取消盗铸钱令。由于允许民间私铸，汉代半两钱丧失了"重如其文"这一重要特征，秦钱的法定重量为半两（12铢），汉初却先后出现了榆荚半两、八铢半两、五分半两、四铢半两等减重铜钱。这意味着以往的

一枚标准半两钱可改铸为三至五枚甚至十枚可行用的新货币。铸造量的增多直接导致私人财富剧增，尤以各地诸侯王为最，《史记·吴王濞列传》："吴有豫章郡铜山，濞则招致天下亡命者盗铸钱。"

与货币政策一样，汉朝没有全盘继承秦朝的郡县制，而施行了郡县与封国并行的地方行政体制。刘邦在肃清一干异姓诸侯王之后，分封了荆王刘贾（后原封地内改封吴王刘濞）、楚王刘交、齐王刘肥、赵王刘如意、代王刘仲（后改封刘恒）、梁王刘恢、淮阳王刘友、淮南王刘长、燕王刘建等同姓诸侯王。铲除异姓、分封同姓的本意是为了巩固刘氏政权的统治，但从对地方的实际控制来看，高祖在位的最后一年，全国40余郡，由中央直接统辖的只有15个，其余均归属分封的九个同姓王和一个异姓王（长沙王吴芮）。这些王国除了"连城数十，地方千里"外，还可"自置吏""得赋敛"，"宫室百官制同京师"也绝不是夸张之语。

从考古调查发现的诸侯墓葬中，可以看出汉初诸侯王的丧葬行为，与皇帝几无二致。地面建制中的坟丘、墓园、礼制建筑、陪葬墓等一应俱全；墓葬形制上，黄肠题凑这种天子之制在近十座诸侯王墓中都有出现；随葬品组合上，玉衣的使用未见严格的等级制度，诸侯王甚至列侯也可使用金缕玉衣[14]。江苏徐州火山汉墓出土的银缕玉衣属于一位不见文献记载的西汉初年刘姓贵族"刘和"，略有僭越之嫌（图六）。南京博物院也收藏有一件出土于徐州的银缕玉衣，或归属于东汉某任彭城王后，这与《后汉书·礼仪志》记载的玉衣规制方才相称。

在随葬品之中，也可窥见汉初诸侯王们的俗世生活。一是财富积累惊人。汉代是中国历史上的"黄金"时代，黄金制品数量巨大，且种类丰富。海昏侯墓出土黄金制品478件，总重量逾60千克[15]。在此之前集中的黄金出土，还有传与荆王刘贾有关的盱眙南窑庄窖藏，共出土金器37件，包括金兽1件、"郢爰"金版11块、金饼10块、马蹄金15块，总重近20千克[16]。二是官制礼乐齐备。以徐州地区为例，刘尊志将诸侯王墓中出土的封泥、印章按

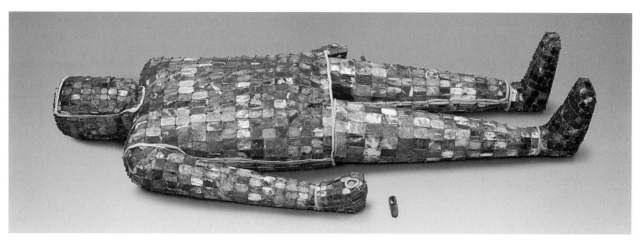

图六 "刘和"银缕玉衣

（徐州博物馆藏）

其标记的职能分为四个类型，包括：封国机构，如辅助诸侯王治理王国民众的"楚内史印"封泥（图七）；军事机构，如楚国军队中直接统兵的"楚骑千人"铜印；王宫机构，如负责膳食的"食官监印"铜印；陵墓管理机构，如管理楚夷王刘郢客陵园的"楚夷园印"[17]。

图七 "楚内史印"封泥

（采自《狮子山楚王陵》）

鉴于诸侯势力庞大和多次的刘姓氏族叛乱，汉武帝时，主父偃提出实行推恩令，规定：诸侯王死后，除嫡长子继承王位外，其他子弟也可分割王国的一部分土地成为列侯，由郡守统辖。其源头是贾谊《治安策》"众建诸侯而少其力"。武帝因此颁布"王子侯国裂王国地分封，别属汉郡"，下达后，诸侯王的支庶也多得以受封为列侯，王国被分为若干侯国，侯国隶属于郡，地位与县相当。江苏连云港

尹湾汉墓出土的东海郡吏员簿木牍也明确了侯国封地别属汉郡的事实。这个过程直接导致了王国的缩小和朝廷直辖土地的扩大。马孟龙在《西汉侯国地理》中对西汉侯国的数量变化做了统计，可以直观地反映这一政策变化。高帝十年（前197）共有侯国102个，惠帝七年（前188）共有侯国140个，文帝前元十一年（前169）共有侯国150个，景帝中元五年（前145）共有侯国124个。武帝元光五年（前130）共有侯国92个，太初元年（前104）共有侯国118个，侯国数量相较之前看似减少，但在此期间，武帝先后分封侯国247个，废除219个，且王子侯国数量剧增，达到76个。至成帝元延三年（公元前10年），侯国数量已达225个[18]。

伴随推恩令的深入施行，汉武帝元狩五年（公元前118年）最后一次允许郡国铸钱，但仅过三年，就以"郡国多奸铸钱，钱多轻"为由，彻底收回了各郡国的铸币权，改由京师钟官铸赤侧五铢（又称赤仄五铢）。

汉军反击

外贝加尔地区的匈奴遗址曾经出土一些典型的汉代遗物，俄罗斯伊沃尔加遗址出土铜镜残片七件，还有四座墓葬出土四枚五铢铜钱，俄罗斯德列斯图伊墓地中，也有四座墓葬出土七枚五铢铜钱[19]。从出土数量来看，五铢钱在外贝加尔地区的匈奴群体

中更像是与铜镜、漆器、玉器、丝织品并列的汉代奢侈品，而非流通的等价物。作为对比，宁夏同心倒墩子匈奴墓地出土了数量可观的五铢钱，且几乎每墓必出，这表明倒墩子墓地的主人可能已将五铢钱作为通行货币，也反映出他们与汉朝之间的紧密关系[20]。倒墩子墓地的墓主，发掘者推定为武帝时期的降汉匈奴人，被安置在三水属国都尉管辖范围内。而由此再往西北一千公里的戈壁弱水，是汉匈对抗的主要战场。

从甘肃酒泉到内蒙古额济纳，沿着额济纳河，分布着若干烽燧遗址。这里是汉代的居延都尉所在，甲渠候官是其辖下最重要的屯戍预警机构之一（图八）。20世纪以来，甲渠候官遗址出土了不下万枚汉简，这些简牍除了记录上下级部门的日常往来公文外，还记载了甲渠候官所遭遇的军事冲突，如"本始元年九月庚子，虏可九十骑，入甲渠止北隧，略得卒一人，盗取官三石弩一，稾矢十二，牛一，衣物去"，即记录了汉宣帝本始元年匈奴侵扰甲渠候官的一次行动[21]。

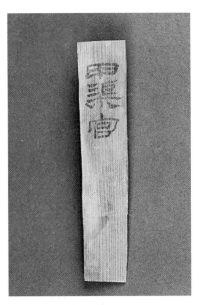

图八 "甲渠官"简牍
（南京博物院藏）

汉朝与匈奴的冲突从汉初已经开始，高帝七年（前200），刘邦被匈奴冒顿单于围困于白登山，此后

惠帝、吕后至文景二帝，对匈奴都以远嫁和亲的策略示好。武帝元光二年（前133），汉武帝不满一直被匈奴压制，布置三十万大军埋伏在马邑，计划伏击匈奴，被看破后双方断交，正式开战。元狩二年（前121）和元狩四年（前119），经以卫青和霍去病为主导的两次战役后，匈奴大部才远遁漠北。汉朝之所以能够反击匈奴，一是通过中央财政积累财富，支持军事行为，二是有意识地改进军队组织和武器装备。

从武帝元光二年反击匈奴，到元狩四年霍去病封狼居胥，这十余年汉匈之间的大型冲突不下十次，消耗了文景时期积累的大量财富。因此，汉武帝在漠北之战同年发行了两种新的货币——白金三品和白鹿皮币。两种新货币都是虚值货币。白金三品中的龙币值三千钱，马币值五百钱，龟币值三百钱。此类货币虽名为银锡合金，但出土实物（如甘肃灵台康家沟式样的"安息铅币"，有学者认为是白金三品龙币）的成分经过检测，含铅量往往都达90%以上[22]。白鹿皮币更是以鹿皮作为货币材质，每币价值四十万钱，且诸侯进京朝觐，必须以此类皮币衬垫玉璧。上林三官中的六厩，专门设立钱丞、火丞铸造钱币，原因也被认为是需要解决马匹购买的庞大开支。

马匹的饲养和马种的引进改良是汉代实现军事战术和武备变革的关键。秦人本就善于养马，汉人也深知马之于战争的重要性，"汉制九章，创加厩律"，景帝时期又有意扩大了边境马场规模。但此时所养之马，多是本土河曲马，它们与狮子山汉墓出土的陶马形态相似，低身广躯，敦实强健，颈部、四肢短粗，尾础较低，体长往往大于体高，更适于作为挽用拉车马、驮马，而非战马[23]。到东汉，甘肃、四川所出已多是雷台汉墓随葬品这样的高头大马，双耳竖立，鼻孔贲张，颈部弓起，四肢细长，体长与体高相近。从文献记载角度来看，新马种的出现，应与从西域引进乌孙马、大宛马和阿克哈·塔克马有关[24]。这类马匹长于奔袭作战，才能支持霍去病登临翰海。

山东孙家村画像石上的胡汉交战画面可以清晰地反映出随着骑兵成熟，汉军在武备上发生的变化（图九）。这组画面中，汉军骑兵正在击杀一个头戴尖帽、高鼻深目的胡人骑兵。马上作战强调劲弩长戟，汉军骑兵使用的武器正是专为前刺击杀方式而改进的卜字形戟。卜字形戟由鸡鸣戟发展而来，材质多为铁质。这种兵器在汉初就已普遍推广，如狮子山汉墓出土鸡鸣铜戟5件，卜字形铁戟数量则是以捆计数[25]。北洞山汉墓出卜字形铁戟，不见其他形制铜戟[26]。尹湾汉墓出土的永始四年武库兵车器集簿木牍更加直观地反映了汉代的兵种武器构成以及汉朝与西域、匈奴的关系[27]。

百工兴国

战争的胜利和疆域的扩大也带来了新的问题，如何让辽阔幅员内的众多人口认识到皇权的存在和帝国的统一，是摆在汉朝统治者面前的严峻问题。

前文提到，汉武帝收回郡国铸币权，统一铸造赤侧五铢。赤侧五铢可以一当五，性质其实与白金三品和白鹿皮币类似，更像是武帝为充实国库而强制使用的虚值货币。同时由于赤侧五铢面值较

大，盗铸能够获利更多。关于赤侧五铢的废止，《史记·平准书》和《汉书·食货志》的记载基本一致，元鼎四年（前113），"赤侧（赤仄）钱贱，民巧法用之，不便，又废"。赤侧五铢被废后，汉武帝将铸币权全部收回中央，由上林三官负责，各郡国也需将以往铸币所用铜料全部输送到京师。南朝宋裴骃在集解《史记》时，引《汉书·百官表》，推测三官为"均输、锺官、辨铜"[28]，此后一直被史界所引用。然根据发现的钱丞、火丞封泥和近年来铸币遗址的调查发掘，上林三官应为"锺官、技巧、六厩"的观点愈发坚实，研究者也就此提出设置三官是因为铸币的流通对象不同，如六厩是专供购马饲马支出的铸币作坊[29]，三官内又有负责铸币各环节的工匠和专门的生产区域[30]。

除了铸币权，汉武帝还收回了盐铁的生产经营权。以铸币、冶铁和制盐为核心的官营垄断手工业，让百姓即使身处岭南与塞北也能很快意识到中央政府的存在与强势。然而，如果仅仅是强权政策，对国家和族群的自我认同可能也无法完全实现。《大英博物馆世界简史》在介绍一件汉代漆耳杯时，提到

图九 胡汉交战画像石
（采自《汉代画像全集（二编）》）

了商品流通之于帝国统一的重要性。"你也许无法同帝国其他部分的百姓碰面，但各地产物的流通能让你找到身属一个庞大帝国的认同感。"[31]从物质遗存看，相同材质、相似技术、相近母题的手工业产品，在汉帝国的各个角落被发现。

以漆器为例，从洪石整理的漆器出土情况一览表中[32]，可以发现漆器在汉代主要出土于秦岭淮河以南的湖南、湖北、四川以及江苏，且随时间推进，有从长江中上游向长江下游地区转移的明显趋势。尽管文献中汉代的蜀郡、广汉郡以制作漆器而闻名，但从实际出土来看，漆器的大量消费最终在西汉中晚期集中到扬州地区。扬州也是汉代域外产品的汇集区，经典的罗马马赛克玻璃甫一出现，便很快被带到扬州[33]。漆器的消费需求和审美观念或许就是从扬州中转，经过一系列的进贡、赏赐、馈赠、贸易与战争，跨过淮河进入北方，穿行草原出现在蒙古高原[34]，渡过鸭绿江来到朝鲜半岛（图一〇）[35]，翻越帕米尔高原抵达阿富汗[36]。北方地区为了仿制漆器，甚至会将部分随葬陶器涂抹为漆器的颜色与纹饰。

图一〇　平壤石岩里丙坟汉墓出土始元二年漆耳杯（3号）及铭文（采自《汉代"蜀郡西工造"的考古学论述》）

同时，极富中原和北方特征的器物也在南方出现，比如低温铅釉陶（图一一）。这类釉陶以铅的化合物作为釉料的助熔剂，再以铜或铁氧化物实现呈色[37]。汉代还有一类以氧化铅作为助熔剂、以氧化钡作为乳浊剂的重要产品是铅钡玻璃[38]。关于中国釉陶和玻璃的起源，曾经有"西来说"论调，但若考察对铅的使用，就会发现：至迟在龙山文化早期，以含铅化合物为助熔剂就已作为中国青铜器的特有冶炼技术出现[39]。跳出产品之外，回溯技术的发展，不同材质的产品被串联在统一的手工业生产和消费体系中，使得汉代各阶层、各行业人群的联系更加紧密。

图一一　绿釉陶灶
（山东博物馆藏）

相较于漆器与釉陶，博戏更是帝国方舆内的"国民游戏"。汉代是博戏的全盛期，多个地区的墓葬均出土有与六博相关的博戏用具[40]。博局纹也作为一种流行母题，出现于铜镜、画像砖石、术数占卜文献甚至钱币[41]之上。博戏以大众娱乐的形式激发出文化与身份认同，而博局纹在一定程度上起到了罗马银币上头像的作用，作为汉朝的文化标志，传播海宇。

信仰塑造

《后汉书·樊宏阴识列传》记载了西汉宣帝时阴子方因以黄羊祭祀灶神而成巨富之事。这一故事结合了汉代镜铭吉语中常出现的叙事要素，充满虚构色彩，却体现了汉代普遍的信仰逻辑。一是孝道的核心地位，阴子方至孝仁恩，方能获得祀灶的机会；二是财富是可以给到生者的最大恩惠，阴子方暴至巨富，田逾七百顷；三是亡者的一项重要价值在于保用子孙，阴子方的后代阴丽华成为皇后，阴丽华的兄弟阴识等四人封侯。

财富不只是汉代人生前的追求。"事死如事生"的丧葬观念，模糊了生与死的界限，为了使亡者能够经营好身后世界，铜钱成为汉代墓葬中的一类常规随葬品。《洛阳烧沟汉墓》提出，随葬铜钱的数量或重量与墓葬年代早晚及墓主贫富程度有关[42]。与

此次展出文物相关的墓葬，出土铜钱情况也基本符合上述归纳。

表一列出了与此次展出文物相关的墓葬内出土铜钱的数量（或重量）情况。在简报或报告中未提到出土铜钱的有河南泌阳官庄秦墓、三门峡火电厂汉墓、永城保安山二号墓，江苏扬州刘毋智墓、徐州刘埶墓、徐州金山村汉墓（徐州火山汉墓未出简报，在《中国考古学年鉴·1997年》和《中国文物报》登载的相关文章中也未见出土钱币的记录）。未见出土铜钱的原因可能包括葬俗、墓主身份、后世盗掘或简报编写的省略等。

除了随葬实际的钱币以外，其他作为财富象征

表一　本次展览相关汉墓出土铜钱情况

墓葬	出土铜钱数量（或重量）	资料出处
甘肃雷台汉墓	21125枚	《武威雷台汉墓》，《考古学报》1974年第2期
甘肃磨咀子汉墓	31座墓共出1199枚	《甘肃武威磨咀子汉墓发掘》，《考古》1960年第9期
	3座墓共出203枚	《武威磨咀子三座汉墓发掘简报》，《文物》1972年第12期
河北满城汉墓	一号墓2317枚，二号墓1891枚	《满城汉墓发掘报告》，文物出版社1980年
河南烧沟汉墓	其中162座墓出土铜钱，共11265枚	《洛阳烧沟汉墓》，科学出版社1959年
河南泗涧沟汉墓M16	69枚	《济源泗涧沟三座汉墓的发掘》，《文物》，1973年第2期
江苏北洞山汉墓	200多千克，7万余枚	《徐州北洞山西汉发掘简报》，《文物》，1988年第3期
江苏甘泉二号墓	42千克	《江苏邗江甘泉二号汉墓》，《文物》，1981年第11期
江苏韩山东汉墓	50余枚	《徐州市韩山东汉墓发掘简报》，《文物》1990年第9期
江苏霍贺墓	38枚	《海州西汉霍贺墓清理简报》，《考古》1974年第3期
江苏老虎墩汉墓	148枚	《江苏邗江县甘泉老虎墩汉墓》，《文物》，1991年第10期
江苏双龙汉墓	4具棺内均出铜钱	《江苏连云港海州西汉墓发掘简报》，《文物》2012年第3期
江苏狮子山汉墓	17.6万余枚	《狮子山楚王陵》，南京出版社2011年
江苏网疃庄汉墓	6枚	《江苏连云港市海州网疃庄汉木椁墓》，《考古》1963年第6期
江苏西郭宝墓	114枚	《连云港市陶湾黄石崖西汉西郭宝墓》，《东南文化》1986年第2期
江苏姚庄102号墓	3313枚	《江苏邗江县姚庄102号汉墓》，《考古》，2000年第4期
江苏尹湾汉墓	6座墓共551枚	《江苏东海县尹湾汉墓群发掘简报》，《文物》1996年第8期
内蒙古广衍城周边汉墓	其中3座墓出土铜钱，共57枚	《秦汉广衍故城及其附近的墓葬》，《文物》1977年第5期
山东九龙山汉墓	4座墓共出195枚	《曲阜九龙山汉墓发掘简报》，《文物》1972年第5期
山东银雀山汉墓	一号墓36枚，二号墓38枚	《山东临沂西汉墓发现〈孙子兵法〉和〈孙膑兵法〉等竹简的简报》，《文物》1974年第2期
山东禹城汉墓	22枚	《禹城汉墓清理简报》，《文物参考资料》1955年第6期

随葬的还有陶质冥币、玉握（图一二）、摇钱树、买地券等。墓葬内部的布置、随葬品的设计不仅是死者的财富象征，在仪式和器物的背后，也汇集了生者的丧葬理念[43]，而这种理念又来自死者的传递。汉代家族的丧葬行为如此循环往复，塑造了我们今天的丧葬习俗，包括奔丧、吊唁、白席、葬礼、服孝、祭扫等。

结语

此次展览更多是基于展品本身和前人研究成果的思考与排列组合。展览思路与以上文字产生于物与物的整合、观点与观点的碰撞、场景与场景的串联，以及考古与文献的博弈。关于考古与文献的辩论，从现代考古学在中国出现伊始就已存在[44]，幸而在此次展览的主题阐释中，文献材料的表达与援引为考古出土的文物平添了血肉，也让提炼出的汉代文明四张面孔显得更加生动。无论是考古还是文献，抑或二者的结合，其实都已无法再现一段完整且真实的历史，但通过此次展览，或许能拼凑出这样一个事实，即无论是从考古发现解读，还是经文献材料注释，由五铢引申出的规律运转的国家机器、稳定的经济形态和包容的文化信仰，是汉代不同时段、不同阶层人群的共同追求。

图一二　圆雕和田黄玉握
（连云港市博物馆藏）

注释：

[1]　苏州博物馆编：《罗马：城市与帝国》（内部资料），2021年，第64—65页。

[2]　邢义田：《从古罗马看秦汉中国》，《八方风来》，中华书局2008年，第152—154页。

[3]　张平：《新疆轮台县出土的汉龟二体五铢》，《考古》1988年第7期；林梅村：《龟兹五铢钱考——兼论公元前5世纪至7世纪丝绸之路流通货币》，《故宫博物院院刊》2022年第2期。

[4]　四川省文物考古研究院、青川县文物管理所：《四川青川县郝家坪战国墓群M50发掘简报》，《四川文物》2014年第3期。

[5]　陕西省博物馆：《西安市西郊高窑村出土秦高奴铜石权》，《文物》1964年第9期。

[6]　南京博物院：《江苏盱眙东阳公社出土的秦权》，《文物》1965年第11期。

[7]　吴连城：《山西左云县出土秦权介绍》，《文物参考资料》1957年第8期。

[8]　丘光明编著：《中国历代度量衡考》，科学出版社1992年，第395页。

[9]　姜波：《秦汉度量衡制度的考古学研究》，《中国文物科学研究》2012年第4期。

[10]　李陈奇：《蒜头壶考略》，《文物》1985年第4期。

[11]　杨哲峰：《茧形壶的类型、分布与分期试探》，《文物》2000年第8期。

[12]　吴小平：《汉代铜鍪研究》，《东南文化》2003年第11期。

[13]　谢崇安：《试论秦式扁壶及其相关问题》，《考古》2007年第10期。

[14]　中国社会科学院考古研究所编著：《中国考古学·秦汉卷》，中国社会科学出版社2010年，第357—365页。

[15]　江西省文物考古研究所、南昌市博物馆、南昌市新建区博物馆：《南昌市西汉海昏侯墓》，《考古》2016年第7期。

［16］ 姚迁：《江苏盱眙南窑庄楚汉文物窖藏》，《文物》1982年第11期。

［17］ 刘尊志：《徐州汉墓与汉代社会研究》，郑州大学博士论文2007年，第118—120页。

［18］ 马孟龙：《西汉侯国地理》，复旦大学博士论文2011年，第72—181页。

［19］ 潘玲：《外贝加尔匈奴遗存的年代》，《华夏考古》2009年第4期。

［20］ 宁夏文物考古研究所、中国社会科学院考古所宁夏考古组、同心县文物管理所：《宁夏同心倒墩子匈奴墓地》，《考古学报》1988年第3期。

［21］ 马智全：《居延汉简反映的汉匈边塞战事》，《西北民族大学学报（哲学社会科学版）》2016年第5期。

［22］ 灵台县博物馆：《甘肃灵台发现外国铭文铅饼》，《考古》1977年第6期；姜宝莲：《汉代"白金三品"货币及其相关问题》，《考古》2020年第10期。

［23］ 张廷皓：《西汉鎏金铜马的科学价值》，《农业考古》1985年第1期。

［24］ 李零：《狻猊·天马·跳脱缨——以考古为例看伊朗与中国的文化交流》，《故宫博物院院刊》2022年第3期。

［25］ 狮子山楚王陵考古发掘队：《徐州狮子山西汉楚王陵发掘简报》，《文物》1998年第8期。

［26］ 徐州博物馆、南京大学历史系考古专业：《徐州北洞山西汉墓发掘简报》，《文物》1988年第3期。

［27］ 滕昭宗：《尹湾汉墓简牍概述》，《文物》1996年第8期。

［28］ 〔汉〕司马迁撰，〔南朝宋〕裴骃集解，〔唐〕司马贞索隐，〔唐〕张守节正义：《史记》，中华书局1959年，第1435页。

［29］ 党顺民、吴镇烽：《上林三官铸钱官署新解》，《中国钱币》1997年第4期。

［30］ 徐龙国：《汉长安城地区铸钱遗址与上林铸钱三官》，《考古》2020年第10期。

［31］ ［英］尼尔·麦格雷戈著，余燕译：《大英博物馆世界简史》，新星出版社2017年，第195页。

［32］ 洪石：《战国秦汉漆器研究》，中国社会科学院研究生院博士论文2002年，第124—164页。

［33］ 南京博物院：《江苏邗江甘泉二号汉墓》，《文物》1981年第11期；扬州博物馆：《江苏邗江县甘泉老虎墩汉墓》，《文物》1991年第10期；安家瑶：《丝绸之路与玻璃器》，《文物天地》2021年第12期。

［34］ ［日］内田宏美：《汉代官营漆器生产的相关问题——以蒙古国诺音乌拉墓葬出土漆器为中心》，《北方民族考古》（第3辑），科学出版社2016年，第177—183页。

［35］ 白云翔：《汉代"蜀郡西工造"的考古学论述》，《四川文物》2014年第6期；倪钰、陈秋荣：《从乐浪墓葬出土汉代有铭漆器谈"纻胎"与"夹纻"》，《文物天地》2021年第8期。

［36］ ZHANG Liangren, Chinese Lacquerwares from Begram：Date and Provenance, *International Journal of Asian Studies* 8（01），2011.

［37］ 陈彦堂：《关于汉代低温铅釉陶研究的几个问题》，《古代文明》（第4卷），文物出版社2005年，第306页。

［38］ 干福熹：《中国古代玻璃的起源和发展》，《自然杂志》2006年第4期。

［39］ 李先登：《王城岗遗址出土的铜器残片及其他》，《文物》1984年第11期。

［40］ 傅举有：《论秦汉时期的博具、博戏兼及博局纹镜》，《考古学报》1986年第1期。

［41］ 公柏青：《汉代压胜钱上体现的宇宙框架》，《中国钱币》2012年第2期。

［42］ 中国科学院考古研究所著：《洛阳烧沟汉墓》，科学出版社1959年，第215页。

［43］ ［美］巫鸿著，李清泉、郑岩等译：《中国古代艺术与建筑中的"纪念碑性"》，上海人民出版社2017年，第43页。

［44］ 张海：《中国考古学的历史主义特征与传统》，《华夏考古》2011年第4期；陈淳：《从考古学理论方法进展谈古史重建》，《历史研究》2018年第6期。

美人姓董：从董氏看中国古代女性之美

许鑫城（苏州博物馆）

内容摘要：女性，作为古代男性的附属，长期在传统文献史料中缺位失语，即便被写入文献，也只是以"列女"的名义，看似彰显其事迹，实则隐没了真实的女性故事。本文聚焦历史上的董氏女性，从诗歌、墓志、器物三个维度，尝试发掘董氏女性的多元样貌，并以此为切入点，探寻被遮蔽的中国古代女性之美。

关键词：女性　董氏　诗歌　墓志　器物

谈及中国古代女性，大多数人脑海中浮现出的便是深居闺阁、顾影自怜的美人形象。她们或相夫教子、慈惠孝贤，或抚琴弄花、娴静淑雅；有的是忠贞节烈、荣膺旌表，有的是才媛闺秀、名重一时。但无论如何，她们的形象和言行总是被限定在既有的框架之内，那就是传统儒家思想"三从四德"主导下的，以君权、父权、夫权为核心的性别文化建构。很显然，这是一部被规训的女性史，是男性话语体系下，被塑造出的女性形象。

那么，历史上真实的女性形象到底是什么样的？

本文拟从董氏入手，通过诗歌、墓志、器物三个维度，观察董氏女性多样的人生历程，尝试发掘被忽视与遗忘的女性故事，探寻被遮蔽的中国古代女性之美。

一　诗歌中的董氏

董娇饶
〔东汉〕宋子侯
洛阳城东路，桃李生路旁。
花花自相对，叶叶自相当。
春风东北起，花叶正低昂。
不知谁家子，提笼行采桑。
纤手折其枝，花落何飘扬。
请谢彼姝子，何为见损伤。

高秋八九月，白露变为霜。
终年会飘堕，安得久馨香。
秋时自零落，春月复芬芳。
何如盛年去，欢爱永相忘。
吾欲竟此曲，此曲愁人肠。
归来酌美酒，挟瑟上高堂。

这首《董娇饶》始见于南梁《玉台新咏》，后收入北宋郭茂倩《乐府诗集·杂曲歌辞》[1]。宋子侯，东汉人，生平不详，此诗是他唯一流传至今的作品。胡应麟《诗薮》有云："汉名士，若王逸、孔融、高彪、赵壹辈诗，存者皆不工，而不知名若辛延年、宋子侯乐府，妙绝千古，信诗有别才也。"[2]可见其人其诗影响之大。

这是一首叙事诗，述说了春日的洛阳城，年轻女子随意采花，反被花责问，从而感时伤逝，抒发了诗人对红颜易老、青春难再的叹惋之情。诗的前六句，"洛阳城东路，桃李生路旁。花花自相对，叶叶自相当。春风东北起，花叶正低昂。"交代了故事发生的时间、地点，营造了洛阳城东一派烂漫的春日景致。和煦春风，花枝招展，为后文以花借喻埋下伏笔。第七至二十句是全诗的主要内容。"不知谁家子，提笼行采桑。纤手折其枝，花落何飘扬。"不知是谁家的女子，提篮采桑，却将花枝折断，弄得落花缤纷。女子为何折花伤花？诗人没有直接回答，却是借花之口发问，"请谢彼姝子，何为见损伤。"女子回答道："高秋八九月，白露变为霜。终年会飘堕，安得久馨香。"女子认为花终究是要飘零凋谢的，哪能长久保持芬芳呢？虽未正面回答花的诘问，但已表明缘由，此时凋落因此也无须在意。本以为对话到此结束，但出乎意料的是，花却平静地告诉她："秋时自零落，春月复芬芳。何如盛年去，欢爱永相忘。"到了秋天确实会枯萎凋零，但等到第二年春天，依旧花满枝头，馥郁芬芳。可女子呢，青春易逝，盛年难再，美丽的容貌比鲜花的生命还要短暂，喜欢她的人也会抛弃她，永远忘掉她。细究起来，明年再开的花已不是去年凋谢的花，从这个意义上说，花与女子一样。但这明显已不重要，因为诗人在最后四句，终于表露了内心的真实想法。"吾欲竟此曲，此曲愁人肠。归来酌美酒，挟瑟上高堂。"诗人充满了对女子命运的同情，以至于无法将此曲唱完，只好借酒消愁，以歌解忧。全诗语言质朴，看似平铺直叙，实则一波三折、耐人寻味。

诗题为"董娇饶"，余冠英疑此为乐府旧题[3]。董娇饶（又作董娇娆）为女子名殆无疑义，也很有可能是这首五言诗的主人公——采桑女。董娇饶的命运应是当时下层女性悲苦人生的写照，宋子侯为她立言，更是对像她一样，不能掌控自己命运的女子的深切怜悯。"妇人所以事夫者，色也。"她们年轻貌美之时，被人追捧，年老色衰后，便被抛弃。"与男性对美色普遍而持久的追求相对的是，女性的外貌之美难脱自然规律，随着岁月的流逝，很快便会消逝，而生育子女、操持家务、孝顺公婆等等，更会加速这种消逝。既然女性无法保持自己的美色和对男性持久的吸引，自然也就无法保证能得到男子持久的爱情。"而这也是古代女性对美的追求永无休止的原因所在。

董娇饶的身世不详，却在唐以后频频出现，成为美人的代称。杜甫《春日戏题恼郝使君兄》："细马时鸣金騕褭，佳人屡出董娇饶。"苏轼《临江仙·疾愈登望湖楼赠项长官》："佳人不见董娇饶。徘徊花上月，空度可怜宵。"范成大《次韵唐子光席上赏梅》："春风压尽百花桥，尊前仍有董娇娆。"杨维桢《道旁骑》："竹间小桃花，嫣如董娇娆。"曹妙清《西湖竹枝词》："美人绝似董娇娆，家住南山第一桥。"祝允明《赋得春阳曲戏柬天文》："钱唐苏小小，京洛董娇娆。秾芳竞桃李，清润并琼瑶。"此外，还有以"娇娆"为名者，诗例之多，不胜枚举。

至于为何从唐代开始，"董娇娆"的意象流行开来，这种变化或许与唐代诗人刘希夷对《董娇饶》的仿写有关。"洛阳城东桃李花，飞来飞去落谁家？洛阳女儿惜颜色，坐见落花长叹息。今年花落颜色改，明年花开复谁在？已见松柏摧为薪，更闻桑田变成海。古人无复洛城东，今人还对落花风。年年岁岁花相似，岁岁年年人不同。寄言全盛红颜子，应怜半死白头翁。此翁白头真可怜，伊昔红颜美少年。公子王孙芳树下，清歌妙舞落花前。光禄池台文锦绣，将军楼阁画神仙。一朝卧病无相识，三春行乐在谁边？宛转蛾眉能几时？须臾鹤发乱如丝。但看古来歌舞地，唯有黄昏鸟雀悲。"这首《代悲白头翁》开头仿写自《董娇饶》，以"洛阳女儿"代指采桑女，依旧用花开花谢感叹年华易逝，"年年岁岁花相似，岁岁年年人不同。"一句更是流传千古。但诗人并未止步于女性，而是将时光飞逝、人生如旅的感慨推及至天下众生。一句"宛转蛾眉能几时？须臾鹤发乱如丝。"用夸张的手法，道出美人容颜易老，青春难驻的悲凉。《董娇饶》或因刘希夷的仿写而被更多人所熟知，这也许是"董娇饶"在唐以后成为美人代称的关键因素之一。

二 墓志中的董氏

女性，作为古代男性的附属，长期在传统文献史料中缺位失语，即便被写入文献，也只是以"列女"的名义，看似彰显其事迹，实则隐没了真实的女性故事。但是，大量墓志的出土，尤其是记载女性生平的墓志材料，使得历史上许多隐而不彰，甚至籍籍无名的女性"重获新生"，极大扩展了我们对古代女性样貌的了解。其中的董氏墓志，得以让我们发现古代董氏女性不为人知但却生动的另一面。

王士良妻董荣晖墓志，1988年出土于陕西省咸阳市底张湾王士良及妻妾合葬墓，为方形。志盖为盝顶，盖面篆书"周大将军广昌公故夫人董氏之墓志铭"十六字，四边无纹饰。墓志边长49厘米。志文正书25行，行27字。无书者姓名。四边亦无纹饰。据墓志所载可推知，董荣晖生于北魏孝明帝正光六年（525），北周武帝保定五年（565）卒，终年四十一岁[4]。她是北周大将军王士良之妻。王士良，北朝重臣，《周书》、《北史》均有传。

董荣晖，陇西人，生于官宦家庭。祖父董义，北魏太仆少卿、云州刺史，父董羡，南阳太守、新野镇将。董荣晖从小便得到良好的教育，"幼而聪敏，早该文艺，听莫留声，视不遗色，箴规图史，分在难言，流略子集，皆所涉练"，可见其不仅对传统女德一类的书籍十分熟悉，对诸子典籍也涉猎颇广，才学修养在当时的女性中应属佼佼者。"言同悬水，思若转规，倩盼可图，窈窕成则"，展现了她敏捷的思维、畅达的口才。她十四岁嫁给王士良为妻。王士良同样也出自官宦世家，北齐文宣帝高洋在位时，颇受重用，武成皇帝高湛登基后，深受猜忌，外放豫州刺史。王董二人的结合，颇有乱世之中联姻之意。事实也证明，董荣晖在丈夫人生面临重大转折之时，发挥了极其重要的作用。

据《周书·王士良传》，"保定四年，晋公护东伐，权景宣以山南兵围豫州，士良举城降"[5]。保定四年即公元564年，宇文邕在宇文护的策划下发兵攻打北齐。十二月，权景宣攻打北齐豫州，豫州刺史王士良投降北周。但这一事件在不同史料中记载不一。《周书·郭彦传》载："保定四年，护东讨。彦从尉迟迥攻洛阳。迥复命彦与权景宣南出汝、颍。及军次豫州，彦请攻之。景宣以城守既严，卒难攻取，将欲南辕，更图经略。彦以奉命出师，须与大军相接。若向江畔立功，更非朝廷本意。固执不从，兼画攻取之计。会其刺史王士良妻弟董远秀密遣送款，景宣乃从。于是引军围之，士良遂出降。"[6]但在王士良墓志中则记载为："齐运将顷，猜贰竞起，任公拒防，不委严兵，强国承衅，思启封略。秦师十万，席卷由威，遂去夏归殷，背楚从汉。"[7]墓志显然在为王士良降周一事开脱[8]。而在董荣晖墓志中，我们找到了王士良"主动投降"的佐证。"自公饧鼎归殷，斋坛谒汉，实得齐姜之酒，宁无二耻之言。凡所机鉴，类如此也。""齐姜之酒"取自春秋时期，晋国公子重耳的妻子齐姜设计，酒醉丈夫后，与大臣狐偃掠重耳返晋重振大业的典故，用在这里，暗示董荣晖在丈夫王士良降周一事中扮演了重要角

色，也佐证了《周书·郭彦传》的记载。在丈夫面临重大抉择之时，董荣晖通过在北周为官的弟弟董远秀，沟通其间，使得丈夫顺利归降，并得到北周朝廷的重用，晋爵为公，得以善终。"宁无二耻之言"也表明了她对丈夫投降一事是极为豁达开明的。

由此看来，董荣晖墓志中的"夫人才摇丹笔，智通白水，进贤为任，有内助焉"的赞扬并非虚言。

隋文帝杨坚的第四子，蜀王杨秀容貌瑰伟，一生跌宕。他位高权重、妃嫔众多，但有一人，却让这个名震一方的蜀王肝肠寸断、魂牵梦萦，她就是董美人。

董美人名、字不详，美人是她的嫔位。今人对她的了解，全部来自于她的墓志。董美人墓志原石于清嘉庆、道光年间（十九世纪上半叶，准确年代无考）在陕西关中出土，随即为兴平知县陆庆勋（多被讹传为"陆君庆"）所得。陆庆勋的父亲是《四库全书》总纂官之一陆锡熊，出身于上海名门望族云间陆氏。明清两代，上海陆氏文脉绵延、长盛不衰。

陆庆勋在得到董美人墓志原石后，以淡墨精拓，薄如蝉翼，笔画娟秀，准确反映出原石风貌，后世称"关中淡墨本"，流传极少，最为珍贵。

陆庆勋卸任后，墓志原石辗转被当时沪上著名的收藏家徐渭仁购得。徐渭仁（1788—1855），字文台，号紫珊，上海人，收藏碑帖甚丰，并精于鉴别，当时人称"巨眼"。在得到这方董美人墓志后，甚为珍爱，遂自号"隋轩"，秘不示人。王壮弘《增补校碑随笔》称："徐紫珊载归上海时拓本，拓墨乌黑，字划较关中初拓瘦细，相去甚远，骤视之似非一石，细细勘之，石花字划均合，乃同出一石无疑。"[9]徐氏拓本一般墨色较深，故称"上海浓墨本"。

清咸丰（1851—1861）初年，小刀会在上海起义，徐渭仁牵涉其中，后被处以"谋逆"罪名，死于狱中。徐家所藏古物陆续散失，墓志原石从此无踪。

从出土到毁于兵燹，董美人墓志原石重现人间不足五十年便销声匿迹，一如董美人芳年早逝，令

人扼腕叹息。

董美人墓志关中拓本、上海拓本根据墨色，各自又可分浓、淡两种，亦有翻刻本。现存主要代表性版本如下（表一）。

表一　董美人墓志主要代表性版本

版本	装帧形式	类型
故宫博物院张伯英藏本	剪裱册页装	上海浓墨本
故宫博物院朱翼盦藏本	卷轴装	关中浓墨本
国家图书馆陶山藏本	卷轴装	关中淡墨本
上海博物馆吴湖帆藏本	剪裱册页装	上海淡墨本
上海图书馆吴湖帆藏本	剪裱册页装	上海浓墨本
上海图书馆陈景陶藏本	卷轴装	关中淡墨本
北京大学图书馆余绍宋藏本	剪裱册页装	关中浓墨本
首都博物馆刘世珩藏本	整幅	上海浓墨本

志文先介绍董美人的家族情况，接着便是对她的描写。"美人体质闲华，天情婉嫕，恭以接上，顺以承亲"是说她的体态优美端庄，举止得体，性情温柔娴静，恭敬孝顺长辈。"含华吐艳，龙章凤采，砌炳瑾瑜，庭芳兰蕙"则赞扬她谈吐不凡，文采奕奕，并借用屈原《离骚》"香草美人"的意象，表现董美人品格的高洁：她就像堆砌的美玉一般高雅，如庭院中的蕙兰一样怡人。"摇环佩于芳林，袨绮缋于春景，投壶工鹤飞之巧，弹棋穷巾角之妙"一句展现出董美人灵动优美的身姿与丰富多彩的日常生活，让我们仿佛看到一位少女缓步于宫廷园林之内，身上的玉佩发出清脆悦耳的声响，身着华服盛装，在春光的映衬下，光彩夺目。她与侍女们投壶竞技、弹棋对弈，欢声笑语，久久回荡。"妖容倾国，冶笑千金，妆映池莲，镜澄窗月"则是说她的容貌倾城倾国，妆容胜似莲花与明月。"态转回眸之艳，香飘曳裾之风，飒洒委迤，吹花回雪"作为收尾之句，将美人之美推向了高潮。回眸之态，妩媚动人，裙裾之舞，风姿绰约，两个微小的细节，让读者极尽对董美人的想象。最后则化用曹植《洛神赋》之语：

"翩若惊鸿，婉若游龙。荣曜秋菊，华茂春松。髣髴兮若轻云之蔽月，飘飖兮若流风之回雪。""吹花回雪"的化用更显美人轻盈的身姿，同时也暗示了美人的刹那芳华。

体态、举止、性情、文采、服饰、容貌、才艺，每一处描写都生动华丽，文辞优美，用动静结合的手法，将美人之美完美呈现在我们面前，虽未见其人，但想见其美，如此之美人，却芳年早逝，更加凸显了蜀王的悲切与哀思。

唐代董氏女性里，与隋董美人身世极为相似的，是记载于《全唐文》中的河内董氏。"惟唐至德元年岁在癸卯十二月二日，美人河内董氏终于阌乡县之别馆，春秋一十有八……圣上顾怀淑慎，言念恩情，悲遽殀于先春，欢长归于永夜……乃命侍臣，纪于贞石。铭曰：

二九之年，丽容嫣然。春风转蕙，秋水开莲。浣纱选貌，纳袄求贤。承恩玉殿，侍宴琼筵。光阴不借，神道何偏。椒房爱促，蒿里悲缠。婕妤宠赠，女史芳传。凡凤城外，黑龙水边。呜呼此地，永闭神仙。"[10]由其墓志铭文可知，董氏是唐肃宗的美人，河内郡人，生于开元二十七年（739），卒于至德元年（756），年仅十八岁。生前为美人，死后追赠婕妤。

唐代董氏女性中，被册封为皇帝妃嫔的还有陇西郡人、苏州长史董楹的长女董氏。据董楹的墓志记载，"贞元初，德宗皇帝以储贰配于宜家之选，娉淑忒以备嫔媛。公长女禀公闺闱之训，令淑有闻，得参其选焉。时颍川郡韩公皋，掌丝纶之诰，属天书叶赞容德，册为良媛。顺宗皇帝临兆人，又册为德妃。"[11]《全唐文·顺宗实录》也有相同记载："人伦之本，王化之先，爰举令图，允资内辅。式表后妃之德，俾形邦国之风，兹礼经之大典也……良媛董氏：备位后庭，素称淑慎，进升号位，礼亦宜之。良娣可册为太上皇后，良媛宜册为太上皇德妃，仍令所司备礼，择日册命，宣示中外，咸使知闻。"[12]从良媛升为德妃，可见董氏女性在唐代深受皇室认可，背后则是董氏家族地位的体现。唐代董氏女性多为陇西人，这种地缘优势可能是她们受唐皇室青睐的原因之一[13]。

当然，备极恩荣者毕竟是极少数，更多的唐代董氏女性虽地位不高，但也在演绎着自己不平凡的人生。

皇甫玄志去世时仅三十六岁，妻子董氏孀居三十年，墓志用"松筠之操"和"柏舟之誓"表明她誓不改嫁，从一而终的坚贞节操[14]。同样是孀居守寡，北周酒泉郡太守董俭的孙女、隋建安县令董恭之女董夫人，则对自己的身后之事做出了独特的安排。

"夫人姓董氏，陇西敦煌人……夫人肇自笄年，作嫔君子，四德无爽，三英兼备……属穹苍不憖，早丧所天。茕而诸孤，零丁在疚。左提右挈，辛苦备尝，前襟后裾，艰险毕至。"[15]董氏夫婿早亡，独自一人承担起抚养孩子的重担，可想而知生活的辛苦与艰险。"夫人晚节，志尚幽玄，栖心净境，凝神释教……临当属纩，爰有遗言：'吾没之后，不须棺葬，致诸岩穴，亘望原野。'有子明达，死谏未从，徒沥血以陈诚，恳苍旻而莫及。虽奉遵顾命，而心府失图。显庆六年二月十八日卒于庸州之万年胜业里，春秋八十有七。还以其年岁次辛酉二月景寅朔廿五日庚寅，葬于京兆长安之城南马头空，礼也。哀子明达，望极终天，虽百身而难赎，徒结恨于三泉。"董氏晚年皈依佛教，临终为诸子留下遗言，希望自己的遗体可以被置于洞窟之中，即"石室瘗窟"，这是佛教露尸葬的一种形式，中古时期颇为流行[16]。董氏孀居多年，死后不与丈夫合葬，尤其是因信仰而放弃中原汉族的传统葬式，其子明达极力劝阻，但最终"奉遵顾命"，遵从了母亲的选择。

丈夫早亡，守寡抚孤的还有前述董楑的侄女董氏。董氏"笄年娉于河东薛公"[17]，夫妻琴瑟和谐，然而薛公死于任上，抚养儿子薛高的重任就落在了董氏身上。"夫人以诗礼训心，以霸禄谕志。待客义深於陶母，徙居皆得其益邻。"可谓呕心沥血、悉心照料，终于将薛高抚养成人，怎料儿子也壮年早逝，

"夫与子俱无寿而先丧"，最终董氏患疾，于会昌元年（841）去世，享年八十六岁。

三　器物中的董氏

器以载道，以器喻德。古人制作器物，往往都将行为规范、道德理想蕴含其中，同理，拥有什么样的器物，则表明认同与遵守其所承载的思想内涵，体现出器主的道德追求和价值取向。

北宋包拯家族墓群于1973年发掘，发现包拯及董氏合葬墓、长子包繶及崔氏合葬墓、次子包绶及文氏合葬墓、孙包永年墓等[18]。墓内出土器物若干，如影青瓷香熏、黑釉瓷碗、黑釉四系罐、砚台、铜镜、铜钱、陶壶、水晶珠等，这些随葬器物均是日常生活所用，素雅简朴，证实了包拯清正廉洁的美名，也印证了包拯夫人董氏墓志中所记载的"孝肃渐贵，夫人与公终日相对，亡声伎珍怪之玩，素风泊然。"包拯虽声名显赫，位高权重，却没有奢侈贵重之物，与夫人过着朴素甚至清苦的生活，重要的是，夫人董氏毫无怨言。

董氏嫁入包家时，包拯尚未入仕。为了照顾父母，包拯选择在家乡附近任职，后来又辞官专心奉养双亲，直至父母故去，守丧期满，他还是不忍离去，孝亲美名传遍乡里。而董氏作为包拯续弦，对他的决定全力支持。"夫人早归孝肃公。公初中进士甲科，拜棘平，得大邑，以亲不乐去州里，即弃官归养。夫人佐公，承颜主馈，内克尽妇道，外不失族人欢心者，盖十三年。"董氏辅佐包拯，一同服侍公婆，直到包拯重新踏入仕途，如此长达十三年，可谓深明大义，做出了很大牺牲。

包拯辞世后，有人提出要撰写墓志铭，被董氏婉言谢绝。有人推测，此人应该是欧阳修[19]。两人因在三司使人选问题上产生嫌隙，董氏担心墓志若由欧阳修撰写，会曲解包拯的为人，蒙蔽后世，便委托给了其他人。由此可见董氏在维护包拯名节上的深谋远虑。

包永年墓志铭文有"包氏世有显闻，实自孝肃公始"之语，包氏孝肃家风传承后世，绵延不绝，包拯夫人董氏在其中厥功至伟，女性对家风形成和

承继所发挥的作用至关重要。

若要谈器物与女性的关系，古代最具女性特征的器物便是各类饰品了。作装饰身体之用，不论是金银、珠玉还是其他材质，饰品总是让人们瞬间联想到女性的花容月貌与婀娜多姿，这是其他任何器物所无法比拟的。饰品分为发饰、耳饰、项饰、腕饰等，其中最具代表性的是发饰，如簪、钗、冠、梳等，这其中，又以簪和钗为绝对大宗。

簪为一股，又名笄，是古人用来绾定发髻或连冠于发的长针，后来专指古代女性绾髻的发饰。钗为两股，与簪类似，后来成为女性发饰的代表性器物，甚至成为女性的代名词。

四川彭州金银器窖藏共出土文物350余件，可以辨认器型的有343件，其中金器27件、银器316件[20]。在27件金器中，除去杯、碗、盏等7件容器外，其余20件都为簪和钗（簪1件，钗19件）。金钗分为空心和实心两种，按钗头形制又可分为方头与圆头。均为一金长条形对折，再锤揲修饰而成。有些钗头装饰有纹样，为正反连续的三角纹与小圆圈纹组合。绝大多数都有压铭，如"张家十分""张十二郎记""汪家造十分""瞿家十分""王家十分"等，这些铭文多为私人作坊和个体金银匠人所留，反映了宋代金银器制造业的繁荣。金簪仅发现一件，方头，呈片状。簪头饰高浮雕缠枝牡丹花并衬以碎点纹，边缘有一周连珠纹，簪身用碎点线饰两朵卷云纹，整器锤揲加工成形。

彭州金银器窖藏的主人为何未有定论，但大多数器物上有"董"或"董宅"铭文，合理的推测便是这批器物属于董氏家族所有[21]。"董家有女初长成"，这批金簪和金钗，很可能就是董家为准备出嫁的小女准备的嫁妆。"至少可以说，金银首饰的成批打制是集中在嫁女时节。如果是一家一户的集中购求，常常会雇请银匠到家里来专务打造。"[22] 又如《梦粱录》所载："如新人中意，即以金钗插于冠髻中，名曰'插钗'。"[23] 或许那件最为精美的金钗，便是这样被插在了董家小姐的发髻之上。

不论是从世代流传的诗歌里，还是地下出土的墓志上，或是看似普通平常的器物中，董氏女性的形象都是那么鲜活：她们有的是名门之后，与夫家联姻，在政治斗争中紧密合作；有的芳华绝代却早早凋零，徒留千年遗恨；有的含辛茹苦，抚育子女，皈依佛教，决定身后之事；有的虽是续弦，却相伴终生，深明大义、毫无怨言。从董氏身上，我们仿佛看到了中国古代女性丰富多元的面孔与身姿，这是在传统史料中所不能见到的。

从另一个角度出发，我们是否能在如此众多的董氏身上看到中国古代女性某种共同特质？对美丽容颜的追求、对美满爱情的渴望和对美好生活的向往，或许正是我们寻找的中国古代女性之美。

注释：

[1] 〔宋〕郭茂倩：《乐府诗集》，中华书局1979年，第1034页。

[2] 〔明〕胡应麟：《诗薮》，上海古籍出版社1979年，第130页。

[3] 余冠英选注：《汉魏六朝诗选》，中华书局2012年，第31页。

[4] 罗新、叶炜：《新出魏晋南北朝墓志疏证》，中华书局2005年，第255—257页。

[5] 〔唐〕令狐德棻等：《周书》，中华书局1971年，第638页。

[6] 〔唐〕令狐德棻等：《周书》，中华书局1971年，第666页。

[7] 罗新、叶炜：《新出魏晋南北朝墓志疏证》，中华书局2005年，第346页。

[8] 周伟洲：《〈周书·王士良传〉补正》，《北朝史研究——中国魏晋南北朝国际学术研讨会论文集》，商务印书馆2004年，第430页。

[9] 〔清〕方若原著、王壮弘增补：《增补校碑随笔》，上海书店出版社2008年，第284页。

［10］〔清〕董诰等编：《全唐文》卷四二〇，中华书局1983年，第4295页。

［11］周绍良、赵超：《唐代墓志汇编》，上海古籍出版社1992年，第1957—1958页。

［12］〔清〕董诰等编：《全唐文》卷五六〇，中华书局1983年，第5672页。

［13］谭乾香：《唐代陇西董氏墓志研究》，华中师范大学硕士学位论文，2018年。

［14］周绍良、赵超：《唐代墓志汇编》，上海古籍出版社1992年，第799页。

［15］陕西省古籍整理办公室编：《全唐文补遗》第三辑，三秦出版社1996年，第376—377页。

［16］刘淑芳：《石室瘗窟——中古佛教露尸葬研究之二》，《大陆杂志》1999年第98卷第2期。

［17］周绍良、赵超：《唐代墓志汇编续集》，上海古籍出版社2001年，第946页。

［18］安徽省博物馆：《合肥东郊大兴集北宋包拯家族墓群发掘报告》，《文物资料丛刊》（3），文物出版社1980年，第154—178页。

［19］程如峰：《包拯墓志及其他》，《合肥教院学报》1999年第1期。

［20］成都市文物考古研究所、彭州市博物馆编著：《四川彭州宋代金银器窖藏》，科学出版社2003年。

［21］齐东方：《彭州窖藏与宋代金银器》，《彭州文物撷珍》，四川人民出版社2014年，第170页。

［22］扬之水：《奢华之色：宋元明金银器研究》第一卷，中华书局2010年，第10页。

［23］〔宋〕吴自牧著，符均、张社国校注：《梦粱录》，三秦出版社2004年，第304—305页。

《文选》范云赠答诗所赠之人应为"张稷"

张莉沅（成都石室锦城外国语学校）

内容摘要：不同版本系统的《文选》所收范云赠答诗题目不同，这造成该诗所赠之人不明确的问题。李善系统作《赠张徐州稷》，五臣系统、六家与六臣系统作《赠张徐州谡》，可以判断二字应是形近致误。经考证，该诗应创作于范云罢官闲居在家时期，且根据史料，范云所赠之人应为张稷，而非张谡。

关键词：《文选》 张稷 张谡 范云 考证

《文选》所选范云《赠张徐州稷》诗中所提张稷，和丘迟《侍宴乐游苑送张徐州应朝诗》中李善所注"张谡"疑有字误。丘诗李善注曰："刘璠《梁典》曰：'张谡，字公乔，齐明帝时为北徐州刺史。'"清人梁章巨《文选旁证》注范诗曰："张徐州稷，六臣本'稷'作'谡'"[1]。"谡""稷"二字或是形近致误，具体应是何字，需考证。

一 《文选》各版本记载情况

《文选》版本有写本、抄本和刻本三个系统，根据傅刚先生《〈文选〉版本研究》[2]中所提《文选》版本，现将所能见到版本中，范云该诗题目作"张稷"或是"张谡"的情况进行梳理。

经考察，范云该诗在写本与抄本系统的《文选》中已佚，在刻本系统中还有保存。刻本系统又有李善注、五臣注、六家注、六臣注四个系统。

李善注系统中，以尤刻本为底本形成的汪谅本、胡刻本皆为"张稷"。

五臣注系统中，朝鲜刊本、韩国奎章阁本皆作"张谡"，且在诗题下皆有注："济曰：'范云字彦龙，武兴人也。事齐，为竟陵王子良文学。至梁，为散骑侍郎。张谡为徐州刺史，临去就云别，不见，云后作诗赠之'"，诗句"还闻稚子说，有客款柴扉"下有注："良曰：'稚子，小子也。客谓张谡也'"。

六家本系统中，袁裦嘉趣堂本、明州本；六臣本系统中，赣州本、建川本以及朝鲜木活字本皆作"张谡"，其诗题下注与诗句注与五臣注系统相同。

此外，汲古阁作为多个版本的混合本子，也做"张谡"，在逯钦立《先秦汉魏南北朝诗》收录的范云诗中，此诗题亦作《赠张徐州谡》。

二 正史及其他文献所载均为"张稷"

在二十四史中，《梁书》《南史》《南齐书》中皆作"张稷"，无"张谡"的记载。《梁书·张稷传》："稷字公乔，吴郡人也。父永，宋右光禄大夫……寻征还，为持节、辅国将军、都督北徐州诸军事、北徐州刺史……"[3]《南史·张稷传》："稷字公乔，瓌弟也，幼有孝性……时东昏淫虐，北徐州刺史王珍国就稷谋……稷乃招右仆射王亮等列坐殿前西钟下，议遣国子监范云、中书舍人裴长穆等使石头城诣武帝……"[4]《南齐书·本纪第七·东昏侯》："秋七月甲辰，以骠骑司马张稷为北徐州刺史。"[5]以上所载"张稷"信息与丘迟诗歌李善注所引刘璠《梁典》中张谡的字号、官职皆相同，该处的张谡也应为张稷，只是传抄过程中出现了笔误，以致后来文献中都出现错误。

此外，在其他史料中，关于此人的记载大多以张稷为主。《（绍定）吴郡志》卷二十四有："张稷，字公乔，瓌之弟。……有才略，仕齐，卫尉卿东昏之难，为梁武佐命，然常愧之，徐道角作乱，见害俸禄，皆颁亲故，家无余财。"[6]《吴兴备志》卷三："张稷，字公乔，瓌弟也。梁武起兵，稷杀东昏迎梁武，封江安县，子历吴兴太守……"[7]《（光绪）浙江通志》卷一百一："张稷，字公乔，吴郡人。"[8]卷一百五十一："张稷，《南史》本传，字公乔，吴郡吴人，瓌弟也。"[9]《姑苏志》有："稷字公乔，幼有孝性，生母刘遘疾，稷年十一，侍养衣不解带，或终夜不寝，及终，毁瘠杖而后起……稷召王亮等列殿前西钟下，议遣范云、裴长穆等使石头城诣梁武，以稷为侍中左卫将军……"[10]《名贤氏族言行类稿》卷二十五："张稷，字公乔，环之弟。母终，毁瘠。……多为小山游，仕梁累迁左仆射，与族兄充、容、卷俱知名时，称为四张"[11]。《万姓统谱》："张稷，字公乔，瓒弟也。梁武起兵，稷杀东昏迎梁武……"[12]《续文献通考·节义考》卷七十："张稷字公乔，母遭疾，年十一，侍养衣不解带，或竟夜不寝，及终，毁瘠杖而后起。凡玮善筝，稷以母尝熟此技，闻之，悲感顿绝，遂不听。父永及嫡母继姐，六年庐于墓侧。"[13]《册府元龟》有："张稷，字公乔……"[14]《通志》有："张稷，字公乔，为剡县令，多为山水游，及山贼作乱，又保全县境。"[15] 在这些史料中皆作"张稷"，且与《梁书》《南史》中所记载张稷事迹大体一致。

在《孝经内外传·外传》卷二中，"张稷"与"张谡"同时存在，但仔细查阅两处记载会发现，两处具体记载基本相同。载"张稷"处为："稷，字公乔，吴人，年十一，遭母疾，衣不解带，夜不安枕，及终，毁瘠杖而起，见年辈幼童辄哽咽泣泪，州里谓之纯孝，后官御史中丞。"[16] 载"张谡"处为："张谡字公乔，吴人。所生母刘，无宠，遭疾时，谡年十一，侍养衣不解带，每剧，则累夜不寝，及终，毁瘠过人杖而后起，见年辈幼童辄哽咽，州里谓之纯孝。兄玮善弹筝，谡以母刘先执此技，闻玮为清调便悲感顿绝，遂终身不听……"[17] 可见此两处除名以外，字号、年龄和事迹几乎一致，且这里与史书记载张稷事件基本一致。《南史·张稷传》："稷字公乔，瓒弟也，幼有孝性，所生母刘无宠，遭疾。时稷年十一，伺养衣不解带，每剧则累夜不寝。及终，毁瘠过人，杖而后起。见年辈幼童，辄哽咽泣泪，州里谓之淳孝……"[18]《梁书·张稷传》："张稷字公乔，吴郡人也。父永，宋右光禄大夫。稷所生母遭疾历时，稷始年十一，夜不解衣而养，永异之。及母亡，毁瘠过人，杖而后起……"[19] 可知《孝经内外传·外传》中的记载当是在传播过程中，因"稷"与"谡"二字相近而误以为是两人，而实

则只张稷一人之事。

三 范诗创作时间及范张二人关系考证

要弄清楚范云这首诗题目到底为何，首先需要弄清楚范云与张稷（谡）二人是何关系，以及范云该诗作于何时，厘清这两个问题可以为考证得出重要的历史信息。

那范云与张稷是什么关系呢?《梁书·张稷传》载："时东昏淫虐，义师围城已久，城内思忘而莫有先发。北徐州刺史王珍国就稷谋之，乃使直阁张齐害东昏于含德殿……乃遣国子博士范云、舍人裴张穆等使石头城诣高祖……"[20] 据史料，公元500年，范云与张稷（谡）关系密切，在齐梁之交时，废除东昏侯的军事行动中，范云也是在张稷（谡）的引荐下，与梁高祖有了联系，使得范云在梁也有了较为顺利的仕途。所以可以推测范云在永元二年（500）重起为国子监是得到了张稷的帮助。

范诗创作于何时? 先看范诗内容:

> 田家樵采去，薄暮方来归。还闻稚子说，有客款柴扉。侯从皆珠玳，裘马悉轻肥。轩盖照墟落，传瑞生光辉。疑是徐方牧，既是复疑非。思旧昔言有，此道今已微。物情弃疲贱，何独顾衡闱? 恨不具鸡黍，得与故人挥。怀情徒草草，泪下空霏霏。寄书云间雁，为我西北飞[21]。

根据诗歌内容可知，这首诗当是范云闲居在家之时所作，且当时张稷（谡）身居高位。那么该诗创作时间则有两种情况：一是范云未出仕，则根据史书当在宋后废帝元徽二年甲寅（474）之前所作；二是范云出仕，仕途受挫罢官居家，朋友探望而不得，写下此诗。

考察第一种猜想，即范云出仕前创作该诗。经查《南齐书·本纪第七·东昏侯》："秋七月甲辰，以骠骑司马张稷为北徐州刺史。"[22]《梁书·张稷传》中有载："寻征还，为持节、辅国将军、都督北徐州诸军事、北徐州刺史。"[23] 可知张稷为北徐州刺史当在永元二年（500）七月。该时间与范云出仕

时间不符，若第一种猜测为正确，则此处张稷（谡）当另有他人，查现有史料尚无可支撑材料。

再考察第二种猜想，该诗创作于范云罢官闲居在家之时。据《梁书·范云传》："齐建元初……仍迁假节、建武将军、平越中郎将、广州刺史。初，云与尚书仆射江佑善，佑姨弟徐艺为曲江令，深以托云。有谭俨者，县之豪族，艺鞭之，俨以为耻，诣京诉云，云坐征还下狱，会赦免。永元二年，起为国子博士。"[24] 又查《南史·范云传》有："迁广州刺史、平越中郎将。至任，迁使祭孝子南海罗威唐颂、苍梧丁密顿琦等墓。时江佑姨弟徐艺为曲江令，佑深以托云。有谭俨者，县之豪族，艺鞭之，俨以为耻，至都诉云，云坐征还下狱，会赦免。"[25]《梁书·张稷传》："时东昏淫虐，义师围城已久，城内思忘而莫有先发。北徐州刺史王珍国就稷谋之，乃使直阁张齐害东昏于含德殿……乃遣国子博士范云、舍人裴张穆等使石头城诣高祖……"[26] 据史料范云与张稷（谡）关系密切，在此处可知，范云最迟在永元二年（500）前是被罢免闲居在家的，永元二年才重新入仕为国子博士，查史料无具体做官月份，上文已经提到张稷为北徐州刺史是在永元二年七月，二者时间已经非常吻合。此处李善注张谡为

齐明帝时做徐州刺史，当是应齐明帝与东昏侯时间较为接近而致使错误，曹道衡先生也认为"李善注在某种程度上确实'不无小舛'，但他错在把东昏侯时事误为齐明帝时，然而以此诗为南齐时作，则是正确的"[27]。据以上论述，推测该诗创作于范云罢官闲居在家期间更为合理。

综上，范云《赠张徐州稷（谡）》一诗当作于范云被罢官闲居在家之时，永元二年七月时还未重启仕途，且张稷时已经为北徐州刺史，造访范云不见，后范云作诗以相赠。就目前所见史书记载，范云所送之人当为张稷，而非张谡。

范云该诗题目应是形近致误，根据其诗歌创作时间考察当时史料，并没有发现"张谡"其人，而确有名为"张稷"之人，且与范云交好。根据范诗内容，结合当时官职可知，时任北徐州刺史的只有"张稷"，而无"张谡"的记载。后世所载"张稷"之事，不论从其字号还是事迹来看，都是指向与范云同时代的"张稷"，偶见有"张谡"，其记录的也都与"张稷"事迹相同，应该也是在传播过程中因形近而致误。所以，范云该诗诗题应作《赠张徐州稷》，而非《赠张徐州谡》。

注释：

[1] 〔清〕梁章钜：《文选旁证》，清道光刻本，卷十二。

[2] 傅刚：《〈文选〉版本研究》，世界图书出版社2014年，第1—69页。

[3] 〔唐〕姚思廉撰：《梁书·张稷传》，中华书局2013年，第270页。

[4] 〔唐〕李延寿撰：《南史·张稷传》，中华书局2013年，第817页。

[5] 〔梁〕萧子显撰：《南齐书·东昏侯》，中华书局2013年，第100页。

[6] 〔宋〕范成大纂、汪泰亨续纂：《（绍定）吴郡志·人物》，守山阁丛书本，卷二十四。

[7] 〔明〕董斯张：《（崇祯）吴兴备志》，嘉业堂本，卷三。

[8] 〔清〕嵇曾筠修、陆奎勋纂：《（光绪）浙江通志·职官》，光绪二十五年重刻本，卷一百一。

[9] 〔清〕嵇曾筠修、陆奎勋纂：《（光绪）浙江通志·名宦》，光绪二十五年重刻本，卷一百五十一。

[10] 〔明〕王鏊：《姑苏志·名臣》，明正德刻嘉靖续修本，卷四十六。

[11] 〔宋〕章定撰：《名贤氏族言行类稿》，文渊阁四库全书本，卷二十五。

[12] 〔明〕凌迪知辑：《万姓统谱》第一册，巴蜀书社，第578页。

［13］〔明〕王圻撰：《续文献通考·气义考》，明万历三十年松江府刻本，卷七十。

［14］〔宋〕真宗敕撰，王钦若、杨亿等撰，周勋初等校订：《册府元龟·总录部》第九册，凤凰出版社，第8718页。

［15］〔宋〕郑樵撰：《通志·列传》第二册，中华书局1987年，第2225页。

［16］〔清〕李之素撰：《孝经内外传》，清康熙五十九年李焕宝田山庄刻本，卷二。

［17］〔清〕李之素撰：《孝经内外传》，清康熙五十九年李焕宝田山庄刻本，卷二。

［18］〔唐〕李延寿撰：《南史·张稷传》，中华书局1973年，第817页。

［19］〔唐〕姚思廉撰：《梁书·张稷传》，中华书局2013年，第270页。

［20］〔唐〕姚思廉撰：《梁书·张稷传》，中华书局2013年，第271页。

［21］〔梁〕萧统编，（唐）李善注：《文选》，上海古籍出版社1986年，第1217页。

［22］〔梁〕萧子显撰：《南齐书·东昏侯》，中华书局2013年，第100页。

［23］〔唐〕姚思廉撰：《梁书·张稷传》，中华书局2013年，第271页。

［24］〔唐〕姚思廉撰：《梁书·范云传》，中华书局2013年，第203页。

［25］〔唐〕李延寿撰：《南史·范云传》，中华书局2013年，第1418页。

［26］〔唐〕姚思廉撰：《梁书·张稷传》，中华书局2013年，第270页。

［27］曹道衡：《再论丘迟〈侍宴乐游苑送张徐州应召诗〉》，《文学遗产》1997年第6期。

法身舍利的多义性：经卷在北宋舍利供养中的空间、题记与形制

蔡昭宇（复旦大学）

内容摘要：在对中国舍利瘗埋制度的研究中，研究者普遍认为到了宋代，随着供养者从宫廷贵族向民间下沉，出现了舍利供奉"泛化"的倾向，其中就有佛教经卷作为法身舍利而受到供奉的现象。本文从舍利与经卷出土的位置、形制、题记三个方面展开论述，根据考古资料考察宋代的舍利供奉仪式与信仰观念，认为一方面，经卷在典籍中作为法身舍利早已被提出，而另一方面，从宋代舍利供奉方式来看，当时信众的观念中可能是把经卷作为供养品的一种来置入舍利塔或地宫中的。

关键词：舍利　舍利瘗埋　地宫

一　目前对北宋时期有关舍利的认识

舍利一名，从梵语 śarīra 的音译而来。Śarīra 有"骨殖""遗骨"等含义。《翻译名义集》卷五称："所遗骨分，通名舍利。"[1]

《佛说长阿含经》记载佛陀涅槃前交代阿难以转轮王的方式安葬自己，并于四衢立塔供养舍利，让众生获大福德："讫收舍利，于四衢道起立塔庙，表刹悬缯，使诸行人皆见佛塔，思慕如来法王道化。生获福利，死得上天……四衢起塔庙，为利益众生，诸有礼敬者，皆获无量福。"[2]

早在公元前2世纪印度地区即有窣堵坡用以供养舍利，到公元1世纪前后，中亚犍陀罗地区的舍利崇拜逐渐系统成型。据公元1世纪前后成书的《根本说一切有部毗奈耶杂事》记载："时波咤离邑无忧王便开七塔，取其舍利，于赡部洲广兴灵塔四万八千，周遍供养。"[3]

随着舍利信仰进入中国，中国佛教相关典籍中的舍利有几个指向：一、释迦牟尼佛火化后留下的遗骨；二、佛弟子辈遗骨，古籍称为辟支佛骨；三、历代高僧的遗体；四、仿制的影骨舍利。还有一种就是通常所谓的法身舍利，指的是佛教经卷。法身舍利或法舍利的提法源自佛经，《浴佛功德经》曰："供养舍利有二种：一者身骨舍利，二者法颂舍利。"[4] 鸠摩罗什译的《法华经·法师品》云："经卷所住处，皆应起七宝塔，极令高广严饰，不须复安舍利，所以者何？此中已有如来全身。"[5]

《法华文句》引用《大智度论》第五十九卷，将释迦遗骨称为真身舍利，大小乘经卷称为法身舍利："'不复安舍利'者，释论云：'碎骨是生身舍利，经卷是法身舍利'，此经是法身舍利，不须更安生身舍利。"[6]

另外，《大唐西域记》卷九曰："印度之法，香末为泥，作小窣堵波，高五六寸，书写经文以置其中，谓之法舍利也。数渐盈精建大窣堵波，总聚于内常修供养。"[7]

可见，早在鸠摩罗什译经的时代，"法身舍利"就已经用以指称佛教大小乘的各种经典。但法身舍利这一早已存在于佛经中的概念，在唐代及以前，并没有在中原地区的舍利瘗埋制度中体现出来[8]。

舍利瘗埋制度研究是佛教考古的重要课题，自新中国成立以来对舍利地宫与塔基遗迹的考古发掘，出土了众多基础资料，相关研究大致可以分为两个阶段：早期以徐苹芳、杨泓等老一辈考古学人为代表，建立起对舍利塔基、地宫、瘗埋制度等的基础研究与框架性论述，特别是20世纪80年代陕西扶风法门寺唐代塔基地宫的发掘，带起了海内外一股舍利瘗埋研究的学术热潮。进入21世纪以后，冉

万里、沈雪曼、于薇、高继习等学者利用新的考古发现，在前人研究的基础上对舍利瘗埋制度研究进行了细化和深化。随着对舍利塔基的考古发掘，学者们注意到宋代安置舍利的空间中，出现前代少有的变化："舍利塔基地宫（石函）埋舍利的同时，舍入法器、经卷和财宝等为供养，也有在天宫、中宫（塔身和塔刹上）中入舍经卷造像和供养物品作功德。"[9]目前，已在宋代考古发现的十余座佛塔遗存中有发现，以《妙法莲花经》为主，还有《佛说阿弥陀经》《佛说相轮陀罗尼经》《佛说观无量寿佛经》《陀罗尼经》《佛说天地八阳经》《金光明经》及《大方广佛华严经普贤行愿品》等。此外，很多经卷发现时都被装在漆木质的经函里，其相似的形制很容易让研究者们联想起安置舍利的舍利函。

如冉万里的《中国古代舍利瘗埋制度研究》提及五代时期飞英塔天宫、云岩寺塔天宫、雷峰塔地宫中的《法华经》应该是法身舍利思想在考古发掘中的体现，而宋代将佛经作为法身舍利进行瘗埋或供养的现象更是明显增多，同时指出这种现象与技术发展即印刷术的进步密不可分[10]。廖望春的《宋塔舍利发现与舍利信仰泛化的研究》，讨论了宋代大量其他物质形态泛化舍利的出现，其中包括作为法舍利的经卷，并统计了考古发现宋代34座佛塔中，有地宫发掘的23座，其中有所谓"法身舍利"的有10座[11]。张利亚的《北宋舍利崇奉的世俗化趋势——以甘肃泾川龙兴寺出土舍利砖铭为例》一文中，结合泾川龙兴寺的考古发掘，提出到了北宋，宋人对舍利崇信的理解和认识逐渐宽泛，不限于真身舍利，包括经卷法舍利、佛像、高僧舍利都作为舍利来崇奉[12]。

另外，崔峰《敦煌藏经洞封闭与北宋"舍利"供奉思想》[13]一文，将"舍利"崇奉与敦煌藏经洞封闭联系起来，用以解释藏经洞封闭的原因，认为旧的佛经佛像在不能丢弃的情况下作为"感应舍利"予以埋藏，大量绢画、刺绣、文书、法器则作为供养物伴随封闭[14]。并引述杨泓和杜斗成的观点认为将过去破坏的佛像封藏在地宫其实质是"埋藏舍利"[15]。文

中认为宋人也会把大批旧经卷埋藏入地下，2003年济南市县西巷北宋地宫石碑碑文就很好地说明了此种情况[16]，说明了法身舍利崇奉在宋代普遍存在。

沈雪曼在对辽代舍利的研究中，对北宋经卷作为"法身舍利"的问题存疑而不论，《辽与北宋舍利塔内藏经之研究》[17]以辽代舍利塔的出土情况为主，通过多重的证据，认为经卷确实是作为法舍利在辽代被埋藏的。但对比宋代的经卷供养，虽然辽宋舍利塔有很多相同的经卷，但实际情况还有可以讨论的余地。

佛教文献中多次提及经卷是法身舍利，而在宋代舍利瘗埋的地宫中出土了大量经卷，研究者们将此两种现象相联系，文献和考古发掘就此对应上了，似乎可以说明将经卷作为法身舍利的崇奉在宋代普遍存在。本文试图通过宋代舍利瘗埋空间中，经卷的位置、形制、题记等诸多要素，讨论宋代对于经卷置入舍利地（天）宫这一供奉行为，及其可能蕴含着的观念。

二 经卷瘗埋的位置

在早期印度，最早对佛舍利的供奉是将佛骨舍利瘗埋进窣堵坡中，除此之外，印度还出现支提殿、支提窟两种用于舍利供奉的建筑类型。考古资料显示，公元前2世纪到前1世纪的中印度地区，窣堵坡中舍利安置的空间，一般是放在位于窣堵坡覆钵内位于轴线附近的中心处，在以条石铺设的石室中[18]。而公元1到5世纪犍陀罗地区的舍利容器，其放置舍利容器的空间，也变为接近祠堂的方形庙堂，其内设有平台，用以盛放舍利[19]。总的来说，无论是印度还是犍陀罗地区，早期舍利供奉的位置都是空间的中心，此种安排被解释为舍利所供奉的位置，是"实际和象征意义上的中心，佛法弥漫于整个宇宙，充满动力的运动发自或返回此中心"[20]。

开凿于公元4至5世纪的克孜尔第38窟，在其中心柱表面多绘小舍利塔，强化了中心塔柱作为舍利塔的象征意义，这与印度支提窟内佛塔的含义相同[21]。克孜尔石窟开创的中心塔柱式的石窟寺佛舍利安置模式，在东传过程中得到保留。

在舍利瘗埋的整个形制中，除了舍利安置的空间，以及舍利本身（包括其容器与象征物）这两大要素，唐代以后，供养品作为其中重要的组成部分也逐渐凸显。在唐玄宗前后，舍利地宫中的供养品安置方式，逐渐从舍利容器之内走向舍利容器之外。其中内容种类也逐渐繁复，具有很高的研究价值。

因此，在对唐代以后的舍利塔寺地（天）宫瘗埋形制的研究中，从前期的"空间、舍利"二要素，就变为"空间、供养品、舍利"三要素。且根据现有的考古报告可见，在三要素的放置形制上，一般是以舍利为中心，四周放置供养品，前二者共同处于四壁围成的地（天）宫的空间中。

从古印度到中原，作为供奉核心的舍利及其象征物，一直都被放置在空间的最中央，其他供养品放置在四周，如众星拱月般环绕舍利函，这样"中央—周边"的安放位置，是可以反映出地宫之中物件的地位以及作用的，也就是反映了"核心—附属品"的不同。

如前文所述，在佛教经典理论中，认为经卷"此中已有如来全身"，有着替代真身舍利的作用，因而是法身舍利。如果在北宋舍利瘗埋制度与供奉方式中，确实是按照佛教经典理论中的观念进行舍利供奉的行为，那么两者理应在空间位置上展现出相似性。

然而检视目前发掘的其中放置经卷的五代至北宋舍利塔地（天）宫时，虽然考古报告大多并未特地标注出经卷出土时所在位置，但还是可以从有限的线索中，关注到舍利与经卷的空间位置这一具体细节上，发现一些细微的线索。

以苏州瑞光寺塔为例，第三层塔心窖穴内发现真珠舍利宝幢一座，置于双重正方形木函中。宝幢高122厘米，由须弥座、宝幢等主要部分构成，须弥座宝山上的宝幢内置一乳青色料质葫芦形小瓶，藏舍利九粒，以及白色结晶矿石若干块。

同时出土的两部金字《妙法莲华经》放置在旁边[22]，位置并非处于宝幢那样的中心地位，另一本重要的木刻《金光明经》残卷发现于第二层塔壁（舍利发现于第三层），与木刻熟药方单放置在一起[23]。

很显然药方单是作为供养品而放置在舍利塔的非中心位置，在当时供奉者的观念中，与药方放置一起的《金光明经》，在归类上可能与药方单同属于供养品的类别。

另一个例子，苏州虎丘北宋云岩寺塔第二、三层发现天宫，盛放舍利之处在第三层天宫正中石函内，石函中有铁函，置于铁铸金涂塔，舍利在塔身凹洞的金铸小瓶中。而《妙法莲华经》是放置在第二层天宫的长方形石函中，石函内同时还有纸卷、锦包竹帘、残织物、牙牌、珠饰等其他供养品。在位置上，舍利在第三层正中的金涂塔金瓶中，经卷在第二层与其他供养品一同放置[24]（图一）。

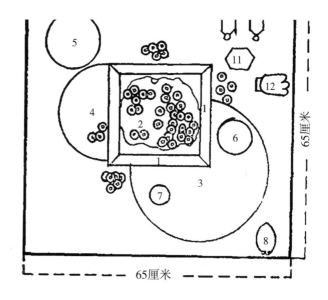

图一 虎丘塔第三层舍利函放置示意图[25]（采自苏州市文物保管委员会：《苏州虎丘云岩寺发现文物内容简报》）

1.石函　2—14.钱囊、铜镜、造像等供养品

通过对瑞光寺塔、云岩寺塔舍利与经卷的具体出土情况的展开，可以发现舍利与经卷的位置不同，两塔的舍利都处于第三层须弥座上中心位置，而经卷在舍利旁边以及第二层，与其他供养品一起放置，并非在中心位置。

再以安徽无为塔为例，塔下发现砖砌小墓，内置小型舍利木棺一具。围绕处于中心位置的舍利木棺，放置了小木雕佛涅槃像、磨花蓝玻璃瓶、黑漆彩绘小罐各一件和吴越显德三年（956）吴越国王钱弘椒印宝箧陀罗尼经一卷、北宋印真言二纸、景祐三年（1036）涂用和写"佛说功德陀罗尼真言"一纸。舍利容器在中而经卷与其他供养品一同放置在四周，再一次证明经卷放置的位置并非中心[26]。

江西南丰县出土的北宋嘉祐年间大圣舍利塔地宫，在考古简报中提及："地宫暗室下面堆满遗物。主要一铜钱数量为最，在众多铜钱中安放一铁函及其他物件，铁函内放置金棺银椁等物品。"[27]盛放舍利的金棺银椁是放置在铁函中，作为地宫的中心，

而同时出土的金刚经册（经页腐朽仅存木质封面）则与"其他物品"一起散置在地宫中。

浙江黄岩灵石寺塔共六面七层[28]，舍利在塔中间第四层石函中，第七层放置有贝叶经，《佛说预修十王生七经》虽然也在第四层，但放在了石函外面[29]。同时，著名的杭州雷峰塔地宫内出土了钱椒奉安"佛螺髻发"的金棺银塔，同时出土的石刻大小碎块共1100多件，多出于雷峰塔底层的回廊、门道填土中，有迹象显示，考古发掘获得的《大方广佛华严经》《金刚般若波罗蜜经》等石刻佛经原先放置在外套筒的外墙面上、塔的外回廊（图二），而于舍利函同在地宫内的经卷也是处于与其他供养品一样的边缘位置（图三、四）[30]。

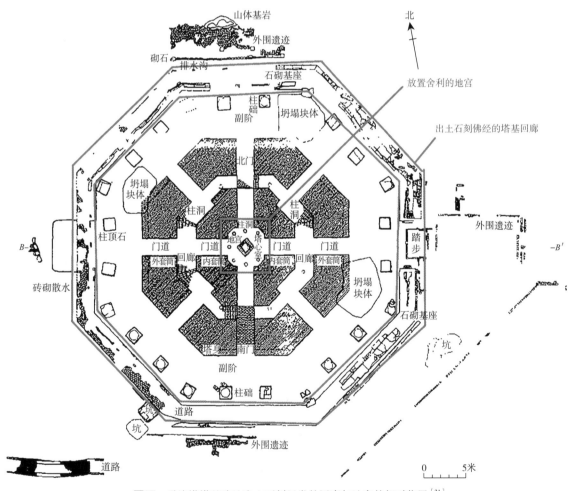

图二 雷峰塔塔基遗址出土石刻经卷的回廊与地宫的相对位置[31]
（采自黎毓馨：《杭州雷峰塔地宫的清理》）

由此可见，舍利与经卷位置的内外之别是比较清晰的[32]。

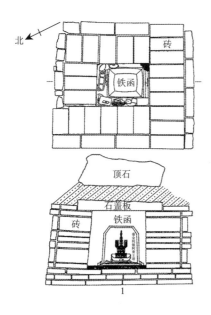

图三 雷峰塔地宫及舍利函
（采自浙江省文物考古研究所：《杭州雷峰塔五代地宫发掘简报》）

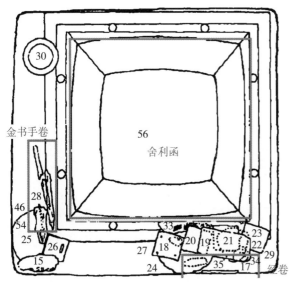

图四 地宫内舍利函与出土经卷的相对位置[33]
（采自浙江省文物考古研究所：《杭州雷峰塔五代地宫发掘简报》）
1—27、29—34、36—55铜钱、佛像、玉器、饰品等供养物
28.金书手卷　35.佛经残卷　56.舍利铁函

综合其他的宋代舍利塔来看，当空间中同时安

置了经卷和舍利时，舍利位置在中心，而经卷处于非中心位置，如苏州云岩寺、瑞光寺、杭州雷峰塔等。值得注意的是，当没有舍利而只出土经卷与其他供养品时，经卷也并没有替代舍利置于中心位置，而是与其他供养品共同放置，如江西赣州慈云寺塔第四层暗龛出土纸本经卷与彩绘泥塑人物、有木雕彩绘人物、绢本文书、纸质书画一同放置，此外还有山东莘县塔、孝义临黄塔、温州白象塔、瑞安慧光寺等也属于类似情况。

综上所述，从考古发掘情况而言，经卷与其他供养品同处于舍利供奉空间的非中心位置，虽然佛教观念中，经卷确实有替代舍利的作用，但在当时的供奉行为与具体仪式中，经卷大多数与其他供养品置于一处的。

三　舍利塔内经卷相关的题记

舍利塔中的题记，记载着相关事由缘起、施主姓名、祈福祷语等，是对当时宗教仪式观念较为真实的反映，因而也是印证宋代舍利供奉观念与行为的重要材料，沈雪曼考察辽代的经卷，发现装置经卷的小木塔底座题记明确提及"法身舍利"，这可以说明辽代确有把经卷作为法身舍利的思想及行为。但出土的宋代舍利塔基发掘出来的各种题记，却未提及"法身舍利"，不只如此，题记的内容是用格套化的宗教术语进行表述的，对于同一类型的供养品，题记中的用词和格式基本一致，而题记中不同的表达，则代表信众对于供奉的观念也有所不同。

以苏州瑞光寺塔为例，第三层内真珠舍利宝幢是置于双重正方形木函中的，外木函有墨书题记："属迹僧子端，幸值诸上善人建第三层浮图，安置盛诸佛圣贤遗身舍利宝幢，特拾此木于底，少贵戴荷，永假缘结……"金字《妙法莲华经》第七卷尾部金书题记："时显德三年岁次丙辰十二月十五日，弟子朱承惠特舍净财，收赎此古旧损经七卷，备金银及碧纸请人书写，已得句义周圆，添续良因。"另一部木刻《法华经》，第一卷引首部分有朱书题记："天禧元年九月初五日雍熙寺僧永宗转舍妙法莲华经一部七卷入瑞光院新建多宝佛塔相轮珠内。"另有嵌螺匣藏经漆匣，以及裹盛经卷的经袱残片，有的经袱残片上有墨书经卷名或施主姓名[34]。关于舍利的题记是"安置舍利"，而经书是被"（施）舍入"塔中，其中的遣词造句有着微妙的区别。

另一个例子，苏州虎丘北宋云岩寺塔天宫中，舍利在石函内，石函中有铁函，铁函边绢襆上写："惠朗舍此襆子一枚裹迦叶如来真身舍利宝塔。"该题记指出，供养者所"（施）舍"的对象是包裹舍利的襆子，而并非舍利本身。而第二层的长方形石函中有《妙法莲华经》，装经石函底题云："弟子言□舍净财造此函盛金字法华经。"经卷中每一卷都有供养人题记，如第一卷写有："女弟子于八娘拾裹金字法华经永供养。"[35]

题记能反映当时人们对舍利崇奉的观念，上文所引述的经卷题记内容大多为施舍祈福，但要注意的是，只有供养品是可以施舍的，舍利作为圣物是不能被世俗人所施舍的，反映在题记上则是两者的表述方式是不同的，瑞光寺塔木匣铭文表述为："诸上善人建第三层浮图，安置盛诸佛圣贤遗身舍利宝幢。"而信众们则"拾此木于底""特舍净财，收赎此古旧损经七卷""转舍妙法莲华经一部""舍净财制造铜观音菩萨"等，云岩寺的题记"舍此襆子""舍净财造此函盛金字法华经""拾裹金字法华经"，也都是有着相似的表达结构。

不止以上两例子，翻检北宋出土经卷的14座舍利塔题记（详见附表），从舍利塔内有关经卷的题记上看，无一条题记将经卷与法身舍利联系起来，既没有铭文提及经卷是法身舍利，也没有展现出将经卷当作"舍利"的替代物或相似物供养的倾向[36]。相反，从铭文中读到的是将经卷"舍""纳""置""入"地宫中，这种表述与财物、日用品（比如镜子）、宝幢、石塔等其他供养物所描述的方式相同。

四　经卷放置的形制

在形制上，舍利大都被容器所重重包裹，舍利在不同时期和地域，有着多种多样的舍利容器，包括石函、木函、铁函、净瓶、金棺银椁、涂金塔、宝幢等，而经卷在塔基地（天）宫中一般有三种存放形式：直接放置，使用经匣或包裹经袱盛放。

苏州瑞光寺塔真珠舍利九粒，置于乳青色料质葫芦形小瓶中，外有宝幢一座，置于双重正方形木函中，舍利处于重重容器嵌套之中。作为对比金字《妙法莲华经》，和木刻《法华经》装在嵌螺钿藏经漆匣，匣中还有盛经卷的经袱残片，而木刻《金光明经》残卷则是直接放置。苏州虎丘北宋云岩寺塔第三层天宫有石函内，石函中有铁函，舍利在函中铁铸金涂塔塔身凹洞的金铸小瓶中。而《妙法莲华经》是放置在第二层天宫的长方形石函中，同时还有纸卷、锦包竹帘、残织物、牙牌、珠饰等其他供养品。

因为有的经卷是放置在装经木盒或石函中的，容易使研究者认为"很多经卷发现时都被装在经函里，具有与舍利函相似的放置形制，因此可以认为这些经卷在宋人眼中是具有真身替代性的舍利"[37]。从舍利供奉容器的历史演变来看，认为将经卷放置入漆木盒中的形制，是仿照将舍利置入石函的形制，似缺乏说服力，一方面，舍利函的形制随着不同时代不同地域在逐渐变化，而经卷放置的形制却变化不大，并未随着舍利崇奉观念的变迁而有所不同，置经木函与舍利石函或净瓶也并没有太多相似之处[38]。另一方面，如果不将经卷放入木函石函中，在江南地区潮湿的地宫中难以长期保存，这或许是出于实用方面的考虑。况且，还有不少经卷是用经袱包裹或纸质包裹，并非全有经匣安置的。所以，经匣可能并非是对舍利函的外形模仿，从而寓意内藏的经卷与舍利有着相似的意义。

五　总结

经卷作为法身舍利的观念，在佛教中久已存在，而考察宋代塔基地（天）宫考古出土的文物，或可推测当时信众对于在舍利塔中所供奉的经卷，更有可能是作为供养品的一种而置入的。

首先，从位置上看，舍利处于舍利塔或地（天）宫的中心点，其他供奉物品将其围绕，而大部分出土经卷并非处于舍利塔或地宫的中心位置，而是与供奉物品放置在一起的。

其次，从舍利塔内有关经卷的题记上看，北宋舍利塔题记普遍没有将经卷与法身舍利联系起来[39]。

再次，从形制上来看，置经木函与舍利石函或净瓶并没有太多相似之处。将经卷放入木函石函中，恐怕是从实用方面考虑多一些。

由此可以从舍利与经卷出土的位置、形制与题记，推究北宋时期信众的舍利供奉仪式与信仰观念：对于北宋尤其是东南地区的舍利供奉情况而言，当时信众观念中似乎把经卷作为供养品的一种来置入

舍利塔或地宫中的。

从"法身舍利"这个事例来看，在经典文献与出土文物之间，尚需考虑当时信众的信仰行为，即"经典文献——信众行为——出土文物"三层关系，如果不详加考虑当时信众的观念与行为问题，容易把一些仅存在于宗教文献中的观念混淆于当时的供奉行为中。法身舍利的观念最晚从北魏时期《法华经》翻译过来就已经进入中国，可在北宋的舍利供奉行为中，并未有充分的体现。

附　表

遗址名	年代	藏　经	出　处	备注（有关经卷题记）
苏州云岩寺塔	961	妙法莲华经	《文物》1957年第11期	□信心造□□盛众□金子法华经
杭州雷峰塔	975	宝箧印经	《考古》2002年第7期	
湖州飞英塔	北宋	妙法莲华经，	《文物》1994年第2期	吴越太后舍经函入天台山光福金文院转轮经藏
山东莘县塔	北宋	妙法莲华经，陀罗尼经	《文物》1982年第4期	
苏州瑞光寺	1017	妙法莲华经，相轮橖中陀罗尼，佛说阿弥陀经，金光明最胜王经，佛说随求即得大自在陀罗尼神咒，佛说天地八阳经，其他陀罗尼	《文物》1979年第11期、1986年第9期	雍熙寺僧永宗转舍妙法莲华经一部如瑞光院新建多宝佛塔相轮珠内弟子朱承惠特舍净财，收读此古旧损经七卷，备金银及碧纸请人书写，已得句义周圆，添续良因。
赣州慈云塔	1023	纸本经文		
安徽无为塔	1036	一切如来心秘密全身舍利宝箧印陀罗尼经，其他陀罗尼	《文物》1972年第1期	
瑞安仙岩寺塔	1043	妙法莲华经，一切如来心秘密全身舍利宝箧印陀罗尼经，无垢净大陀罗尼经，佛顶尊胜陀罗尼经，大方广佛华严经，般若波罗蜜多心经，大悲陀罗尼经大悲咒，	《文物》1973年第1期	舍衣钵钱一贯二百文入缘造塔，兼自颂此陀罗尼经，共计五藏……迎舍利经像入塔次，而灵旦谨发心请僧书写此经，镇藏塔中。刺身血缮写普贤菩萨行愿品经、金刚经、般若波罗蜜经公二卷，内于舍利塔中。
金华万佛塔	1062	一切如来心秘密全身舍利宝箧印陀罗尼经，无垢净光大陀罗尼经，般若波罗蜜多心经，金刚经，佛说随求即得大自在陀罗尼神咒	《金华万佛塔出土文物》，1958年	舍此幢子一所，永镇龙宫供养。造地藏一身，永充供养。
湖南郴县塔	1063		《文物》1959年第10期	

续表

遗址名	年代	藏　经	出　处	备注（有关经卷题记）
黄岩灵石寺塔	1067	佛说预修十王生七经	《东南文化》1991年第5期	特奉净财，造石塔一所，永充供养 特济世之财，入在塔龛为信伏之乞释迦化 主舍利真身不舍慈悲
山东济宁北宋铁塔	1105	佛经	《中国古代舍利瘗埋制度》	
温州白塔寺塔	1115	妙法莲华经，佛说观无量寿佛经，金光明最胜王经，楞严经，大悲陀罗尼经大悲咒，其他陀罗尼	《文物》1987年第5期	比丘弟子坚印造此经安置宝塔 …若写经，免一门灾难…写此经…感我佛…
山西孝义临黄塔	北宋	金刚般若波罗蜜经	《孝义出土两座北宋墓葬石棺临黄塔内藏佛经舍利》	

注释：

［1］〔南宋〕法云编：《翻译名义集》卷五，《大正藏》第二十一册，中华电子佛典协会（CBETA）2001年，第1130页。

［2］佛陀耶舍共竺佛念译：《佛说长阿含经》卷三，《大正藏》第一册，中华电子佛典协会（CBETA）2001年，第1页。

［3］义净译：《根本说一切有部毗奈耶杂事》卷三十九，《大正藏》第二十四册，中华电子佛典协会（CBETA）2001年，第1451页。

［4］大正一切经刊行会：《大正新修大藏经》第十六卷，佛陀教育基金会出版部1990年，第800页。

［5］大正一切经刊行会：《大正新修大藏经》第九册，佛陀教育基金会出版部1990年，第262页。

［6］大正一切经刊行会：《大正新修大藏经》第二十五卷，佛陀教育基金会出版部1990年，第476页。

［7］玄奘、辩机：《大唐西域记》，《大正藏》第二十册，中华电子佛典协会（CBETA）2001年，第925页。

［8］冉万里：《中国古代舍利瘗埋制度研究》，文物出版社2013年，第195页。

［9］徐苹芳：《中国舍利塔基考述》，《传统文化与现代化》1994年第4期。

［10］冉万里：《中国古代舍利瘗埋制度研究》，文物出版社2013年，第271页。

［11］廖望春：《宋塔舍利发现与舍利信仰泛化的研究》，《宗教学研究》2012年第4期。

［12］张利亚：《北宋舍利崇奉的世俗化趋势——以甘肃泾川龙兴寺出土舍利砖铭为例》，《西北师大学报》2014年第3期。

［13］崔峰：《敦煌藏经洞封闭与北宋"舍利"供奉思想》，《宗教学研究》2012年第3期。

［14］这方面的论文尚有文正义：《敦煌藏经洞封闭原因新探》，《戒幢佛学》第2卷，岳麓书社2002年。荣新江：《再论敦煌藏经洞的宝藏———三界寺与藏经洞》，郑炳林主编：《敦煌佛教艺术文化国际学术研讨会论文集》，兰州大学出版社2002年。张先堂：《古代佛教法供养与敦煌莫高窟藏经》，《敦煌研究》2010年第5期。

［15］杜斗成、崔峰：《山东龙兴寺等佛教造像"窖藏"皆为"葬舍利"说》，《四门塔阿閦佛与山东佛像艺术研究》，中国文史出版社2005年，第153页。

［16］崔大庸、高继习：《济南老城区发现地宫与佛像窖藏》，《文物天地》2004年第5期。

［17］沈雪曼：《辽与北宋舍利塔内藏经之研究》，《美术史研究集刊》（台湾）2002年第12期。沈文主要认为：一、辽代特重视法舍利的埋藏，二、法舍利埋藏为了以备"末法"来临，"存经以备法灭"，三、从舍利瘗埋的形制内容反映辽代与日韩、江浙地区的密切文化联系。

［18］于薇：《圣物制造与中古中国佛教舍利供养》，文物出版社2018年，第20页。

［19］于薇：《圣物制造与中古中国佛教舍利供养》，文物出版社2018年，第28页。

［20］［意］卡列宁、菲利真齐、奥里威利编著，魏正中、王倩编译：《犍陀罗艺术探源》，上海古籍出版社2015年，第34—36页。

［21］李崇峰：《中印佛教石窟寺比较研究——以塔庙窟为中心》，北京大学出版社2003年，第178页。

［22］吕树芝：《宋真珠舍利宝幢》，《历史教学》1985年4期。

［23］陈玉寅：《苏州瑞光寺塔再次发现北宋文物》，《文物》1986年9期。

［24］苏州市文物保管委员会：《苏州虎丘云岩寺发现文物内容简报》，《文物参考资料》1957年11期。苏州博物馆：《苏州博物馆藏虎丘云岩寺塔瑞光寺塔文物》，文物出版社，2006年，第20—36页、第60—76页。

［25］转载自苏州市文物保管委员会：《苏州虎丘云岩寺发现文物内容简报》，《文物参考资料》1957年11期。

［26］文物编辑委员会：《无产阶级文化大革命期间出土文物展览简介》，《文物》1972年第1期。

［27］南丰县博物馆：《南丰大圣舍利塔地宫清理简报》，《江西文物》1989年第2期。

［28］黄岩市博物馆：《浙江黄岩灵石寺塔文物清理报告》，《东南文化》1991年第5期。

［29］另有第二层《金刚经》和《观无量寿经疏妙宗钞序》，因为是后来放入，故不计入讨论。

［30］黎毓馨：《杭州雷峰塔地宫的清理》，《考古》2002年第7期。

［31］黎毓馨：《杭州雷峰塔遗址考古发掘及其意义》，《中国历史文物》2002年第5期。

［32］转载自浙江省文物考古研究所：《杭州雷峰塔五代地宫发掘简报》，《文物》2002年第5期。

［33］转载自浙江省文物考古研究所：《杭州雷峰塔五代地宫发掘简报》，《文物》2002年第5期。

［34］乐进、廖志豪：《苏州瑞光寺塔发现一批五代、北宋文物》，《文物》1979年第11期。

［35］苏州市文物保管委员会：《苏州虎丘云岩寺发现文物内容简报》，《文物参考资料》1957年11期。

［36］沈雪曼在论及辽代舍利塔时明确指出过塔铭文确有将经卷称为舍利的情况。沈雪曼《辽与北宋舍利塔内藏经之研究》：巴林右旗辽释迦佛舍利塔天宫出土装藏有佛经及陀罗尼的一百零九个塔形舍利筒，据石碑记载，释迦佛舍利塔"相肚中安置金法舍利，并四面安九十九本帐竿陀罗尼"而对照天宫出土物品内容可以得知"金法舍利"指的是此天宫中室发现的刻写在金银版上的陀罗尼咒，由此可知陀罗尼在辽代当时被称为"法舍利"。除此之外，该天宫中出土的诸多经典和陀罗尼的经枝上均有墨书"舍利"二字，由此可知辽人确实有将经咒作为法身舍利供奉的情况辽释迦佛舍利塔中帐竿陀罗尼的形制基本完全仿照《无垢净光大陀罗尼经》中制作，与《大唐西域记·卷九》记载几乎一样，而辽代的舍利瘗埋形制与日韩以及东南沿海又有许多相互影响之处。

［37］廖望春：《宋塔舍利发现与舍利信仰泛化的研究》，《宗教学研究》2012年4期。

［38］在北宋，装舍利的容器已经不大使用唐代的石函或金棺银椁了，舍利容器多样化，有净瓶、塔形容器等等。详见冉万里《中国古代舍利瘗埋制度研究》，文物出版社2013年，第277—378页。

［39］瑞安仙岩寺塔铭文有："其塔造成，迎舍利经像入塔次，而灵旦谨发心请僧书写此经，镇藏塔中。"是唯一将"舍利"与"经像"相联系的铭文，但依据文义与塔内实物可知，断句应该为"迎舍利、经、像入塔次"。

对博物馆教育功能开发的思考与实践

叶　敏（苏州教育博物馆）

内容摘要： 博物馆教育功能的重要性众所周知，但从教育学理论角度去研究者甚少。教育的个体享用功能是其基本功能之一。"愉悦地让文化在公众心中生根"，是对博物馆教育功能的形象阐述。环境育人、服务育人、活动育人、以情感人是博物馆教育功能开发的"三点一线"的工作面。博物馆教育功能开发与实践应当树立能效观。

关键词： 博物馆　教育功能　开发

从2007年国际博物馆协会对博物馆定义的修订，到2015年2月第659号国务院令公布的《博物馆条例》，无论国际还是国内，在博物馆定义中，都把博物馆的"教育"功能放在首要位置，置于其他诸如研究、欣赏、征集、收藏、保护等之前，这理应引起我们的重视和深入研究。

但是，2020年6月6日，笔者在中国知网以"博物馆教育"为关键词，检索结果为4016条，其中，中文的2922条。仔细阅读发现，大多数文章可以归纳成几方面：一是从操作层面谈如何发挥博物馆教育功能，二是从社会教育、素质教育、爱国主义教育、艺术教育、科普教育等不同层面谈博物馆教育与之结合，三是从不同学科视角例如社会心理学、信息科学、传播学去探讨博物馆的教育功能如何创新，专注从理论上探讨博物馆教育功能内涵的并不多，专门从教育学理论角度去探讨就少之又少。反而是20世纪80年代的一些博物馆工作者，为了匡正当时博物馆工作中重收藏轻教育的做法，专门写文章谈博物馆应当把教育作为主要职能，并对博物馆教育职能进行过初步的探讨。

这样的理论研究现状是很容易理解的：一是从教育学理论角度来看，关于"教育"的定义本身存在着许多不同的见解，尚无完全统一的概念；二是博物馆教育内容与形式的丰富多样性，可以从多种分类和视角去研究——"横看成岭侧成峰"。两者的叠加，很容易导致人们偏离对博物馆教育真正内涵的探讨。

因此，对博物馆教育功能的认识，有必要从教育学角度进一步思考和深入地探讨。

一　关于教育以及教育功能

博物馆教育功能，其核心在"教育"二字。若能够对"教育"的内涵本质认识清楚，博物馆教育功能的真正内涵就容易认识清楚。但是，古往今来，"教育"的内涵本身就是一个众说纷纭的问题。因此，在博物馆教育功能的研究中，只能选择一个相对准确的理解，作为形成共识的起点。

（一）什么是教育

1.教育的定义

顾明远先生曾说："什么是教育，或者说教育是什么，至今还没有一致的看法"[1]。他也曾这样表述：教育是培养人的活动。自有人类社会以来就有教育，它的职能是根据一定社会的要求，传递社会生产和生活经验，促进人的发展，培养该社会所需要的人才。这个基本特点存在于各种社会的教育活动之中并使之区别于人类其他社会活动[2]。

胡德海先生认为教育"是人类一种特有的文化传递的形式、手段和工具"[3]。

"教育"这一名词有广义、狭义之分。广义的教育泛指一切增进人们的知识、技能，改变人们的思想意识的活动。狭义的教育指专门组织的教育，主要是指学校教育，通过学校进行有组织有计划的教育，这种教育是由教育者按照一定的目的，系统地对年轻一代施以影响，发展他们的体力和智力，陶冶他们的思想和品德，使人们获得一定的知识、技能，养成一定的思想、品德[4]。

从两位专家对教育的定义不难看出，博物馆教育与狭义的教育（学校教育）不同，属于学校教育之外的教育，属于广义的教育的一部分。

2.教育的本质

教育的内涵与其本质密切相关。要对教育下定义，不能不涉及对教育本质的探讨。对教育本质的认识越清晰，更有助于对教育功能的内涵达成共识。

顾明远先生认为：教育本质是指教育的内在要素之间的根本联系和教育作为一种社会活动区别于其他社会活动的根本特征，与"教育现象"相对[5]。

胡德海先生认为："教育的本质是通过传承文化使个体社会化的活动，并促进社会的发展和个体的全面发展。"[6]

顾明远先生后来也提出："如果从生命发展的视角来说，教育的本质可以概括为：提高生命的质量和提升生命的价值。教育对个体来说，提高生命的质量，就是使个体通过教育，提高生存能力，从而能够生活得有尊严和幸福；提升生命价值，就是使个体通过教育，提高思想品德和才能，从而能够为社会、为他人作出有价值的贡献。"[7]

综上所述，我认为：教育，是指人类通过传承文化培养人并使个体社会化的活动。这里有三层含义：首先，教育是"人培养人"；其次，教育是人通过传承文化培养人的活动；第三，教育是人类培养个体、使之社会化程度更高的活动。这里的个体是一个相对概念，因为从现实来讲，并不存在单纯的"个体"。

简而言之，教育的本质是"人培养人"。牢牢记住这一点，有助于下面对教育功能的探讨。

（二）什么是教育功能

胡德海先生认为，教育具有促进社会发展和促进个体发展的双重功能。其中作为"个体"的人的解放、发展和完善是教育活动的根本出发点；"使个体社会化"是教育活动的核心和基本要求，目标是在个性得到充分发展的基础上使作为"个体"的人实现社会化，成为社会所要求的尽可能完善的人；在文化内化的基础上实现"文化"的传承和创新，既是教育"使个体社会化"的基础，也是教育在人

类社会发展中应当承担的历史使命[8]。

胡贵勇老师则认为：教育促进个体发展和促进社会发展，不是平行的对等关系，不能将二者放在一个平面上观察，它们之间有层次性而非并列关系。个体功能和社会功能并不能包罗所有教育功能的内容，至少在现代社会，人们已经看到了教育对自然环境的影响作用，因而把教育功能分为个体功能和社会功能是不周全的[9]。

两者观点的共同之处，是对教育促进个体发展的功能并无争议；相异之处在于，教育促进社会发展的功能与促进个体发展的功能，是无层次的并列关系还是有层次的非并列关系？

从教育本质是"人培养人"的角度来看，笔者赞同胡贵勇的观点，教育促进个体发展的功能是教育的基本功能，教育促进社会发展的功能则是教育的衍生功能，是通过教育促进个体发展来实现的；同样，我们可以说，教育的衍生功能至少还包括"生态功能"，即对大自然发展的影响作用，这同样也是通过促进个体发展来实现的。

受此启发，笔者认为：正因为教育活动本身必然是人类的社会活动且目的是促进个体的社会化，因而其促进社会发展的功能是天然存在的，但这并不是其区别于其他社会活动的特有标志。人类的经济活动、军事活动、政治活动，都有促进社会发展的功能，只是这些活动的影响作用的深度、广度与持久度，与教育活动不同而已。因此，把教育功能分为基本功能和衍生功能，并不代表对两者的孰重孰轻进行价值判断，更不可能抹去其天然的社会性，但是能帮助我们把教育活动与其他社会活动更好地区别开来，帮助我们认识清楚教育的本质。

教育活动是人类社会活动、具有天然的社会性，"为天地立心，为生民立命，为往圣继绝学，为万世开太平"正是其形象化的表达，且这样的天然性、并发性更容易被理解为教育促进社会发展的功能与其促进个体发展的功能是并列关系，对此稍有质疑就容易误解为对其社会性的轻忽、对教育促进社会发展的作用的轻视，甚至于认为我们越强调其社会

功能就越正确，越能引起人们对教育的重视。但是，一味强调教育的社会功能，忽视了教育的基本功能，容易造成"教育功能泛化"[10]，有的已经产生了一定的负面影响。例如，当下我国的中小学校教育承受了许多不堪重负的社会职能，什么都要"从娃娃抓起"；再比如，片面强调教育的"筛选功能"，在古代表现为八股文取士、在现代则表现为掺杂了"经济功能"的"高考工厂""教育产业化"……

（三）教育的基本功能

教育促进个体发展的功能是教育的基本功能，也可简称为教育的个体功能。促进个体发展包含两个方面：一是促进个体的社会化，一是促进个体的个性化。

教育的个体功能又可分为个体谋生功能和个体享用功能。

1.教育的个体谋生功能

随着生产力的不断发展，教育成了个体获取谋生本领的一种手段、一种途径和方式。在此意义上，教育的个体谋生功能是很现实、很直接的，它在教育的本体功能中处于基础地位，其他功能的形成和发挥得以它为基础。

2.教育的个体享用功能

教育的个体享用功能是指教育不是单纯为了达到某种外在目的接受教育，而是教育成了个体生活的必需，受教育的过程是其需要得以满足的过程，在满足需要的过程中，获得高层次的精神享受，并进而获得自由和幸福[11]。

无独有偶，联合国教科文组织2015年研究报告中指出：在承认教育的经济功能重要性的同时，必须认识到教育不仅关系到学习技能，还涉及尊重生命和人格尊严的价值观，而这在多样化世界中是实现社会和谐的必要条件[12]。某种程度上，这也可以看作教育的个体享用功能的另外一种表述。

（四）教育的衍生功能

教育的衍生功能是指在教育功能体系中因教育基本功能的实现而延展出来的对自然改善和社会进步所发挥的功能。

所谓衍生性，是指它仅是教育基本功能的外在形式，是教育基本功能在自然改善和社会进步过程中的具体体现，它不是独立的教育功能，具有寄生性。

人类生存的环境可以分为自然环境和社会环境两大类，根据这个界定，教育基本功能可以衍生出教育的自然环保功能和教育的社会发展功能。

教育的自然环保功能是指教育在传授给学生认识自然、改造自然的知识和能力的同时，更多地关注人和自然的和谐共存问题。加强生态意识，提高维护生态的能力已成为今天教育的一个显著特征。

教育的社会发展功能即指教育这个子系统对社会这个大系统的发展所起的作用。由于我们所指的"社会"包括政治、经济、文化等要素，教育的社会发展功能又具体体现为教育的政治功能、经济功能、文化功能等方面[13]。

二 关于博物馆教育

当我们能够从教育学理论的角度在教育的定义、本质、功能方面达成上述认识之后，不难看出，博物馆教育是学校教育之外，与家庭教育互为补充的一种培养人的活动。在本质上，它与学校教育、家庭教育并无不同，仍然是"通过传承文化使个体社会化的活动，并促进社会的发展和个体的全面发展"。

李灵漫老师认为，博物馆教育具有非正式教育内涵：正式课程的教学受国家教学大纲和教学环境所限制，有其制定标准，且测试以结果为导向。与此相比，博物馆教育所属的非正式文化教育更侧重于个人发展，以培养民主公民为目标，更符合现代社会的要求[14]。

李志茵老师认为：博物馆的基本功能是开展教育，在教育对象方面，面向整个社会；在教育内容方面，具有丰富的多维性；在教育方式方面，具有开发性、自主性、实验性、探索性、愉悦性；在教育效果方面，更着眼于教育的过程，取决于参加者的满意程度。正因为如此，博物馆被视为社会教育的理想环境，成为现代社会的一种生活方式[15]。

刘宗贤老师在《对博物馆公共教育功能的本质思考》中也写道：

科学博物馆本身就是社会教育机构，所以博物馆里一切的教育活动，都理应属于社会教育的一环。它有别于学校教育，也不同于家庭教育，但它恰恰可以辅助学校教育的不足，又能延伸家庭教育的空间，这就说明了为什么近三十年来，科学博物馆的教育活动能大受欢迎，历久弥新[16]。

综上所述，笔者认为，博物馆教育的本质是一种公共教育，这是其与非公共教育（如家庭教育）的区别；同时，博物馆教育是广义上的教育即非正式教育，这是它与狭义上的教育即学校教育的区别。博物馆教育与学校教育、家庭教育的不同之处，还表现在个体谋生功能与个体享用功能方面，发挥影响的程度不同。尤其是在个体享用功能方面，这应该是博物馆教育与学校教育、家庭教育相比，更能发挥作用的地方。当然，在教育的衍生功能中，博物馆教育在文化功能方面也发挥着无可替代的重要作用。

但是，如果我们没有厘清教育的个体功能与社会功能、个体谋生功能与个体享用功能、基本功能与衍生功能这些教育学理论上的概念，在博物馆教育功能的开发与实践中，就会造成一定的偏离，表现为：为追求博物馆教育的正式性，而片面以学校教育的课程标准来衡量博物馆教育；或者为彰显博物馆教育的文化功能，片面强调学术性研究，忽视其个体享用功能的开发；或者只片面强调博物馆教育的社会功能，造成"功能泛化"。

三　博物馆教育功能的理论探讨与形象阐述

刘宗贤老师提出，科技馆（博物馆）教育的本质在实现科学（文化）生根，以兴趣为前提，以好奇心为动力，借由想（观察思考）、办（动手尝试）、法（发现取法之道）三个阶段的交互运用，让科学（文化）精神与科学（文化）态度生根。

他认为，公共教育的目的在于博物馆不再囿于展示和传播知识的本身，而重在推动科学精神、态度的养成，在公众心中启蒙生根，为社会奠定持续

创新的基础[17]。

受此启发，我们可以从基本功能、衍生功能两个方面来认识博物馆教育功能。

首先，在基本功能中，博物馆教育的个体享用功能（精神愉悦）比其他教育更鲜明，这意味着博物馆教育功能的开发更应该在个体享用功能方面下功夫。

其次，在其衍生功能中，博物馆教育有更鲜明的文化功能，但这绝非一味地强调文化传承与知识传授。因为，在文化传承的专业性上，民间非遗传承人并不比博物馆弱；在知识传授的系统性上，高校相关专业可能更强。然而，在使文化在公众心中启蒙生根这一方面，博物馆是得天独厚并且责无旁贷的。这意味着博物馆教育对于文化功能的开发，也更应该在启蒙生根方面下功夫。

因此，博物馆教育功能的理论研究很重要，但是我们不应该仅仅停留在"基本或衍生功能、双重功能"的理论探讨与争论上，而必须为从事博物馆教育的工作者提供更为形象、易于接受、易于实施的生动阐述，才有利于指导实践。对此，笔者提出："愉悦地让文化在公众心中生根"，或许可以成为对博物馆教育功能一种比较形象的阐述。

"愉悦地让文化在公众心中生根"，包含了这样几层含义：

所谓"心中生根"，意味着博物馆教育的本质是一种公共教育，是非正式教育，目的重在让文化在个体心中启蒙播种，而不在于展示和传授知识的本身，更不在于把观众个体培育为专家。

所谓在"公众"心中，而不是在"学生"心中，是因为博物馆的观众是非特定的复杂的人群，而不是按照年龄有序组织起来的学生。公众的"众"还提示了我们，"观众流量"的重要性。

让"文化"生根而不是让"知识"生根，意味着博物馆教育的主要内容不是分科明确的学科知识体系，而是集多样性与复杂性于一体的物质文化或非物质文化。

"愉悦"二字突出地体现了博物馆教育的个体享

用功能。人们来博物馆完全是出于精神愉悦的需要，没有法律也没有制度规定人们一定要来博物馆。如果博物馆教育不能让人精神愉悦——不具备教育的个体享用功能，即使强制一个人来一次，也没有人会自愿来第二次。衡量"愉悦"的标准就是"来了不想走，走了还想来"。

四　博物馆教育功能开发的工作面

习近平总书记强调，要大力弘扬中华民族优秀传统文化，特别是要让中华民族文化基因在广大青少年心中生根发芽。要努力用中华民族创造的一切精神财富来以文化人、以文育人。

以文化人、以文育人，是教育固有的功能与使命。那么，文化何以化人育人呢？事实上，"化育"总是借助于一定的方法和手段来实现的。从"愉悦地让文化在公众心中生根"出发，博物馆的教育功能开发，可以通过"三点一线"的工作面来展开，"三点"即"环境育人""服务育人""活动育人"；所谓的"一线"则为"以情感人"。

（一）环境育人功能与开发

所谓环境育人，指的是营造优美的环境景观，让人进入博物馆就有愉悦的心情，包括建筑、绿化、音响、灯光氛围等物质景观，以及精心设计的展陈文字图案等非物质景观。

展陈又分为常设展览、临时展览。常设展览基于馆内藏品，相对稳定，开发重点在于深度。临时展览开发重点在于广度。它可以是通过对馆藏的深度研究、从新视角重新整理的成果，也可以是兄弟博物馆藏品的流动展览。可以建立在与常设展览的关联性基础上，也可以建立在与常设展览无关联的甚至呈巨大反差的基础上。

关联性临时展览，有助于吸引已有观众的再次光临，因为他们不满足已有的体验，希望有更深的了解，但其总量不会大于曾经来过的已有观众；反差性临时展览，有助于吸引在原有观众之外的、对新展陈内容感兴趣的潜在观众的首次光临，同时并不排斥已有观众。

在此可以借鉴旅游地理学中的一个概念："心理梯度力"。旅游地理学研究认为，旅游客源地与旅游目的地的环境差异越大，"心理落差或心理梯度力"也越大，旅游者的旅游愿望也会增强，旅游者所能获得的心理满足感、成就感会越大。

假设：在热带海洋博物馆里，举办一个冰雪运动装备展，未必就应当简单斥之为"不务正业"。因为对于博物馆的老观众来说，未必排斥这样的新体验；对于原来只对冰雪运动感兴趣而从来没想到来热带海洋博物馆的人，或许是吸引他们踏入此地的一个契机。

互联网时代，我们还要重视"网上云展厅"的开发，2020年初新冠病毒疫情暴发期间，传统的实体展馆无法对外开放，此时，许多博物馆把展厅搬上网络，让观众云观展。苏州教育博物馆也举办了"一封画信 为你加油——江浙沪鄂四地十城少儿抗疫画信作品展"，并把展览搬上网络，与武汉学校进行互动，让武汉学生在家足不出户就能观看展览。短短45分钟，就有近400个终端在线观看，就是说至少有1000多人在观看，这远远超过了实体展厅的容纳量。

（二）服务育人功能与开发

所谓的服务育人，就是为观众服务的设施要人性化、服务员的讲解内容的开发要考虑不同人群，要分层递进、雅俗共赏，贴近观众。总之就是要"心中有人"。

以苏州教育博物馆为例，这里主要陈列了狭义的教育即学校教育在苏州产生、发展的历史，因此按照"与学校教育的相关度"可以把公众分为三大类：一是青少年与家长，二是教师与教育研究者，三是社会各界人士及外国友人。前两类人群可以说与教育的关系非常密切，是服务的主要群体，但总体规模相对稳定；第三类与教育相对疏离，却是流量的增长点。

其实，对"公众"作进一步细分，还可以有很多，比如健全人与残疾人（残疾人中既有肢残人、也有盲人或聋人）、儿童与老年人、苏州人和新苏州人（苏州是全国第二大移民城市）、中国人和外国等等，那么，针对小众的盲人、聋人、外国人，我们的讲解词是千人一面还是因人而异？我们应当有针对性地开发不同版本的讲解词，例如儿童版、成人版、中文版、英文版，正常文字版、盲文版，图文版、有声版，等等。

联合国教科文组织2015年研究报告中指出："教育和学习要超越功利主义和经济主义，将人类生存的多个方面融合起来。要将通常受到歧视的那些人包容进来，包括妇女和女童、土著人、残疾人、移民、老年人以及受冲突影响国家的民众。这将要求采用开发和灵活的全方位的终身学习方法。"[18]

这对博物馆教育功能的开发同样具有指导意义。一方面，苏州教育博物馆在宣传"有教无类"的教育公平性上责无旁贷；另一方面，在服务育人发挥教育功能时，我们也应当注意公平性，并且尽可能关照弱势群体。

（三）活动育人功能与开发

所谓活动育人，就是让观众特别是青少年，在博物馆开发的丰富多彩的活动课程中融入身心，得到启迪，这是博物馆教育的主体部分。然而，以苏州教育博物馆为例，领导和员工合计仅7人，仅靠自身的人力是远远不够的，必须从馆校合作、馆社合作、馆馆合作三方面去加强开发。

1.馆校合作：与中小学、高校合作。请进来——优秀学生社团展、学校中的红色资源展、老园丁讲故事，外国留学生体验苏州非遗文化。走出去——送课入校、送展入校。

2.馆社合作：与社区合作、与社会机构合作，请进来与走出去相结合。

3.馆馆合作：与兄弟博物馆合作，形成合力。

在实践中，苏州教育博物馆形成了系列化的活动课程，主要可分为藏品类、讲解类、体验类、探究类、讲座类、外衍类等若干类型。

（四）以情感人与育人功能开发

在流行文化盛行的当今社会，博物馆承担着重要的社会责任。我们要在理论指导下，通过运用各种措施，开发博物馆的教育功能，引导公众对经典、

对历史、对文化的尊重，达成"心中生根"的教育目标。

环境育人、服务育人、活动育人是博物馆教育功能开发的工作面上的三个点，以情感人则是贯穿于其中并统领这三个点的一条线，既是手段、又是目标。

在环境育人工作中，需要达到的目标是"怡情"，无论是物质环境还是非物质环境，都要让观众获得愉悦的感受。例如，苏州教育博物馆设立在清代园林"柴园"中，在恢复古建筑的过程中，不仅包含了江南古典园林的基本元素，绿化中点缀以与科举相关的桂花、杏树，天井地面点缀以文昌星座，匾额楹联内涵与《论语》等关联、木门木梁雕刻点缀以孔子读书图、欧阳修与苏东坡读书图等各种教育故事，从细微处加强了与教育的联系，在"得游观乐"中"彰教化功"。

在服务育人工作中，需要达到的目标是"动情"，无论是设施还是讲解服务，都要能贴心。例如，苏州教育博物馆内服务于老年人、残疾人的设施较为完备，还为盲人准备了盲文版、为国外友人准备了英文版讲解词和宣传页，并根据团队逗留的时间长短设计了不同的导游讲解线路，用贴心的服务打动观众。

在活动育人工作中，需要达到的目标是"共情"，就是观众能够获得真切的感受、体验、共鸣。例如，苏州教育博物馆从不同角度精心设计了众多的活动类课程，甚至为盲童设计了以触觉为主的活动课程，力图对不同的观众提供不同的活动，以便其获得适切的体验。

综上所述，当观众在热爱本职、业务精湛的客服人员的辛勤劳动下，在怡情、动情、共情中形成了美好的"情感记忆"，走了还想再来，"以情感人"这一目标才得以落到实处。换言之，先要自身情动，才能"以情感人"，才能让观众"亲其师"而"信其道"，博物馆才能"愉悦地让文化在公众心中生根"。

五 博物馆教育功能开发的能效观

从传统博物馆学的角度来看，博物馆发挥教育

功能的主要途径是展陈与讲解，因此，在馆藏研究的基础上，对展陈与讲解的开发必不可少。但是，要实现"愉悦地让文化在公众心中生根"，仅仅着眼于对展陈与讲解的开发显然远远不够。因为，有一个隐性前提没有得到充分考虑，就是公众——人流量。谈论展陈与讲解时，隐含的前提是针对已经走进博物馆的这部分人群而言才有意义。环境育人、服务育人、活动育人，核心是对"入馆的人"而"育"。如果没有人来或者来馆的人很少，再精美的展陈和讲解也没有用武之地。

如果用E代表效果，F代表教育功能，V代表人流量，用公式来表示：$E=F*V$。欲使E提高，则F、V至少有一个要提高。

对于知名度较高的博物馆来说，当观众在馆外排成长队等待入馆时，人流量V不是需要考虑的主要问题。因为V已经达到了上限，E的提高主要依靠F提高。

但是对于一个新建的博物馆，必须要考虑如何提高V，即"让更多的人来"。如果V=0，那么哪怕F再大，E依然等于0。所以V与F一样重要。

让更多的人来，则需要多管齐下。

首先，加强宣传显然是必需的，无论是传统媒体抑或是现代新兴媒体，各有自己的受众，都是新建博物馆必须重视的宣传渠道，不能偏废。苏州教育博物馆"江浙沪鄂四地十城少儿抗疫画信作品展"在5.18国际博物馆日启动以后，利用"六一儿童节"进行网上直播，与武汉、日本、非洲的学生进行互动，也是一种新媒体的尝试。

其次，馆校合作、馆社合作、馆馆合作也不能仅仅视作活动开发的途径，这些同时也是增加公众知晓率、提高观众流量的重要途径。

例如：三馆联动——博物馆之旅，是将容量有限的其他两个小型博物馆：生肖邮票博物馆、苏州商会博物馆联合起来，让参观的学生分成若干小组，在馆与馆之间流动起来，克服瞬间接待量的限制，从而增大接待量。

再如，与茅山新四军纪念馆合作举办"虎将雄风 千古长存——王必成将军生平事迹展"，把红色基因传承引入教育博物馆，让一批对党史军史感兴趣的社会人士来馆参观，是一种反差性临时展览的初步尝试。

如果说，衡量"愉悦"的标准是"来了不想走，走了还想来"的话。那么，前面加上一句"让更多的人来"，才能完整地表达出对教育功能是否达成的标准，因此，"让更多的人来，来了不想走，走了还想来"这也应当是博物馆教育功能开发与实践成功与否的"金标准"，这实际上对应了观众流量、满意度、回头率。

综上所述，通过对教育、教育功能的理论学习和探讨，"愉悦地让文化在公众心中生根"，成为我们对博物馆教育功能的一种比较形象的阐述。环境育人、服务育人、活动育人、以情感人是博物馆教育功能开发的"三点一线"的工作面。"让更多的人来，来了不想走，走了还想来"则是博物馆教育功能开发与实践的能效观和"金标准"。

注释：

［1］ 顾明远：《对教育定义的思考》,《北京大学教育评论》2003年第1期。

［2］ 顾明远：《教育大辞典（上卷）》,上海教育出版社1990年，第1721页。

［3］ 胡德海：《教育学原理》,甘肃教育出版社1998年，第223页。

［4］ 刘智运，胡德海：《对教育本质的再认识》,《北京大学教育评论》2004年第4期。

［5］ 顾明远：《教育大辞典（上卷）》,上海教育出版社1990年，第1721页。

［6］ 刘智运，胡德海：《对教育本质的再认识》,《北京大学教育评论》2004年第4期。

［7］ 顾明远：《再论教育本质和教育价值观》,《教育研究》2018年第5期。

［8］ 刘智运，胡德海：《对教育本质的再认识》，《北京大学教育评论》2004年第4期。

［9］ 胡贵勇：《教育功能：诠释，梳理》，《教育理论与实践》2003年第9期。

［10］ 燕国材：《"教育功能泛化"刍议》，《探索与争鸣》2003年第6期。

［11］ 全国十二所重点师范大学联合编写：《教育学基础》，教育科学出版社2008年，第39页。

［12］ 联合国教科文组织：《反思教育：向"全球共同利益"的理念转变？》，巴黎2015年，第37页。

［13］ 胡贵勇：《教育功能：诠释，梳理》，《教育理论与实践》2003年第9期。

［14］ 李灵漫：《博物馆教育功能浅析》，《博物馆研究》2019年第1期。

［15］ 李志茵：《博物馆的社会教育功能探析》，《黑河学刊》2019年第5期。

［16］ 刘宗贤：《对博物馆公共教育功能的本质思考》，《中国博物馆协会博物馆学专业委员会.2016年"博物馆的社会价值研究"学术研讨论文集》，中国书店2017年，第337—347页。

［17］ 刘宗贤：《对博物馆公共教育功能的本质思考》，《中国博物馆协会博物馆学专业委员会.2016年"博物馆的社会价值研究"学术研讨论文集》，中国书店2017年，第337—347页。

［18］ 联合国教科文组织：《反思教育：向"全球共同利益"的理念转变？》，巴黎2015年，第10页。

中国早期人类学在博物馆的研究与展示

——以天津博物馆早期历史为中心的考察

安秋州　郭　辉（天津博物馆）

内容摘要：天津博物馆的前身是1918年6月1日成立的天津博物院。此后曾于1928年11月更名河北第一博物院，1935年1月更名为河北博物院。自筹建初期，由于严智怡等建馆元勋深受当时美国博物馆重视人类学研究与展示的影响，他们居安思危，在进化论思想助推下，将人类学与中国博物馆的建设联系起来做了大量工作，使得人类学藏品的征集、展示与研究成为天津博物院建立后的一大特色。这一举措在当时中国人自办博物馆中可以说是首屈一指、开历史先河的。

关键词：严智怡　人类学　天津博物馆

人类学起源于欧美，早先是专门研究人的生物特征的学科，后来才扩展到包括对人的社会特征的研究。今天的人类学是一门广泛地、综合地研究人类在不同时空条件下的生物特性和社会特性的实证科学[1]。19世纪末，在中国政治上内忧外患、思想上变法维新以及西学东渐的大背景下，作为人类学第一个理论流派的古典进化论和相关的种族概念成为当时中国思想界引介的主流。于是，从翻译达尔文、赫胥黎、斯宾塞、泰勒、摩尔根等人原著开始，人类学开始了在中国的学科启蒙阶段[2]。1898年，严复翻译了赫胥黎的《进化论与伦理学》，并以《天演论》为名刻版印刷。《天演论》的出版或看作人类学传入中国的一个标志性事件[3]。随后严复还翻译出版了斯宾塞的代表作《社会学研究》即《群学肄言》，并于1913年发表《天演进化论》一文，他介绍了达尔文的生物进化论和斯宾塞的社会进化论，论述了人群社会的进化、男女夫妇的进化、妇女地位的变化等问题，更加详尽地阐述了进化论观点。与此同时，种族、民族的概念也被引入中国。而人类学作为学科在中国完整意义上的著作翻译可追溯到1903年林纾和魏易合作翻译出版的《民种学》，当时人类学被翻译成"民种学"或"人种学"等[4]。清末京师大学堂曾开设人种学课程，并以此书作为教材或主要参考书。

进入20世纪初，随着一大批中国学者远赴欧美留学取经并学成回国进行人类学学科建设，涌现出了一大批研究成果，铸就了中国人类学发展史上第一个"黄金时代"[5]。而在这股浪潮的推动下，在北京大学、中山大学、中央研究院历史语言研究所等高等学府和研究机构对中国人类学建设和发展做出了重大贡献的同时，1918年成立的天津博物院与人类学在中国的发展也产生了重要联系。

一　天津博物院的人类学缘起

天津博物馆的前身是1918年6月1日成立的天津博物院。此后曾于1928年11月更名河北第一博物院，1935年1月更名为河北博物院。天津博物院的创建与严智怡赴美国参加1915年巴拿马万国博览会有直接关系。同时天津博物院建设初期重视人类学与此次严智怡美国之行也密切相关。

严智怡（1882—1935），字慈约，茈玥，后改持约，天津人。我国近代著名教育家、近代博物馆事业的重要先驱严修的次子。早在1902年，严智怡就曾随其父严修赴日本考察，对日本的博物馆事业有了深入了解[6]。1903年，严智怡赴日留学，入日本东京高等工业学校学习，1907年毕业，1909年归国。1913年，严智怡奉命将天津劝工陈列所改组为直隶省商品陈列所，并任所长。在直隶省商品陈列所组织全省商品调查时，他与华学涑在一次会议上谈到天津应该建设自己的博物馆，以辅助教育。并提出在整理商品陈列所的过程中，为筹建博物院打下根基[7]。

1914年，直隶省派员赶赴美国旧金山参加巴拿马万国博览会，由严智怡带队。他充分认识到这是一次学习考察的机会，因此特派时任直隶商品陈列所出品课课员陆文郁为随行人员，借此赴美国学习。在美国期间，他们分头到美国各大博物馆调查学习。严智怡后来专门撰写完成了《东美调查录》一书。书中记载：1915年4月17日，严智怡考察了芝加哥艺术博物馆。对该馆的开放时间、会员制度、参观制度、陈列内容进行了详细介绍[8]。4月18日，到兹堡参观了卡内基自然历史博物馆参观，"馆内古今名家图画甚多，又最良之化石、动植物及有史前之地下掘出物等"[9]。4月18日，再次到卡内基自然历史博物馆，"与馆长谈片刻，赠记载各种"[10]。4月24日，参观了科科伦美术馆。4月28日，参观纽约市博物馆，了解了该馆的董事会制度、人员组织构成，博物馆各部门设置及分工，经费及藏品来源等内容[11]。6月2日，参观美国自然历史博物馆，并对该馆历史、经费捐赠来源、会员制度、藏品类别及"各处人类之生活及工艺"等人类学相关的内容进行了解，并特别记述："此馆之设，为鼓励自然科学，求其进步，增进普通学识，供给公众教育。"[12]此次严智怡对美国的各类博物馆进行了深入考察，积累了丰富的经验，特别是美国博物馆人类学相关内容的研究与展示有了深入了解。1915年秋严智怡回国，特地从美国"携回印第安人用品等物"[13]，"将在津筹设博物院，用为陈列品"[14]。将人类学藏品作为了天津博物院建馆初期藏品征集和展示工作的重要内容，而这一做法恰恰也是借鉴和学习了美国博物馆经验的结果。

美国的人类学学科建设和发展与博物馆有着深厚的渊源。提到美国的人类学发展史，1893年的芝加哥世界博览会的举办标志着美国人类学作为一个独立学科的开始[15]。此次博览会不仅为美国人类学家巩固自己新学科创造了机会，而且从全球各地搜集来的人类学藏品展示着全球各种文化，也为他们向公众展示自己的工作成果创造了可能。以

此次博览会上组织人类学部分的展品为基础，1894年6月2日，芝加哥田野博物馆建立。以曾任皮博迪美国考古和人类学博物馆和芝加哥世界博览会人类学部分负责人的弗雷德里克·沃德·普特南（Frederic·Ward·Putnam）为代表的人类学家提出："美国的人类学学科建设将以博物馆为根基不断发展壮大。"[16]从1890—1920年，是人类学发展通称的"博物馆——大学时期"，此阶段人类学家多效力于某个博物馆，对物质文化的关注是其田野工作的重要内容[17]。因此可以说，正是博物馆打造了美国人类学这一学科[18]。

由于此时博物馆的人类学家受自然史学和欧洲中心论的影响，他们将自然科学的进化论引入到人类社会发展中，因此在人类学的展示中所有的人类文化都和生物学中有机体从低级到高级的进化过程一样，经历了由未开化状态到原始落后状态再到文明状态的过程。这种文化发展的阶梯模式不仅解释了不同文化之间的差异，而且有助于将所有人类群体用一根进步的链条串联起来；不仅证明人类代表了生物进化的最终胜利，而且证明西方文明才是社会进化的最高成就[19]。

1915年，严智怡等在美国考察博物馆时，人类学在博物馆的这种智识结构的展览展示方式正占据着主导地位。严智怡的父亲严修与严复关系密切，两家同宗，又都曾在晚清学部一同任职。严复曾将他翻译的《天演论》赠送给严修，严修"读之辄不能终卷"[20]。所以进化论思想对严修和严智怡的影响应该是非常深刻的。因此美国博物馆的人类学展览所体现的进化论思想使严智怡认识到："印第安人，人类学者谓与黄种同源，以文化低落，日就式微，近殆绝迹于世，公取其风俗事物，昭示国人，观者宜知所警惕。《易》曰：其亡其亡，系于苞桑。倘或博览异闻，资为谈瀛之助，殆非公搜集陈列之初意也夫。"[21]为了挽救民族危亡，严智怡要提醒国人，在进化论思想下，若不求文明进步，就会被世界潮流所淘汰。因此他积极筹建博物馆，"阐发文明，发扬国光，以辅助学校教育、社会教育之不逮，

所负之使命至重且大也"[22]。积极搜集和展示人类学藏品，坚持主张警惕！警惕！才能稳固！中华民族要想屹立于世界民族之林，必须自强不息，引以为戒。同时，严智怡还指出："人无论智愚，莫不爱其族，无论文野，莫不自右其乡。""世不一种，地不一俗，无以比较，不能见其好丑。然任何俗，其好丑盖不一致，而平心静气逐一以研究之，莫不各有其特色，以为历史之光。"[23]对世界各人种、各民族所创造的文化和风俗习惯予以充分尊重和平等对待，认为各有其特色，皆是人类历史之光，世界文明之光。因此出于对自己民族和国家的热爱，出于爱国救国之心的表现，严智怡十分重视人类学在博物馆的应用与实践。从1915年天津博物院筹建伊始，人类学藏品的征集、展示与研究随之成为天津博物院的一大特色，贯穿于博物院早期发展的始终。

二 对人类学藏品的征集与展示

藏品是博物馆的立馆之本，是从事研究、展览、教育等一切业务活动的物质基础。天津博物院从筹备时期就十分重视人类学藏品的征集，以深入研究和展示人类学成果。除1905年从美国带回的印第安人相关藏品和资料外，天津博物馆不断征集和丰富馆藏人类学藏品。1931年10月25日公布的《本院征集物品分类及手续》中，就对藏品征集做了明确规定，其中就包括"陶瓷、武器、舟车、建筑、日用器、衣服、佩饰、农具、渔猎器、工用器、方伎用器、宗教用器、丧葬婚娶用器、古迹风景相片、民俗相片、世界人种风俗"[24]等有关人类学藏品。除采集、购买外，直隶商品陈列所、严智怡、华石斧、陆文郁等单位和个人也纷纷为天津博物院调拨和捐赠相关藏品及资料，以丰富人类学方面的馆藏。著名博物馆学家宋伯胤曾指出：且不说外国文物和民族文物，天津博物馆早期对人类学藏品如此重视和大范围的征集，"这样富有创新精神的劳绩应该在中国博物馆史上占有一页"[25]。

在展示方面：1917年10月，天津博物院筹备处编辑发行了《天津博物院陈列品说明书》。该说明书介绍了天津博物馆计划将要陈列的基本内容。其将陈列品分为天然和历史两部。《人种风俗及古迹风景类》分册被划在了历史部下，其"人种"和"风俗"两部分为人类学内容。

"人种"部分从"人民""种族（部）""人"三个层级进行展示，最高层级的"人民"将世界不同人种分为亚细亚系统人民、欧罗巴阿非利加系统人民、南方阿非利加系统人民、阿美利加系统人民、南洋诸岛屿人民共五大类别。第二层级中，亚细亚系统人民下分支那种族、西伯利亚种族；欧罗巴阿非利加系统人民下分北地中海种族、南地中海种族；南方阿非利加系统人民下分尼格罗衣特部、尼格罗部、小尼格罗部；阿美利加系统人民下分北阿美利加部、中阿美利加部、南阿美利加部；南洋诸岛屿人民下分马来种族、澳大利亚种族、类似黑人种族。第三层级中，支那种族分汉人、苗人、黎人、西藏人、雷普奇人、暹罗人、缅甸人、加钦人、那加人、加罗人；西伯利亚种族分日本人、高丽人、满洲人、蒙古人、加尔莫克人、哥尔特人、油卡规尔斯人、几利约克人、条克起人、阿伊奴人、撮莫埃特人、拉普人、土耳其人、吉尔吉斯人、透尔哥曼人、哀斯基谋人；北地中海种族分俄罗斯人、高加索人、印度人、阿富汗人、西班牙人、荷兰人、威尔斯人；南地中海种族分为埃及人、加拉人、索毛利人、别达因人、阿尔吉利人、阿比西尼亚人；尼格罗衣特部分为巴斯特人、苏噜人、加夫阿人、奥哇黑利罗人、班哥拉人、哇基库由人、撒卑人、弯豆罗博人、马撒伊人。尼格罗部分为芒勾人、沙拉人、蒙其人、民迭人；小尼格罗部分为皮亚麦人、何典脱脱人；北阿美利加部分为达可大人、库哇基由特尔人、撒利须人、西里人、莫基人、阿尔冈坤人、迭内人；中阿美利加部有奥透迷人；南阿美利加部分牙休拿人、牙巴哈拿人、图加诺人、加里布人、泊脱克特人、马他叩人、帕塔戈尼亚人、奥纳人；马来种族分为爪哇人、巴里岛土人、巴塔克人、达牙克人、科尼亚人、马加撒人、衣夫哥人、班塔克衣哥罗特人、塔牙尔人、帖尼木不利人、马奥利人、董加人、三毛亚土人、加洛林土人、夏威夷人、马拉加息人；

澳大利亚种族分为屋尔基人、坤斯兰土人、阿奴拉人、达斯马尼亚土人、维达人、透达人、衣鲁拉人、塔迷尔人；类似黑人种族分为安达曼人、阿埃塔人、西诺意人、牛几尼亚人、毕士麦岛土人、所罗门岛土人、牛克里多尼亚人、非治伊人[26]。按照当时人类学人种的分类方法进行了系统的分类展示，并在对"人"部分的介绍中配以英文名称、照片和详细说明文字，用以介绍其分布地区、体貌特征、语言、服饰等，便于观众了解中国境内和世界各地各族群的相关知识。

"风俗"部分展示以实物为主，辅助以照片，从地域划分角度有重点地展示了世界各地不同民族的风土人情和风俗习惯。亚洲内容包括中国台湾、蒙古、朝鲜、日本、菲律宾，美洲内容包括印第安、哀斯基谋、墨西哥，澳洲内容包括澳大利亚、三毛亚等地不同民族的生产生活情况及民风民俗物品。其中美洲印第安部分按照说明书记载，展出的实物展品最为丰富，主要有：石槌、麋角、石刀、编臼、麋角制之匙、摇篮模型、弓、箭、箭镞、编盆、角贝货贝、皮币、编器、住屋模型、编碗、鹿筋、鹿筋绳、黑橡、干橡仁、橡仁粉、乳草茎之织维、首罩、编器、桧根及枝、红蕊树皮、松根、土女草叶、枫树织维、柳条、渔网、麻索、碎麻茎、羽缕、骨制口笛、芦苇根茎、红蕊树织维、石臼、石杵、苧麻茎、传布勒、蛤壳碎片、未成之贝珠、贝珠、纺机、编席、石决明壳加编物之器、枪头、玻璃颈珠、蛤壳、胰根树球茎、豆鼓、陶碗、陶器、浮雕壶庐碗[27]。据不完全统计，此部分所展实物藏品共有54件，种类繁多，内容丰富，全面展现了美洲印第安人的生产生活和风土人情，而且这些藏品按说明书记载全为直隶商品陈列所寄陈，结合藏品的文字介绍和1935年《河北博物院画刊》中刊载的《美洲之红人》一文相关印第安文物图片和介绍内容推断，这些藏品应该就是严智怡从美国带回的那一批筹建博物院所用的"印第安人用品等物"。

总之，从以上介绍可以看到天津博物院早期的人类学藏品的征集与展示，向公众全面系统地介绍

了有关世界各地各民族、各人种的基本知识和相关民俗等人类学知识。这一举措在当时中国人自办的博物馆中可以说是首屈一指、开历史之先河的。

三 对人类学的研究与宣传

天津博物院在征集和展示人类学藏品的同时，也注意到了对人类学的研究与宣传。严智怡认为："文化之普及，非宣传不为功，欲广宣传，必以印刷品为唯一利器。"[28]因此天津博物院非常重视出版和宣传工作。1931年9月25日，河北第一博物院正式出版《河北第一博物院半月刊》，小八开本，一月两期，每期四版。1932年11月25日第29期时改名《河北第一博物院半月刊画报》，1933年9月25日第49期时改名《河北第一博物院画报》，1935年1月10日第80期时改名《河北博物院画刊》，直至1937年7月25日终刊，共出版141期。

以《半月刊》《画报》《画刊》为阵地载体，天津博物院开始了人类学的研究和宣传工作，发表了很多专业学术论文。如就我国国内少数民族研究而言，1931年11月10日至1932年2月10日《河北第一博物院半月刊》分九期发表了《苗族略说》一文。1935年8月10日至10月10日《河北博物院画刊》分三期发表了《黎人风俗考》一文。1935年12月10日至1936年2月25日《河北博物院画刊》分五期发表了《大凉山之猓猡民族》一文。1936年4月10日至5月10日《河北博物院画刊》分两期发表了《猺人风俗考》一文。1936年6月10日至8月25日《河北博物院画刊》分七期发表了《西藏民族之研究》一文。就国外民族研究专业论文而论，1935年7月25日至8月25日《河北博物院画刊》分六期发表了《爱斯基摩人》一文。1935年9月25日至1936年5月25日《河北博物院画刊》分九期发表了《美洲之红人》一文。此外，院刊中还以图片结合说明文字的形式对国外民族和人种，如北美印第安人，澳洲三毛亚人、新西兰岛土人，非洲索毛利人、何典脱脱人、沙拉人，亚洲的马来人、新加坡土人等进行了宣传介绍。尽管此时博物院开展的研究和宣传工作跟当时的高等学府和专业研究机构相比显得十分薄弱，但无论

如何，天津博物院在人类学研究道路上迈出了自己的第一步。在我国自办博物馆的人类学研究、展示和宣传工作中发挥了非常重要的作用。

四 余论

近代以来中国屡受外来侵略，签订了一系列不平等条约，最终沦为半殖民地半封建社会。特别是1900年八国联军侵华，天津沦陷，遭受外国侵略者的占领和奴役，严智怡当时就在天津，目睹了这一切。面对国家的积贫积弱，民族危机的深重，以严智怡为代表的博物馆先驱者秉承"阐发文明，发扬国光"的宗旨，自创建天津博物院之初就如此重视人类学首要是为了"取其风俗事物，昭示国人，观者宜知所警惕"，以开启民智，启迪国人，实现文化救国。

在搜集、展示和研究人类学藏品工作中，天津博物院不仅重视我国境内的藏族、苗族、黎族、瑶族和大小凉山彝族有关社会生活和风俗习惯的实物材料及照片，同时秉持开阔的视野和国际化与多元化的理念，注重美洲的印第安人、因纽特人，非洲的索毛利人、沙拉人，澳大利亚的毛利人以及南洋群岛等各人种族群实物材料，为我国在人类学研究方面提供了一系列知己知彼，比较研究的实例。宋伯胤先生评价严智怡不仅是"我国博物馆历史上第一个究心民族文物的博物馆人"[29]，而且是"我国博物馆历史上第一位放眼世界征集印第安民族文物的博物馆人"[30]。给予了严智怡以高度的评价，充分肯定了天津博物院早期在人类学方面的工作和贡献。天津博物馆早期对人类学的重视对我们如今中国博物馆事业的发展仍有着借鉴意义。

注释：

[1] 胡鸿保：《中国人类学史》，中国人民大学出版社2006年，第2页。

[2] 周大鸣：《人类学概论》，高等教育出版社2019年，第46页。

[3] 胡鸿保：《中国人类学史》，中国人民大学出版社2006年，第30页。

[4] 孟航：《中国民族学人类学社会学史（1900—1949）》，人民出版社2011年，第110页。

[5] 周大鸣：《人类学概论》，高等教育出版社2019年，第45页。

[6] 严修撰、武安隆点注：《严修东游日记》，天津人民出版社1995年。

[7] 陆文郁：《天津的博物院事杂谈》，《天津博物馆史料（1900—1955）》，天津历史博物馆编印，1963年，第1页。

[8] 严智怡：《东美调查录》，《巴拿马赛会直隶观会丛编》第十四册，1921年排印，第17—18页。

[9] 严智怡：《东美调查录》，《巴拿马赛会直隶观会丛编》第十四册，1921年排印，第21页。

[10] 严智怡：《东美调查录》，《巴拿马赛会直隶观会丛编》第十四册，1921年排印，第22页。

[11] 严智怡：《东美调查录》，《巴拿马赛会直隶观会丛编》第十四册，1921年排印，第31—32页。

[12] 严智怡：《东美调查录》，《巴拿马赛会直隶观会丛编》第十四册，1921年排印，第53—54页。

[13] 河北博物院：《河北博物院沿革及概况》，《中国博物馆协会会报》第一卷第五期，中国博物馆协会1936年5月，第21页。

[14] 严智怡：《本院沿革要略》，《河北第一博物院半月刊》第1期第4版，1931年9月25日。

[15] ［美］史蒂芬·康恩著、王宇田译：《博物馆与美国的智识生活（1876—1926）》，上海三联书店2012年，第83页。

[16] ［美］史蒂芬·康恩著、王宇田译：《博物馆与美国的智识生活（1876—1926）》，上海三联书店2012年，第81页。

[17] 桂榕：《博物馆人类学刍议》，《青海民族研究》2012年第1期，第10页。

[18] ［美］史蒂芬·康恩著、王宇田译：《博物馆与美国的智识生活（1876—1926）》，上海三联书店2012年，第83页。

[19] ［美］史蒂芬·康恩著、王宇田译：《博物馆与美国的智识生活（1876—1926）》，上海三联书店2012年，第96页。

[20] 严修自订，高凌雯补，严仁曾增编：《严修年谱》，齐鲁书社1990年，第151页。

［21］ 河北博物院:《故院长严持约先生纪念专号发刊词》,《河北博物院画刊》第97期第2版,1935年9月25日。

［22］ 严智怡:《发刊辞》,《河北博物第一博物院半月刊》第1期第1版,1931年9月25日。

［23］ 天津博物院筹备处:《天津博物院陈列品说明书·人种风俗及古迹风景类》,直隶教育图书局印书处印刷,1917年10月,第1页。

［24］ 河北第一博物院:《本院征集物品分类及手续》,《河北第一博物院半月刊》第3期第4版,1931年10月25日。

［25］ 宋伯胤:《究心民族文物第一人——严智怡》,《博物馆研究》1987年第1期,第7页。

［26］ 天津博物院筹备处:《天津博物院陈列品说明书·人种风俗及古迹风景类》,直隶教育图书局印书处印刷,1917年10月,第1—3页。

［27］ 天津博物院筹备处:《天津博物院陈列品说明书·人种风俗及古迹风景类》,直隶教育图书局印书处印刷,1917年10月,第25—38页。

［28］ 严智怡:《发刊辞》,《河北博物第一博物院半月刊》第1期第1版,1931年9月25日。

［29］ 宋伯胤:《究心民族文物第一人——严智怡》,《博物馆研究》1987年第1期。

［30］ 宋伯胤:《究心民族文物第一人——严智怡》,《博物馆研究》1987年第1期。

库房保管示意图的绘制[*]

——以如何布局、排列为例

周 莎（故宫博物院图书馆）

内容摘要：故宫博物院所典藏的文物品目众多，其中，有一部分藏品是雕版文物。这批文物开展的清理工作在故宫博物院藏品工作中，时间比较晚，数量比较多。那么，对于保存这批文物的库房规划是藏品保管的首要任务。本文以文物保管为例，根据库房实践，以文物藏品管理工作为实践基础，略述雕版文物保管案例，简述开展库房工作之前的库房规划、藏品布局、文物排列等，以期求教于大方之家。

关键词：雕版　文物库房　保管　排列　藏品研究

一　故宫图书馆雕版整理简述

雕版是图书的刻版，一般是指古代图书或图画的刷印木板。故宫所藏的雕版，属于可移动文物的范畴。《说文》中对于"版"的定义是，判木为片，名之为版。古曰：凡木之折为片者谓之"版"。雕版文物广义上的范围可属于古代器物类文物的范畴，在古器物中具有不可替代的作用和价值，它反映了古代手工业雕版技艺的传承与发展，为我国文化遗产提供了宝贵的实物资料。

在明清紫禁城的宫廷之地，庋藏着清宫流传下来的大量雕版实物。这些雕版，典藏在宫中的雕版库房中，整齐划一的按名称、按类别的进行排架管理。

故宫博物院现存有1862690件文物藏品，其中，故宫图书馆所保管的藏品占院内藏品的三分之一，雕版约占故宫博物院全院藏品的八分之一。而故宫图书馆所藏的雕版文物约占故宫图书馆文物藏品的三分之一。在图书馆的藏品中，有一种藏品是雕版，约有23万余件，现由雕版组保管。故宫图书馆所藏的雕版，从内容上来看，有书籍雕版、图样雕版、文书雕版等。年代上来看，上起明代，下迄民国，其中故宫典藏最早的雕版是明代嘉靖四十二年（1563）所刊刻的《大乘诸品经咒》与《佛说高王观世音经》的雕版。

故宫图书馆的藏品无论是典籍，还是雕版，都具有重要的研究价值。它们不仅包含文物本身的价值，内容也蕴含着深远的意义，其流演嬗变，诚可谓待采之学术富矿。故宫作为明清中央集权的宫廷之地，所藏殿本古籍、内府书版在中国文献史上都占有极其重要的地位，实为全国刻书之典范，对这些文物进行系统的研究具有极其重要意义。辨章学术，考镜源流，故宫作为博物院，藏品是其重要的组成部分。

2004年3月，故宫博物院将"清宫旧藏书版清理"工作作为院年度重点工程。故宫图书馆的同仁们积极参与到雕版的清理工作中。清理之前，已经尘封了将近半个多世纪。这也给清理工作带来了一定程度的困难，增添了搬家工作的巨大工作量。当时，雕版清理的主要整理流程包括搬迁、除尘、分类、清点、编目。

在这一阶段，图书馆的同仁们付出了巨大努力。与此同时，为便于账目的查找，图书馆开发了雕版账目的基础数据库。书版在初步编目、上架前利用条形码进行了编目与核对。另外，雕版库房还首创了文物库房的"无序摆放，有序查找"的文物提取方法。这种查找方法主要是借助激光条码枪的扫描，将文物上所贴条形标签码数据，直接扫描至计算机的数据库中，与之相对应的文物编目信息便可快速呈现。运用这种方法，大大提高了工作的效率。

* 本成果得到故宫博物院"英才计划"和北京故宫文物保护基金会学术故宫万科公益基金会专项经费资助。

经过七年的点查与整理，故宫图书馆所藏的雕版文物于2010年12月28日圆满完成任务。同时，首次按照文物管理要求，故宫图书馆对馆藏雕版进行了藏品的电子账目编制和录入工作。

综上所述，清宫遗存下来的雕版得以重光，并得以参与院内展览，让世人有机会目睹书籍文明的侧影。

二 故宫雕版库房的布局与排列

这些雕版文物现今由图书馆雕版组典藏与管理。

一般来说，库房分为两种：一种是地面库房，另一种是地下库房。地面库房的特性是暴露在日常环境中，对室内的温度、湿度、光照度等要统一进行设计。地下库房一般是专门为文物藏品而设，库房采用了恒温、恒湿、安防等设备，没有自然光的干扰。

众所周知，雕版主要是以木板雕刻而成，那么，对于保管雕版的库房除了恒温、恒湿之外，还要针对雕版的特性以及其保存排放的特性，进行合理安排。接下来笔者以故宫博物院藏《清文翻译全藏经》雕版的保管为例，进行介绍。

故宫现藏《清文翻译全藏经》雕版逾四万块。根据不同区域内库房的分布，其中，某一区域雕版的旧库房（简称B库房）将搬入另一区域内的新建库房（简称A库房）。新建库房在藏品柜架等库房设置中，都较旧库房有一定的优势。因此，首要的任务是如何规划新建库房的布局与排列，是库房保管人员的职责。

接下来，我们可以把上述库房保管工作分别以下几个步骤：

第一步，查勘新建库房的环境、柜架排列规律，绘制库房平面草图（初稿）。

第二步，对绘制完毕的库房平面草图（初稿）进行现场核对，确定无误后，将柜位的分布情况进行排列，给出列、柜、层位的号码顺序（即1柜、2柜、3柜……n柜），以及各层（第一层、第二层、第三层……n层）可摆放雕版的顺序。（图一）。

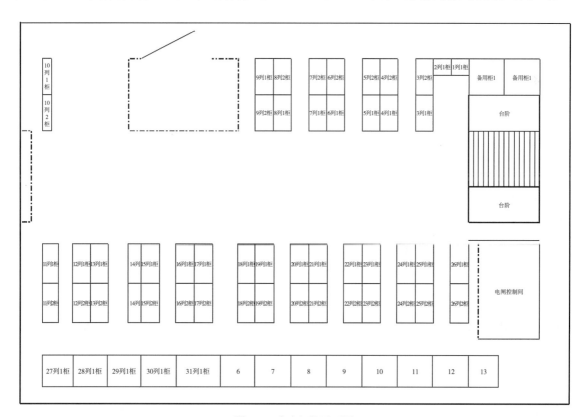

图一　A库房柜位平面图

第三步，根据库房的层位大小，计算出雕版摆放的数量（图二）。

第四步，根据每一列库房保管柜架的藏品数理，整理出每列柜架的文物信息，

并制作标识，贴于库房列柜的柜架上（图三）。

第五步，制作库房柜架每一层的文物信息号段，贴于层位的隔板上（图四）。

以上五个步骤均要在库房搬迁之前完成。这不仅包括库房的排架，还要精确到每一件文物的摆放位置。通过预先规划，可以明确雕版文物在库房中，所处位置的详细信息。这对于日后文物观摩、展览以及文物提取，提供了可靠而准确的文物信息依据。

由上所述，我们可以通过库房保管工作，对文物进行细致的排架，可以便于日后开展工作。列是指每一组文物柜架的纵方向顺序；柜是指每一列组

成的柜架数量；层是指每柜的柜架隔层，自上而下排序排放。要实现这些排列工作的方法并不复杂，而且，若掌握一定的技巧，还能使工作事半功倍，且提高工作效率。由此，笔者介绍一种最简单且直接的实用方法，这对于库房管理人员来说，是必备的工作技能之一。

要实现库房布局排架的电子数据记录，仅用OFFICE软件便可以完成。众所周知，OFFICE软件中有表格的形式，利用EXCEL表格，我们可以简单地将库房平面图、标签图等文物信息录入进去。电子绘制平面图的方法多种多样，对于库房管理人员来说，以最直观的形式，能表现出藏品排列的信息内容便可以了。笔者这里介绍最常见的办公软件Excel的应用，来实现库房平面图的绘制。

在绘制平面布局位置方面，我们可以利用Excel

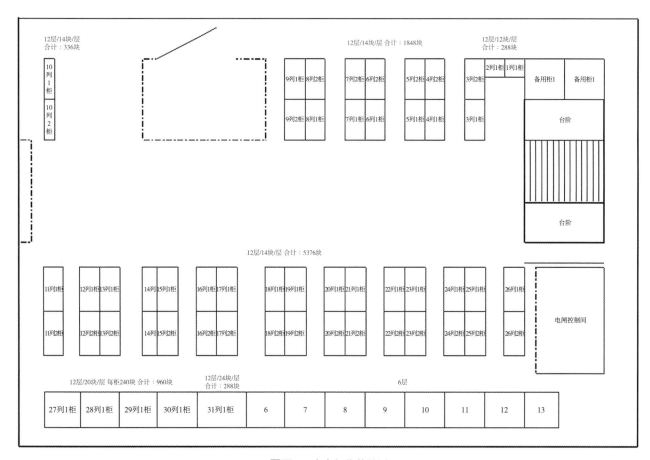

图二　A库房柜位数量图

1列01柜

清文翻译全藏经

10001-10168

图三 1列1柜柜架上文物信息与号段标签

1列1柜12层	10001	—	10168
1列1柜11层	×××××	—	×××××
1列1柜10层	×××××	—	×××××
1列1柜09层	×××××	—	×××××
1列1柜08层	×××××	—	×××××
1列1柜07层	×××××	—	×××××
1列1柜06层	×××××	—	×××××
1列1柜05层	×××××	—	×××××
1列1柜04层	×××××	—	×××××
1列1柜03层	×××××	—	×××××
1列1柜02层	×××××	—	×××××
1列1柜01层	×××××	—	×××××

图四 1列1柜层位的号段标签

的表格系统，来根据库房内的场景，绘制位置。通常情况下，调整合适尺寸的表格宽度与高度，来绘制柜位分布。如遇到阶梯等特殊位置的表现布局，可以按照不同列宽、合并单元格的方法，来表示阶梯（图五）。

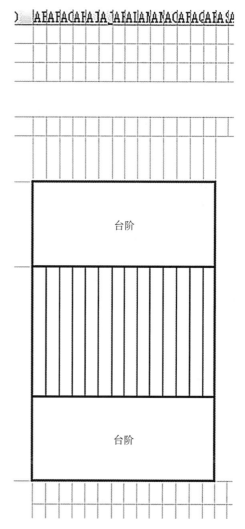

图五 表格中台阶的画法示例

在文物数据计算方面，我们可以利用表格的特性，根据等差数列的方法，来求出柜架各层位以及库房所有柜架上的文物号码与号段（图六）。具体方法如下：

从上面的图片我们可以看到第2列中，我们输入了4组数据，第4列中，我们也输入了4组数据。其中，第1行表示某一层文物号段的起始号码与终止号

图六 文物号段的计算方法

码，第2行表示某一层文物号段的起始号码与终止号码，依此类推，我们要想知道某一柜列中全部号段的排列数据，我们不需要每一层地去数数，我们只需要在EXCEL表格中输入计算出前4组数据的号段，接下来，我们用下拉数据的方式，将第2列和第4列的数据下拉，那么，得出来的数字，便是我们想要计算的每层号段的数字。这便是我们运用EXCEL的菜单功能，记录文物号码及号段的方法。

三 结语

通过以上对文物库房布局与排架的举例，直观地展现了某一类别的文物排列方法。这种方法的应用，对文物管理十分便利。

第一，每一块文物上在以往的工作中，都有一层号段的文物信息。通过号段的文物信息或某一文物号码，我们可以在相应的文物信息管理系统中查找到相应文物影像照片，以及文物名称、年代等基本文物信息内容。

第二，若遇展览遴选文物时，我们可以在相应的文物信息管理系统中，搜索文物名称，同时打开影像照片进行外观对比，选出最佳的文物后，查找到文物所属的列柜层的位置信息，进入库房，找到相应的柜架，便可快速地找到该件文物，提高了工作效率。

第三，若遇特殊观摩时，依然可以按照上述第二步，进行查找，到库房提取文物时，一一对应要观摩的文物位置，便可快速找到所需文物。

综上所述，故宫博物院典藏的雕版，承载了大量的文物与历史信息，是清宫遗存雕版的见证。因此，作为库房保管员，整理排架是库房工作的基础；典守文物是库房保管员的责任与使命；光大弘扬文物所蕴含之精深文化，是吾辈后学的重要责任。

苏州轩辕宫藏"阴亭"初探

陶雨轻（欧柏林学院）

金书桐（复旦大学）

张希昀（圣路易斯华盛顿大学）

内容摘要：江苏省苏州市杨湾村轩辕宫内存有一仿木结构石质文物，俗称"阴亭"，为"叶时敬妻周氏之墓"。该墓形制独特，装饰精美，值得更多学术关注。为此，本文首先对其形貌进行描述，绘制主要装饰的线图，并进行初步分析。结合文献和图像风格推测该墓葬属于明代，并在此基础上研究了其形制和部分装饰图案表现的民间习俗和信仰。另外，文末提出了更多有关阴亭可研究的问题以供探讨。

关键词："阴亭" 明代墓葬 仿木石刻 民间信仰

一 "阴亭"基本情况

江苏省苏州市洞庭东山杨湾村全国重点文物保护单位轩辕宫正殿前城隍庙正中，放置着一座造型奇异的仿木结构石刻，俗称"阴亭"（图一）。亭高约3.85米，径宽约2.50米，亭基为正六边形须弥座，几近素面，仅圭角处有如意纹阴刻；亭身六面均刻合阖四抹头隔扇门，格心除一面外，各有不同纹饰或图案，六面十二块裙板浮雕不同传统吉祥动物图案；亭盖及宝顶六面，顶层有一佛龛。亭正面"叶时敬妻周氏之墓"八字楷体阴刻阐明，"阴亭"是一座墓葬。

此石刻1971年出土于东山纪界头，农民耕地时凿碎部分宝顶后意识到下方有大体量石质古物，从而发现阴亭，可惜并未留下详细的考古发掘报告。出土时亭盖损坏、亭身有两块折断，但部件不缺失，经过修复，除发掘最初敲破的部分宝顶外，整件文物形象完整，后该文物长期存于苏州东山轩辕宫。

20世纪70年代，江苏省吴县文物管理委员会拟于轩辕宫建"吴县石刻文物博物馆"。该馆意图收集全县两百余处碑刻的全部拓片及部分实物进行展览，

图一 存放于轩辕宫内的"阴亭"第一面

以阴亭为镇馆之宝安排在轩辕宫后山为其量身定制的罩亭中。现轩辕宫后山坡上确有一现代六面石亭，与阴亭大小相合，应就是当时设计建造的"罩亭"。但计划最终未能实施。

目前，因该文物存放地点较为偏远，鲜有关于该文物的学术讨论。但作为一个独特的墓葬案例，以及一件精美的石刻艺术品，"阴亭"亟待专家学者的更多研究，以更大程度地实现其学术价值。故本文中，笔者将介绍其基本情况，并简要探讨相关

问题。

二　阴亭各部分描述及简释

（一）顶

宝顶为一六角形佛龛，正面呈屋檐斜脊状，正中浅浮雕一佛像，螺发，双手位于胸前，细节模糊不清，结跏趺坐于壸门中莲花座上，其余五面皆素面，下方为须弥座。须弥座无上枋，上枭饰双层仰莲瓣纹，束腰素面，下枭饰俯莲瓣纹，与上枭对称出涩，下枋外凸，圭角饰简易蝠纹，下为屋面。屋顶呈六角形，檐面有六坡，各坡外侧雕刻瓦当及滴水。坡相交处呈六脊，各脊外侧瓦当头饰花卉纹，六脊于顶部会于一点。

（二）侧面

第一面（由此面始，后续按顺时针顺次编号，图二）：

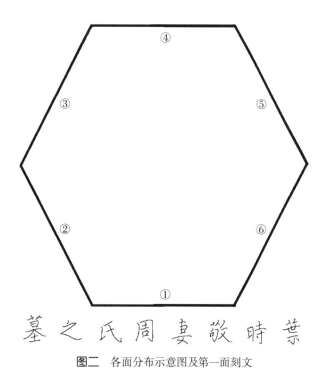

图二　各面分布示意图及第一面刻文

檐枋于突出的仿木花梁头两侧各有仙鹤、蝌蚪云纹（图六，1、2）。檐枋下共三层，第一层饰卷草纹（图七，1）；第二层中间阴刻"叶时敬妻周氏之墓"，左右各雕较抽象的荷花图案（图三，1）；第三层为卷草菊花纹（图七，2）。

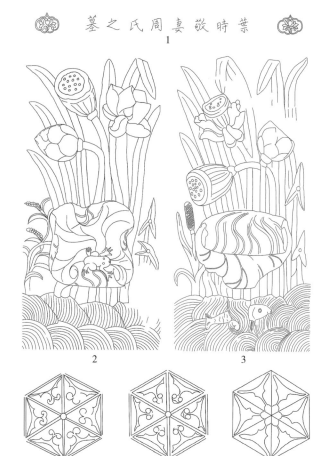

图三　阴亭纹饰线绘

1.第一面两装饰带之间　2.第一面左侧格心　3.第一面右侧格心

4.第二面格心　5.第四、五面格心　6.第六面格心

在此之下为隔扇门。左右格心均雕有一片荷叶、一朵荷花、一个花苞、一支莲蓬，背景中均有剑叶植物。另有其他动植物参考当地常见品种，左侧有甜芦粟和慈姑，荷叶上有一蛙（图三，2）；右侧为香蒲和慈姑，水中有鱼破浪而出（图三，3）。中段绦环板饰如意纹（图七，13）。裙板绘双狮，身缠彩带，富有动态。左狮衔一小狮（图四，1），右狮爪中持绣球（图四，2），为太狮少狮和狮滚绣球。

第二面：

檐枋于突出的仿木花梁头两侧各有仙鹤、蝌蚪云纹（图六-3、4）。檐枋下共三层，第一层饰卷草花卉纹（图七，3）；第二层左右各一如意框，框中

图四 阴亭纹饰线绘

1.第一面左侧裙板　2.第一面右侧裙板　3.第二面左侧裙板
4.第二面右侧裙板　5.第三面左侧裙板　6.第三面右侧裙板

浅雕木纹；第三层饰缠枝菊花纹（图七，4）。

隔扇门部分，格心为三叉六椀菱花纹（图三，4），中段绦环板饰金钱如意纹（图七，14）。裙板所雕刻为传统吉祥动物图案。左侧所刻为鹭鸶、莲花，鹭鸶立于水中，嘴衔一鱼，水中另有一鱼，空中有一蜻蜓，背景中有荷花及剑叶植物（图四，3）。右侧所绘植物具掌形叶片，类菊花，叶下有一鹌鹑。左下角有一兔，口衔植物（图四，4）。

第三面：

檐枋于突出的仿木花梁头左侧有卍字云纹、蜻蜓、蝌蚪云纹（图六，7），右侧有三角如意云纹和蝌蚪云纹（图六，8）。檐枋下共三层，第一层饰卷

草纹（图七，5）；第二层左右各一如意框，框中浅雕木纹；第三层饰卷草纹（图七，6）。

隔扇门部分，格心素面，中段绦环板饰卷草如意纹（图七，15）。裙板左侧形象似龙，右侧似凤。左侧龙口吐云气，仅从水中露出一爪，长有鱼鳍，或为鱼式龙（图四，5）。右侧凤有三条长尾羽。凤身后有一亭，四角攒尖，尖宝顶，如意云头，内设桌椅。凤身侧植物有枝节，节上生叶，但较为弯曲，叶亦较宽，可能为桃枝（图四，6）。

第四面：

檐枋于突出的仿木花梁头两侧各有卍字云纹和蝌蚪云纹（图六，9、10）。檐枋下共三层，第一层为卷草纹（图七，7）；第二层左右各刻一如意框，框中浅雕木纹；第三层饰卷草纹（图七，8）。

隔扇门部分，格心饰三叉六椀菱花纹（图三，5），中段绦环板饰金钱银锭方胜如意纹（图七，16）。裙板所刻均为传说中的瑞兽，胸前均有火焰纹。左侧神兽兽爪，通体无鳞，有须，无角，凸眼，短鬃，长尾，末端有毛簇，应为狻猊（图五，1）。右侧神兽牛蹄，通体有鳞，鹿角，凸眼，长鬃，长尾，末端有毛簇，应为麒麟（图五，2）。两异兽均脚踩山石。

第五面：

檐枋于突出的仿木花梁头两侧各有卍字云纹和蝌蚪云纹（图六，11、12）。檐枋下共三层，第一层饰卷草纹（图七，9）；第二层左右各一如意框，框中浅雕木纹；第三层饰卷草纹（图七，10）。

隔扇门部分，格心为三叉六椀菱花纹（图三，5），中段绦环板饰卷草如意纹（图七，17）。裙板所雕均为传说中的异兽，胸前有火焰纹。左侧动物造型似马，身披华丽鞍具，背驮珊瑚和象牙，奔于水上，或为海马（图五，3）。右侧神兽偶蹄，额上独角向前弯曲，长目，有耳似羊，有胡须，长尾，或为犀牛（图五，4）。

第六面：

檐枋于突出的仿木花梁头两侧各有仙鹤、云纹（图六，5、6）。檐枋下共三层，第一层饰卷草纹

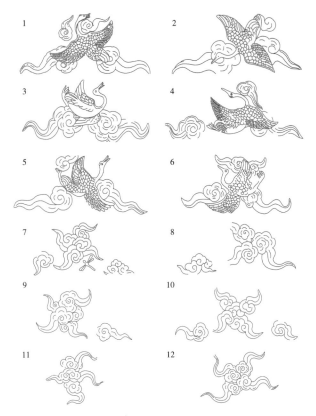

图五　阴亭纹饰线绘

1.第四面左侧裙板　2.第四面右侧裙板　3.第五面左侧裙板

4.第五面右侧裙板　5.第六面左侧裙板　6.第六面右侧裙板

图六　阴亭纹饰线绘

1.第一面檐枋花梁头左侧　2.第一面檐枋花梁头右侧

3.第二面檐枋花梁头左侧　4.第二面檐枋花梁头右侧

5.第六面檐枋花梁头左侧　6.第六面檐枋花梁头右侧

7.第三面檐枋花梁头左侧　8.第三面檐枋花梁头右侧

9.第四面檐枋花梁头左侧　10.第四面檐枋花梁头右侧

11.第五面檐枋花梁头左侧　12.第五面檐枋花梁头右侧

（图七，11）；第二层左右各一如意框，框中浅雕木纹；第三层饰铜钱卷草纹（图七，12）。

隔扇门部分，格心为三叉六椀菱花纹（图三，6），中段绦环板饰卷草如意纹（图七，18）。裙板所雕均为传统吉祥动物图案。左侧松枝上有一燕子，尾羽似剪，与回首轻吠的家犬相望（图五，5）。右侧构图与左侧对称，相应的位置分别改变为梅花、喜鹊及鹿。喜鹊的尾及翼不很明确，但根据其颊边着重描绘的蓬松耳羽，以及平常意象组合习惯，应为喜鹊。鹿身有大量橄榄形或不规则斑点（图五，6）。

（三）附件

第三面中段两绦环板间刻有一对门环，横贯左右边挺。该面檐枋下，须弥座上，各有一形似银锭的凸出部件。

第四面中段两绦环板间刻有一副门锁，横贯左右边挺。该面檐枋底面中间有凿穿痕迹。

须弥座单层上下枋，基本素面，仅圭角处简单饰如意纹。须弥座对应第五面处上顶中央有穿凿痕迹。

三　"阴亭"年代的考证

以"叶时敬妻周氏之墓"这一铭文为出发点探求叶时敬其人身世或可提供断代线索。该墓葬采用上等石料，雕刻精美繁复，必定造价不菲，墓主或其丈夫极有可能出身于地方大族。《吴中叶氏族谱》[1]

图七　阴亭纹饰线绘

1. 第一面檐枋下部上层缠枝纹　2. 第一面檐枋下部下层缠枝纹
3. 第二面檐枋下部上层缠枝纹　4. 第二面檐枋下部下层缠枝纹
5. 第三面檐枋下部上层缠枝纹　6. 第三面檐枋下部下层缠枝纹
7. 第四面檐枋下部上层缠枝纹　8. 第四面檐枋下部下层缠枝纹
9. 第五面檐枋下部上层缠枝纹　10. 第五面檐枋下部下层缠枝纹
11. 第六面檐枋下部上层缠枝纹　12. 第六面檐枋下部下层缠枝纹
　13. 第一面绦环板　14. 第二面绦环板　15. 第三面绦环板
　16. 第四面绦环板　17. 第五面绦环板　18. 第六面绦环板

中载有一人，名轼，字时敬。其个人小传仅一句，云"其妻庄氏墓在石合龙"[2]。"墓在石合龙"的描述与阴亭相当贴近，而妻庄氏而非周氏这一出入或因吴语中庄、周两字音近，而族谱编修于清代[3]所致讹误。此外，叶氏族谱提及"小娘坟"为一处家族墓地[4]，而阴亭出土地的俗称与之相合。故该叶时敬很可能就是墓上所铭的叶时敬。叶时敬无后，且无生卒年月记载，但其生活时期可从其后辈的相关记载大致推知（图八）。永贤生轼，轼四弟轮[5]，有次子中英，中英长子师闵[6]之四子熊一[7]有记载为崇祯朝武进士[8]。轮又有四子中涵，中涵长子师尹小传载，中涵生于嘉靖中，卒于万历丙午年（1606），其妻贺氏生于嘉靖丙寅年（1566），卒于崇祯庚午年（1630）[9]。按照古人一般的育龄，叶时敬为明人无疑，最可能为正德、嘉靖间人。

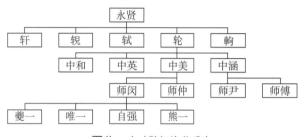

图八　叶时敬相关世系表

　　就图像风格而言，一些图案具有显著的明代特征。以第五面凤纹为例，该凤颈部有分别朝向左、右、左的三缕毛发，这一特征与南京飞凤纹瓦当（图九，1）[10]以及明中都遗址的石刻[11]如出一辙。建筑石构件外，明代漆雕双凤纹也有相似的颈部毛发刻画[12]，瓷器凤纹同样具有较复杂的颈部装饰[13]。而先前，如宋或元代凤纹，脖颈均非如此，无论瓷器或是石刻，如宋吉州窑黑釉剪纸贴花三凤纹碗[14]和元景德镇窑青花飞凤麒麟纹盘[15]，往往无颈部毛发。

　　就云纹而言，阴亭第三、四、五面檐枋均饰四合如意云纹（"卍字形"），第三面檐枋及第五面裙板饰三合如意云纹。如意云纹以及多个云头聚集、云尾均匀放射性散开组成的团云纹是明代云纹装饰的特征[16]。从实物资料来看，几不见宋金云纹成团聚集式平面图案，如意云头亦不甚流行，形态往往简洁利落，如长方形白地黑花山水人物故事枕[17]。多合如意云纹装饰最早见于元代文物，例如景德镇窑釉里红云龙纹双耳瓶[18]。然而，元及明中前期的云纹云尾都较细长，如宣德年间青花云龙纹天球瓶[19]、苏麻离青青花云龙纹扁瓶[20]，与阴亭云纹较短、粗的云脚风格不一致；而明中晚期瓷器，如嘉靖款青

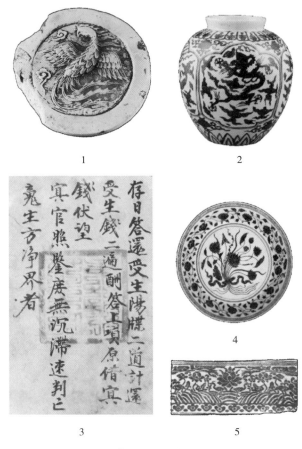

图九　相关明代文物

1. 明初云凤纹瓦当　2. 明嘉靖款青花龙凤鹤纹罐

3. 明早期受生牒M3：31　4. 明宣德青花束莲纹盘

5. 明万历左右莲塘鸳鸯纹茶色罗裙花纹摹本

花龙凤鹤纹罐[21]（图九，2）、嘉靖至万历年青花云鹤纹碗[22]的图案风格则与阴亭云纹大同小异。

此外，明代社会因素也并不与该墓葬冲突。该墓葬具明显佛教因素，而有明一朝，禁佛政策不鲜，表面看来略显矛盾。但首先，明朝禁佛最严厉仅在明世宗一朝，其前任，如武宗，即颇崇佛，亲自"造新寺于内，群聚诵经"[23]。至万历年间，仅京城即有寺"凡二百一十一"、庵"凡一百四十"座[24]，佛风不可谓不兴盛。其次，即便是嘉靖年间，禁佛令的落实也远非到位：近在京城，世宗以"皇姑寺尼僧坏乱风俗"[25]为由欲拆寺，仍受方献夫等官员及太后阻挠，不得不留下皇姑寺"与无归僧尼暂住"[26]；而远至金陵，南京礼部尚书霍韬在世宗开

始大举禁佛近十年后还清出大量"外假清修，内实淫恣"[27]的违令者，并在他的三年任期之后，"尼复集，庵复兴"[28]，完全不受控制。在江南这一更远离政治中心的地区，出现明代的佛教相关遗存更是不足为奇。如江苏省江阴市叶家宕明墓出土一受生牒（图九，3），书有"速判亡魂生方境界者"等内容，明显与佛教信仰有关[29]。故阴亭宝顶虽为佛龛，也应可为当时社会所默许。

又明朝封建等级制度壁垒森严，阴亭擅用龙凤纹，或涉嫌僭越。然而，虽然明初礼制严苛，由于政府腐朽、资本主义萌芽等各种社会因素，至明中后期，礼法已呈逐渐崩溃之态。按《吴江县志》[30]所言，"邑在明初，风尚诚朴，非世家不架高堂，衣饰器皿不敢奢侈"，而至于"嘉靖中，庶人之妻多用命服，富人之室亦缀兽头"，尤其妇人之中，逾制已成流俗。《万历野获编·卷五·服色之僭》[31]亦有云，"至贱如长班，至积如教坊，其妇外出……一切白泽、麒麟、飞鱼、坐蟒，靡不有之。"江苏省泰州市明徐蕃夫妇墓中，工部右侍郎徐蕃之妻张盘龙衣一仙鹤补服、一麒麟补服，裙绣牡丹凤纹，远超其应享规制[32]。泰州市另有明刘湘夫妇墓，墓中庶人之妻丘氏着狮子补服、麒麟补服下葬[33]。从这一角度而言，阴亭使用龙凤纹是和明朝中晚期的社会状况相吻合的。

综上所述，结合族谱文献资料可推定此墓为明墓。纹饰图案风格指向相同的结论。并且，明代的社会环境与阴亭的出现不相悖。故可将阴亭判断为明代遗存。

四　佛教与世俗的结合

（一）葬式与佛教

鉴于阴亭墓葬的实质，尽管其形象极类木构亭，直接称其为"阴亭"或有失严谨：墓葬作为极传统的一类存在，一般而言发生毫无原型的突变的可能性不高，而实际上，少有以亭为墓的旧例；而若有意求溯原型，该墓的形式与单层塔也有共通（由于我国佛塔本土化后的造型本身受亭影响，这是一个自然的结论），而塔瘗的葬式是常见的，且此葬式与

该墓葬宝顶的佛龛及其他佛教元素可呼应。故实际上，或许称之为"阴塔"更恰切。但出于习惯表达及论述方便，后文都将以"阴亭"称。

佛教墓塔中，单层六面的形式并不罕见。少林寺塔林中绝大部分塔为单层，只是具多重檐。其中，方塔在数量上占绝对优势，而宋代开始，与佛塔演变的步调相一致，六边形、八边形墓塔逐渐增多，六边形单层塔成为数量仅次于方塔的主流形式，在少林寺元代墓塔中占17%（9/53），明代墓塔中占20%（30/149）。福建僧人塔中，荆岩禅师塔、海会塔、为霖禅师塔均为单层六面。苏州周边墓塔如临济宗三十三世碛菴青和尚塔、碛菴缘禅师塔、唐高僧常达禅师塔、唐高僧怀述禅师塔、梁高僧彦俦禅师塔、宋高僧晤恩禅师塔均为单层六面塔，占笔者所调查的18座墓塔的1/3，但就年代而言分布较为分散，未产生统计意义。

但阴亭与该类单层六面塔形象有明显不同，主要区分有如下几点：长宽比例不同、仿木结构程度不同（斗拱、门窗等）、是否存在重檐等。苏州的六座单层六面塔无一例外非常纤长，而福建的数座更类似房屋比例，且无重檐，与阴亭更相像。对于木结构的仿制，在少林寺塔林中门窗较为常见，有实榻门，同时有众多隔扇门，均为四抹，格心有双交四椀、三交六椀菱花纹。但与阴亭不同，绝大部分塔墓仅两扇隔扇门，特例为崇公禅师塔四扇。并且裙板装饰均为较简单的如意纹等。此外，隔扇门的面积并非如亭一样覆盖整个立面，而是和佛塔入口在比例上大小相近。

另外，此墓径长约2.5米，除去四壁内径应也至少有1.5米。虽然出土时"阴亭"内含物暂无考，尸骸是否已火化亦不明，但是"阴亭"内空间足以容纳一盘腿坐姿的成年人遗体。甚至，若墓主较为矮小，阴亭能够容纳其直肢卧姿下葬。佛教崇尚火葬，《长阿含经·游行经》载佛陀入灭后便进行荼毗火葬。佛教传入中国后，出家人之外，在家修行的佛教信众有时也会要求家人在死后对自己进行火化。

综上所述，阴亭虽然有意选择了更接近于亭的造型，但各重要元素均可于各种墓塔中寻得，与塔瘗的葬式有深厚的亲缘关系，实质上就是世俗化的佛教塔墓。但不似多数墓塔立于地上，"阴亭"埋于地下，是相对于不覆土的"阳塔"的所谓的一种"阴塔"，且体积较大，可能瘗埋了未经火化的逝者尸身，又体现出了世俗传统对这一佛教葬俗的改造。

（二）第一面格心池塘小景纹饰

笔者于苏州市郊进行考察，发现有五处与阴亭正面极为相似的莲花图案，基本元素为绽放的莲花、莲花花苞、莲蓬、倒扣或卷曲的莲叶、茨菇叶。常熟四高僧墓中的唐高僧怀述塔已含该图像，且与阴亭最接近。苏州花山的该图像分布较为密集，民国时期的临济正宗三十六、三十七、三十八世的塔院围栏、清康熙的临济三十三世碛菴青和尚墓[34]须弥座及塔院围栏以及一处无名和尚墓都可见该图像。在苏州及郊区墓塔中，该图像反复出现，构图也差别很小，可见是一种当地流行的图案格套，且流行时间较长。

莲花经常大量出现在佛教相关的物品上，常作为"佛国净土"或者"极乐世界"的象征。《佛说阿弥陀经》载："（极乐国土中的）池中莲花大如车轮，青色青光、黄色黄光、赤色赤光、白色白光，微妙香洁。"同时，莲花也是佛教"犹如莲华，于诸世间，无染污故"（《无量寿经》）的修行过程的象征。本图像中，同时有未开放的莲花、正盛放的莲花和莲蓬，三者构成过去、现在、未来，莲花残败但根茎不死，而象征过去的莲蓬同时有莲子，经播撒即将成为新的未来[35]，构成生死轮回。

而阴亭正面的图像与上文提到的例子有一定的区别：增加了鱼、蛙、甜芦粟和香蒲。甜芦粟即甜高粱，并无太多文化含义，和香蒲一样可能仅是起到丰富画面作用的植物。而鱼、蛙，相较之直接视作装饰，仔细考虑其中喻义或更为熨帖。莲花具有多子的果实特征，有时被作为生殖崇拜的对象，与鱼组合为"鱼戏莲"、与蛙组合为"蛙闹莲"，均有婚姻幸福、子嗣繁衍或生活富裕之意。

作为常见的水生植物，慈姑可能仅是作为普通装饰图案出现。慈姑进入器物纹饰的较早期例子见于北宋《营造法式·卷十四》中的"莲荷华"纹样且已经与荷花等植物同时出现[36]。1991年于内蒙古赤峰市敖汉旗发掘的一座辽代墓葬西北壁壁画中，同时出现了荷花、芦苇和慈姑[37]。从重庆市荣昌瓷器窖藏出土的一例南宋耀州窑瓷器上也见慈姑与荷花纹样[38]。而明朝，慈姑作为自然水生植物常与莲花同时出现，青花一束莲盘即是一个典型[39]（图九，4）。

在谐音吉祥纹饰源起的宋金时期，慈姑自然而然地被赋予了慈孝的含义。又因慈姑的外形特点球茎分生时"如慈姑之乳诸子"[40]，所以慈姑亦取多子之意。这两个含义似与佛教所推崇的禁欲思想相抵牾。但是，佛教传入古代中国后与中国本土宗教及思想产生了融合。"禁欲"虽为佛教戒律的主要思想，"若不以戒自禁，驰心于六境而欲望免于三恶道者，其犹如无舟而求渡巨海乎。亦如鱼出于深渊，鸿毛入于盛火，希不死燋者未之有也"（《大比丘二百六十戒三部合异序》），但是在对于非出家人，即普通信众，佛教对男女关系及生育的禁律呈听之任之的态度，菩萨甚至会回应关于生育的请求。《妙法莲华经·观世音菩萨普门品》载："若有女人、设欲求男，礼拜供养观世音菩萨，便生福德智慧之男，设欲求女，便生端正有相之女，宿植德本，众人爱敬。"同时，慈孝，是佛教所推崇的美德。佛教观念中，父母从生至养，于子女有大慈大恩："临生之日，母危父怖，其情难言；既生之后，推燥卧湿，精诚之至，血化为乳"，故子女应"唯当尽礼，慈心供养，以赛亲恩"（《佛说孝子经》）。所以，建立在报恩逻辑之上的孝行是修持佛法的必要条件之一。故《杂宝藏经·王子以肉济父母缘第二》中有言："非但今日赞叹慈孝，于无量劫亦常赞叹"，足以看出慈孝在释教中地位之殊胜。由此可见，生子、慈孝皆被接受且为普通佛教信众所推崇，因此同时具有两种含义的慈姑出现在具有佛教元素的雕刻上也是合情合理的。值得一提的是慈姑因其叶形，常被比作剪刀。如宋人董嗣杲作《茨菇花》中就有"剪刀叶上两枝芳，柔弱难胜带露妆"的诗句。而剪刀

常被陪葬于女性墓中，使得此墓上的慈姑又多了一层内涵。

（三）其他图案

阴亭各裙板均刻各有内涵的不同图案。这十二个意象或意象组合中，包含一部分典型的传统民间吉祥图案：第二面裙板均将日常生活中的动物赋予谐音，传达吉祥喻义，左侧鹭鸶、莲花的组合在墓葬中亦颇为常见，如明代张守宗夫妇墓中即有出土（图九，5）[41]，喻义"一路连科"，而右侧鹌鹑、菊花的组合意为"安居乐业"；第六面右侧栖于梅枝上的喜鹊以同样的方法暗含"喜上眉梢"之意；而分居第六面两侧裙板的松树和鹿，以及左侧裙板的狗与燕，都是活跃于民间习俗中的常见意象组合，前者寓意长寿，后者见于"燕知寒门，狗知新婚"等俗语，表示家庭富裕、婚姻美满。另一部分主要为各种传说神兽。其中麒麟、狻猊，均可较笼统地作辟邪之用，而狮滚绣球与太狮少狮亦常被用作门狮祈福镇宅。此外，麒麟也可象征幸福吉祥，太狮少狮可蕴意家庭和谐等。

五　待研究的问题

阴亭第二面上，对准两扇格门中央，顶端、底部各有一外凸部件，该造型与银锭、锭榫皆相符，其具体用途值得讨论。

该墓第四面绦环板方胜纹中央有相同的图案，或为银锭之意，与方胜顶角处孔方圆钱相契合，取富贵丰饶之吉祥喻义。但是，若第五面锭形物亦取银锭意，则无法解释许多问题，诸如为何不同样采取同样的雕刻形式，为何与其他图案不同，脱离了格心、裙板的画布，而是设计在两扇门的缝隙上。

这两件锭形物封堵在门前的特殊位置易令人联想此或与封棺有关。若以锭榫解，有明正德、嘉靖间苏州文人王文禄所著《葬度》，其中合棺第三篇曰："苏匠制若经匣样底盖，不用铁丁，用柏或苏木作锭笋。底盖对墙合处每边凿二孔，笋作锭样"，明时吴人用锭榫合棺。这一理解能够为封堵的意味提供证据；但若如此，一于顶端，一于底部的布局仍然得不到足够有力的解释。

值得关注的是，下方的锭型物内有中空。上方的虽不空心，但曾脱落、经修复后粘回，可能为修补过程中填实。基于这一现象，可以猜测此二者类似仪门封门之用：上下两锁空心，中空处插一长棍闩门。不过，若为门锁，需插长棍。实际上无木棍出土这一现象可以解释为朽烂，但其门上、下应各有小凹槽，以便插取，而第五面门上下均无凹槽。但是，第二面门上端和第三面须弥座各有一明显凹槽，且六面之中仅此一上一下共两处，或与修复过程中装配顺序错误有关。以上猜想是否合理需进一步深入研究探讨，建议有关部门尽快积极联系阴亭出土的目击者进行调查、采访。

六　结语

苏州东山轩辕宫所藏阴亭墓葬形制独特，雕刻纹饰精美繁复，有不容忽视的历史价值和艺术价值。根据铭文及图案纹饰特点分析，该墓葬极有可能为明代遗物，反映了明代世俗化的佛教及民间信仰情况。基于上述情况，阴亭亟待更充分的研究与保护。

注释：

［1］〔清〕叶德辉等：《吴中叶氏族谱》，卷首《目录》，第149页（苏州图书馆［EB/OL］［2021—02—09］.https：//fzk.szlib.com/book/page？bookId=149）。

［2］〔清〕叶德辉等：《吴中叶氏族谱》，卷四十六《世系表（三十五）》，第7850—7851页（苏州图书馆［EB/OL］［2021—02—09］.https：//fzk.szlib.com/book/page？bookId=7850）。

［3］〔清〕叶德辉等：《吴中叶氏族谱》，卷首《续修族谱序》，第14页（苏州图书馆［EB/OL］［2021—02—09］.https：//fzk.szlib.com/book/page？bookId=14）。

［4］〔清〕叶德辉等：《吴中叶氏族谱》，卷六十三《祠宇　义庄》，第10396页（苏州图书馆［EB/OL］［2021—02—09］.https：//fzk.szlib.com/book/page？bookId=10396）。

［5］〔清〕叶德辉等：《吴中叶氏族谱》，卷四十六《世系表（三十五）》，第7851页（苏州图书馆［EB/OL］［2021—02—09］.https：//fzk.szlib.com/book/page？bookId=7851）。

［6］〔清〕叶德辉等：《吴中叶氏族谱》，卷四十六《世系表（三十五）》，第7852页（苏州图书馆［EB/OL］［2021—02—09］.https：//fzk.szlib.com/book/page？bookId=7852）。

［7］〔清〕叶德辉等：《吴中叶氏族谱》，卷四十六《世系表（三十五）》，第7870页（苏州图书馆［EB/OL］［2021—02—09］.https：//fzk.szlib.com/book/page？bookId=7870）。

［8］〔清〕叶德辉等：《吴中叶氏族谱》，卷五十六《科第》，第9350页（苏州图书馆［EB/OL］［2021—02—09］.https：//fzk.szlib.com/book/page？bookId=9350）。

［9］〔清〕叶德辉等：《吴中叶氏族谱》，卷四十六《世系表（三十五）》，第7853—7854页（苏州图书馆［EB/OL］［2021—02—09］.https：//fzk.szlib.com/book/page？bookId=7853）。

［10］南京博物院：《明初云凤纹瓦当》，［EB/OL］［2021/9/4］http：//www.njmuseum.com/zh/collectionDetails？id=11541.

［11］肖晴、王寅寅、郑艺鸿：《明中都石刻图案造型与艺术价值研究》，《佳木斯大学社会科学学报》2019年第6期。

［12］吴山：《中国历代装饰纹样》（第四册），人民美术出版社1988年，第215页。

［13］王玥：《明代景德镇青花凤纹研究》，景德镇陶瓷学院2011年。

［14］故宫博物院：《吉州窑黑釉剪纸贴花三凤纹碗》，［EB/OL］［2021/9/3］https：//www.dpm.org.cn/collection/ceramic/227119.html.

［15］故宫博物院：《景德镇窑青花飞凤麒麟纹盘》，［EB/OL］［2021/9/3］https：//www.dpm.org.cn/collection/ceramic/226854.html.

［16］ 郑军：《中国历代云纹纹饰艺术》，人民艺术出版社2009年，前言。

［17］ 张子英：《磁州窑瓷枕》，人民美术出版社2000年，第93页。

［18］ 上海博物馆：《景德镇窑釉里红云龙纹双耳瓶》，［EB/OL］［2021/9/4］https：//www.shanghaimuseum. net/mu/frontend/pg/article/id/
CI00000332.

［19］ 故宫博物院：《青花云龙纹天球瓶》，［EB/OL］［2021/9/4］.https：//digicol.dpm.org.cn/cultural/detail？id=ca9fe6e4dab14ce3a75d9a094fc3
b26a&source=1.

［20］ 南京博物院：《青花云龙纹扁瓶》，［EB/OL］［2021/9/4］http：//www.njmuseum.com/zh/collection Details？id=50.

［21］ 江西省博物馆：《明嘉靖款青花龙凤鹤纹罐》，［EB/OL］［2021.9.4］http：//www.jxmuseum.cn/collection/jpxs/063d722d89091f12ffaa3ae9f1
06052c/469116bd6c92424e8f04c285cf6995d6.

［22］ 冯普仁、吕兴元：《江苏无锡县明华师伊夫妇墓》，《文物》1989年第7期。

［23］ 《明武宗实录》，《明实录》第33册，卷二四，正德二年三月，上海书店出版社1984年，第659页。

［24］ 〔明〕沈榜：《宛署杂记》卷十九《僧道》，北京出版社2018年，第223—229页。

［25］ 《明世宗实录》，《明实录》第40册，卷八三，嘉靖六年十二月，上海书店出版社1984年，第1867页。

［26］ 〔明〕沈德符：《万历野获编》卷二十七《毁皇姑寺》，上海古籍出版社2012年，第579页。

［27］ 〔明〕霍韬：《渭厓文集》卷四《正风俗疏》，广西师范大学出版社2015年，第801—803页。

［28］ 〔明〕沈德符：《万历野获编》卷二十七《毁皇姑寺》，上海古籍出版社2012年，第579页。

［29］ 高振威、周利宁：《江苏江阴叶家宕明墓发掘简报》，《文物》2009年第8期。

［30］ 〔清〕陈纕、倪师孟：《吴江县志》卷三十八，台北成文出版社，第4册第1120页。

［31］ 〔明〕沈德符：《万历野获编》卷五《服色之僭》，上海古籍出版社2012年，第145—146页。

［32］ 黄炳煜、肖均培：《江苏泰州市明代徐蕃夫妇墓清理简报》，《文物》1986年第9期。

［33］ 叶定一：《江苏泰州明代刘湘夫妇合葬墓清理简报》，《文物》1992年第8期。

［34］ 〔清〕李铭皖、冯桂芬：《（同治）苏州府志》卷一百三十四《释道一》，第12483—12484页，古籍（苏州图书馆，［EB/OL］［2021/9/4］.
https：//fzk.szlib.com/book/page？bookId=43&pageId=12484）。

［35］ 强桑：《藏传佛教象征符号研究》，西藏大学2011年。

［36］ 李诚：《营造法式手绘彩图修订版》，重庆出版社2018年，第313页。

［37］ 《敖汉旗下湾子辽墓清理简报》，《内蒙古文物考古》1999年第5期。

［38］ 重庆市博物馆、荣昌县文化馆：《重庆市荣昌县宋代窖藏瓷器》，《四川考古报告集》，文物出版社1998年，第407—414页。

［39］ 吴文化博物馆：青花束莲纹盘，［EB/OL］［2021/9/10］https：//static.wuzhongmuseum.com/3d/pages/3282.html.

［40］ 〔明〕徐光启：《农政全书》卷二十七，崇祯陈子龙平露堂刊本。

［41］ 刘恩元：《贵州思南明代张守宗夫妇墓清理简报》，《文物》1982年第8期。

苏州城南"面杖港"位置考辨与名称迁移

蔡　佞（苏州市地名咨询专家组）

内容摘要： 苏州城南的面杖港是重要的吴文化保护地名，但其位置古今方志众说纷纭。通过梳理史料、实地考察，我们厘清了面杖港的位置，发现不同时代面杖港具体所指不同。文章继而指出了地名迁移现象，并提出了地名类称的概念。明确地名类称与迁移对文史、考古、地名等的研究都有积极意义。

关键词： 面杖港　苏州　历史地理　地名　吴语　类称

面杖港是太湖地区常见的地名，无锡市区、金山枫泾、奉贤鲁汇、海宁盐官等地都有叫作面杖港的河道。面杖即擀面杖，形象地比喻直而细长的河道。港，方言通名，吴语指河道[1]。通过梳理文献记载，我们发现苏州城南地区（今吴中区城区一带）历史上存在过三条面杖港。最北面一条，西起团结桥，东至杏秀桥，今称湄长河。西南一条即史志上记载的鲇鱼口东侧面杖港，今称田郎港。东南一条是当今方志、地图上新出现的，它北起澹台湖，南通松陵镇北门，历史上一直称作古塘。

一 "面杖"变"湄长"，同音俗字的替换

先说团结桥下东西走向的面杖港。这个名称旧志记载不多，目前发现最早是清末同治年间的记录。清同治十三年《吴县图图·册一》"一都一图"右上角今湄长河位置有"面杖港"河名标注[2]。《〔同治〕苏州府志·卷三十三》箬桥（在今团结桥西侧）"跨面杖港"[3]。由此可以确定湄长河的本名就是面杖港。我们研究后认为，"湄长"是"面杖"书面记录缺失后根据方言口语写的记音字。

我们实地走访了附近蔡家村的本地居民。当地人口中称湄长河为"mr²²zã²³kɒ̃³¹"或"mi²²zã²³kɒ̃³¹"。吴语"杖、长"声韵相同，因而实际读音差异只是首字元音高低不同。方言河名口耳相传，缺少书面记

载。没有了文字约束，"面"字韵母高化成 i，与苏州吴语"眉毛"的 mi 同音，于是记音写"眉长"[4]。因为是河道名称，人们思维惯性作用，"眉"增加"氵"成增符俗字"湄"。

吴语区"港"本是河道的通名。近代以来由于文教和普通话的强烈影响，越来越多人只知道"港"的港口义，不知其"河流"本义，所以经常写成近音的"江"。例如《苏州河道志》、《苏州市志·卷七》大龙港均写大龙江[5]，《沧浪区志·卷五》则明确指出"误作大龙江"[6]。有时地名规范时直接把通名改成"河"，面杖港变成湄长河就属于这种情况。

二 史料的矛盾，面杖港到底在哪？

城南街道西侧鲇鱼口附近的面杖港名称历史最久，古代文献时常提及，一般见于以下三类材料。一是分析五龙桥南面的水系形势。"盘门外一水洪阔而南行者谓之蠡塘，其长约十里，分二水口出太湖。在东阔一百三十丈者曰鲇鱼口，在西阔八丈者曰面杖港"。该材料最早见于《江南经略·五龙桥险要说》[7]（1568年），后来的《〔嘉靖〕吴邑志》[8]、《东吴水利考》[9]、《〔康熙〕吴县志》[10]、《〔乾隆〕吴县志》[11]、《太湖备考》[12]、《〔民国〕吴县志》[13]等文献均转引此说。

二是介绍鲇鱼口与面杖港的相对位置。"鲇鱼口南受太湖水，北流汇为蠡塘。又北过五龙桥，入吴县界盘门运河。其蠡塘之东折者，至分水墩为古塘口，入长洲县。澹台湖过宝带桥与运河合。鲇鱼口之东有面杖港相附同行，其东洩入古塘之港，属长洲"。以《吴江水考》[14]、《〔嘉靖〕吴江县志》[15]时代为早，后代的《〔乾隆〕吴江县志》[16]、《太湖备考》[17]等沿用此说。

三是著录了面杖港河道名称和宽度数据。较早

的如《〔嘉靖〕吴江县志》[18]、《吴江水考》[19]"鲇鱼口阔一百三十丈，内有面杖港阔八丈"。《吴中水利全书》[20]、《〔康熙〕苏州府志》[21]、《〔乾隆〕苏州府志》[22]、《〔乾隆〕吴江县志》[23]、《〔乾隆〕震泽县志》[24]、《〔同治〕苏州府志》[25]等皆有相同记载。

该河记载虽多，但各种资料之间互有抵牾。《五龙桥险要说》最先言鲇鱼口在东，面杖港在西。《吴江水考》《〔嘉靖〕吴江县志》却说"鲇鱼口之东有面杖港相附同行"。孰是孰非？从《江南经略》所附的《五龙桥险要图》[26]我们可知五龙桥南有三条南北向水道。西面最宽一条是鲇鱼口，今也称东太湖梢。中间一条即为面杖港，最东侧一条是古塘。也就是说面杖港在鲇鱼口东面，该书《五龙桥险要说》中把两条河的位置写颠倒了！《〔嘉靖〕吴邑志》《东吴水利考》《吴县志》《太湖备考》等书的作者并未实地考察，只是照搬故纸堆上记载，沿袭了错误之说。至此，鲇鱼口、面杖港、古塘三条南北向的东太湖出水河道相对位置按理应该明白了，但麻烦远未结束。历史文献方位讹误刚得到纠正，当代乡土方志和地图却又让面杖港的确切位置重新陷入迷雾中。

三　古塘称"面杖"，新纠缠的产生

第三条面杖港位于城南街道中部，以往一直称为古塘港。这条河被称为面杖港的时间最短，目前与传统名称"古塘"处在并存、竞争阶段。多数情况下，南部吴江一侧仍称"古塘"，北边吴中区长桥、城南一带习称"面杖港"。例如《长桥镇志》：

> 唐武周万岁通天元年（696年），析吴县东部地置长洲县，长桥境域东部（面杖港以东）地划长洲县。五代开平三年（909年），再析吴县南部地置吴江县，长桥境域南部（澹台湖南，面杖港西、鲇鱼口东及邵昂港南）地划归吴江县[27]。
>
> （鲇鱼口）为吴县、吴江界河。东有面杖港相附同行，为吴江县、长洲县（后为元和县）的界河[28]。

我们知道明清时期吴江、长洲（清雍正二年以后是吴江、元和）两县在今城南街道、松陵街道一带是以古塘为界，这点历史上记载是明确的。古籍记载如《〔嘉靖〕吴江县志·卷三》"瓜泾港去县北九里，东流古塘入长洲县界"[29]。《吴江水考·卷一》"鲇鱼口之东有面杖港相附同行，其东洩入古塘之港，属长洲"。两书都明确指出东过古塘即为长洲县，即古塘是吴江、长洲的界河。当代志书如《松陵镇志》"清树湾村以古塘河为界，西半属吴江县范隅上乡，东半属吴县"[30]。所以很明显《长桥镇志》是把古塘当成了面杖港。其实明清时期的面杖港应是古塘西面与之平行的南北向河道，即今田郎港。

与《江南经略》作者疏忽不同，乡镇方志中河名的"张冠李戴"倒不是编者的粗心大意，确是当地群众口碑材料的实际反映。我们实地走访了鲇鱼口与面杖港之间的六百亩、村前嘴等村落，从多位当地老农口中我们了解到以下几点信息。（1）当地人以所居村落为参照，把村西宽阔的东太湖梢称为"西太湖"，将村东较窄的河道称为"东港河"。（2）当地确有鲇鱼口、面杖港、古塘港等地名流传，多人均指出鲇鱼口是"西太湖"南端的外洋荡[31]，面杖港即是古塘港。六百亩村东的南北向河港没有名字，因在村寞[32]东面就俗称东港河。（3）东港河北段在盛庄里（今红庄）和田上两村之间，该段河俗称田郎港。如今正式的河名、路名也采用了田郎港（路名写田上江路）的名称。这些说法与《长桥镇志》中记录均可对应，那么当地百姓"面杖港即是古塘港"的说法又是怎么回事？实际上古今面杖港之名已经发生了迁移，它们所指不同。

无论是从《五龙桥险要图》《吴江水利全图·松陵附近》[33]直观来看，还是"鲇鱼口之东有面杖港相附同行，其东洩入古塘之港"的记载来推定，古代面杖港和古塘肯定是两条不同的河道，且古塘在面杖港的东面。分析当地水系位置后我们认为被百姓俗称为东港河，如今定名为田郎港的南北向河道就是历史上众多志书记载的面杖港。该河在东太湖梢的东面，河道直，宽度较均匀。南北两端分别在村前嘴、史家上东侧与东太湖梢干流汇合。从1966年卫星图上量取东港河宽30米左右，和文献记载的面杖港"阔八丈（合27米）"相符。与南宽北狭，平均宽度达五六百米的东太湖梢相比较，东侧的河港细细长长类似擀面杖，因此被形象地称为面杖港。

四　面杖港地名的迁移和原因

（一）"面杖港"不是专名而是类称

面杖港替换"古塘"原名，除了地理位置相近易混的可能性外，我们发现更可能是因为类称迁移造成的。所谓类称，是指相似类型事物的通称。类称不是专门为某一特定对象取的具有区别作用的名称，而仅是种概括、描述性称呼，更像是生活中常用的俗名、小名。比方说有个人大名叫"水官"，他长得很高大，在家兄弟中排行老三。那么"水官"属于专门为他取的有区别作用的名字，而家人或亲朋好友称呼的"长子、阿三头"[34]则属于类称。凡是长得高的人都可叫"长子"，凡是排行第三的都可称"阿三头"。类称相对随意，它具有指称功能，但没有很好的区别功能。

地名中没有专用名称而只有类称的情况在苏州地区很常见。比如宽大的河口都叫鲇鱼口[35]，一头宽一头收窄的水域则叫喇叭口；凡串联干河的横河统称横泾[36]，竖直洞穿而过的直河则叫穿心泾、直心泾；汇于一处的两条汊河叫裤子浜，末端多分岔的河浜称镬耙浜、翻耙浜、火叉浜[37]。吴地百姓把长而直的，形似擀面杖的河道都称作面杖港。面杖港也是个类称，有相似形态特征的河道都可以如此称呼，它并非某条河道固定的专名。

（二）类称的迁移

吴中地区的面杖港历史上所指并不固定，指称随着时代变化而有所不同。鲇鱼口东侧河道最早称面杖港，清末当地人把该河改称东港河后，面杖港变为仙人塘东段的俗称。当代，这条面杖港被记音写成湄长河，面杖港名字重新空了出来，百姓又把它用在了古塘上，面杖港成了古塘港的俗名。面杖港指称的变迁情况如下表所示（表一）。

表一　面杖港指称变迁情况表

明—清	面杖港	仙人塘	古塘
清后期	东港	面杖港	古塘
当代	东港河/田郎港	湄长河	面杖港

类称和本身专名的有无并没有直接关系。没有专名的地名实体，类称可以当作专名使用。比如鲇鱼口东侧的面杖港，历史上该类称一直作为正式名称在使用。有专名的地名，类称和专名可以同时存在，比如仙人塘（东段）、古塘当地百姓又都俗称面杖港。有时类称和专名共存一段时间以后，其中一个名字会逐渐淘汰，而胜出方往往是百姓常用、更为土俗的类称。上文提到的湄长河（面杖港）就属于这种情况。这段河道本是仙人塘港（常讹写成仙人大港）的东段，"仙人塘"是它的专用名称，类称"面杖港"早在清末同治年间已经见于官方记载。如今名称替换虽基本完成，但直到现在很多出版的志书仍只记录该河道专名。如《苏州市志·卷七》团结桥"跨仙人大港西段"[38]，《沧浪区志·卷五》仙人大港"西起横塘镇胥江，东入古运河觅渡桥以南段"[39]。民间因为这段河笔直、细长，故俗称面杖港，并演化成今天的湄长河。古塘港在吴中区段俗呼面杖港也是相似原因，只是民间俗名类称出现时间比较晚近，很多正式出版物还没有认可，俗称仅限于城南地区内部使用[40]，尚处于类称、专名竞争的初始阶段。三条面杖港向我们展示了专名与类称的关系，显示了类称的迁移、与专名竞争过程中不同阶段的情形。

类称来源于百姓口语，简洁、直观、易懂，在乡土地名中极富生命力。在改名、同音白字等情形下，重名限制一旦消失，类称就可能会被激活，容易迁移到周边同类地理实体上，与原有专名形成竞争关系，并常常取代旧名。因此，今苏州吴中区城区三条面杖港实际上是不同历史阶段类称在迁移过程中留下的痕迹。百姓俗称——类称的提出有着现实意义，文史、地名工作者应当了解地名类称及性质，研究历史地名不能仅凭文字相同就简单地画等号。此外，地名标准化及规范文件里我们建议应当尽量使用区别度高的专名，避免因使用类称造成指示不清、张冠李戴、与历史记载割裂等情况发生。

注释：

[1] 李小凡：《从"港"的词义演变和地域分布看古吴语的北界》，《语言文字学》2002年第11期。

[2] 〔清〕金德鸿等：《吴县邑图》，同治十三年跋刊本，苏州图书馆藏，第8图。

[3] 〔清〕李铭皖、冯桂芬纂：《苏州府志》卷三十三《津梁一》，苏州图书馆藏，第3863页。

[4] 瞿慰祖主编：《苏州河道志》，吉林人民出版社2007年，第98页。

[5] 苏州市地方志编纂委员会：《苏州市志》卷七《城巷河桥》，江苏人民出版社1995年，第483页。

[6] 《沧浪区志》编纂委员会：《沧浪区志》卷五《街巷河桥》，上海科学院出版社2006年，第363页。

[7] 〔明〕郑若曾：《江南经略》卷二上《五龙桥险要图说》，黄山书社2017年，第143页。

[8] 〔明〕杨循吉纂：《〔嘉靖〕吴邑志》卷首《图》，苏州图书馆藏，第9页。

[9] 〔明〕王圻：《东吴水利考》卷三《长吴两县水利图说》，苏州图书馆藏，第210页。

[10] 〔清〕汤斌、孙佩纂修：《〔康熙〕吴县志》卷廿六《兵防》，苏州图书馆藏，第1419页。

[11] 〔清〕施谦纂：《〔乾隆〕吴县志》卷四十《兵防》，苏州图书馆藏，第1514页。

[12] 〔清〕金友理纂：《太湖备考》卷四《湖防论说》，苏州图书馆藏，第301页。

[13] 李根源：《〔民国〕吴县志》卷五十三《兵防考一》，苏州图书馆藏，第3421页。

[14] 〔明〕沈启：《吴江水考》卷一《水道考》，苏州图书馆藏，第129页。

[15] 〔明〕曹一麟、徐师曾等修纂：《〔嘉靖〕吴江县志》卷三《山水下》，苏州图书馆藏，第176页。

[16] 〔清〕陈荩缵纂修：《〔乾隆〕吴江县志》卷二《山水》，苏州图书馆藏，第86页。

[17] 〔清〕金友理纂：《太湖备考》卷二《沿湖水口》，苏州图书馆藏，第177页。

[18] 〔明〕曹一麟、徐师曾等修纂：《〔嘉靖〕吴江县志》卷十九《水利》，苏州图书馆藏，第1060页。

[19] 〔明〕沈启：《吴江水考》卷二《水治考》，苏州图书馆藏，第269页。

[20] 〔明〕张国维：《吴中水利全书》卷七《河形》，苏州图书馆藏，第1122页。

[21] 〔清〕卢腾龙、宁云鹏纂修：《〔康熙〕苏州府志》卷十一《河形》，苏州图书馆藏，第180页。

[22] 〔清〕习寯纂：《〔乾隆〕苏州府志》卷五《水》，苏州图书馆藏，第417页。

[23] 〔清〕陈荩缵纂修：《〔乾隆〕吴江县志》卷四十二《经略二》，苏州图书馆藏，第1234页。

[24] 〔清〕沈彤、倪师孟纂：《〔乾隆〕震泽县志》卷廿九《经略二》，苏州图书馆藏，第1070页。

[25] 〔清〕李铭皖、冯桂芬纂：《〔同治〕苏州府志》卷八《水》，苏州图书馆藏，第980页。

[26] 〔明〕郑若曾：《江南经略》卷二上《五龙桥险要图说》，黄山书社2017年，第143页。

[27] 王志强主编：《长桥镇志》第一章《建制区划》，苏州大学出版社2003年，第33页。括号内文字是书中原注。

[28] 王志强主编：《长桥镇志》第二章《自然环境》，苏州大学出版社2003年，第65页。

[29] 〔明〕曹一麟、徐师曾等修纂：《〔嘉靖〕吴江县志》卷三《山水下》，苏州图书馆藏，第175页。

[30] 《松陵镇志》编纂委员会：《松陵镇志》广陵书社2013年，第72、94页。

[31] 外洋荡，吴方言。指宽阔的湖面。

[32] 村寨，吴方言。村落，自然村。

〔33〕〔明〕沈启：《吴江水考》卷一《水图考》，苏州图书馆藏，第26页。

〔34〕均为吴方言类称。长子即高个子，长 cháng 此处吴语读 zǎ²²³。阿三头即老三。

〔35〕鲇鱼口，指宽大的河口。鲇鱼口大，故名。蠡墅南、斜塘东都有称鲇鱼口的河口。

〔36〕横泾，指连接塘河的横向水道。仅原吴县范围，叫横泾的自然村就有19个，类称叫横泾的河道则更多。

〔37〕镬耙，刮锅底灰的工具。翻耙，推聚翻动稻谷用的农具。耙的特点是多齿。火叉，末端分叉的拨火棍。它们的共同特点是一头分岔，故百姓把末端多汊的小浜形象地类称为镬耙浜、翻耙浜、火叉浜。

〔38〕苏州市地方志编纂委员会：《苏州市志》卷七《城巷河桥》，江苏人民出版社1995年，第502页。

〔39〕《沧浪区志》编纂委员会：《沧浪区志》卷五《街巷河桥》，上海科学院出版社2006年，第364页。

〔40〕除了上文提及的《长桥镇志》外，还有诸如《城南街道标准地名图》（苏州市吴中区民政局，2020年）等资料把古塘河标注为面杖港。

取象于真，取法于古

——陈洪绶人物画造形观

李 俊（江汉大学美术学院）

内容摘要：陈洪绶最突出的成就无疑是人物画，而其人物画的杰出贡献不是笔墨或色彩，主要集中于造形方面。然而陈洪绶的人物画造形也是曾受到诟病最多的方面，俞剑华、谢稚柳、黄涌泉等人都曾批评陈洪绶人物画造形流于定型化，体态比例失当，使人感到不自然。但这种"不自然"的造形却是其心灵的自然流露，正如"长短相形、高下相盈"，方薰说"僻古是其所能，亦其所短也"亦是此意。陈洪绶的创作态度，功力技法等方面都可纳入顶级的职业画家之列，学古不拘于一家一派，不囿于一法一体，汇将众妙成一家。他的描绘技法虽属于工笔画范畴，但由于对造形的敏感使其塑造的人物富有写意画的韵致。虽以变形手法著称，却有着来自传统与现实生活两方面的基础，取法于古，取象于真，令其变形处处彰显出严谨的法度，真挚的情感，"其狂怪有理，何可斥为荒诞！"陈洪绶的变形手法其实是艺术家主动掌握作品创造权利的体现，是一种更加自由的造形观。

关键词：陈洪绶 人物画 造形观 取象于真

"取象于真，取法于古"[1]虽然来自于葛嗣浵对陈洪绶花卉的评价，然用在其人物画中亦十分恰当，陈洪绶特别注重艺术的真实性："吾画必与古人上，汇将众妙成一家。黄朗学我须得理，若写百花师真花。"[2]"酒酣技痒难收拾，又对秋林写我真"[3]。以往对陈洪绶绘画造形的研究多突出其"高古奇骇"的特征，而对其作品之"真"的分析较少。"真"不是西方绘画模拟现实的"逼真"，虽然陈洪绶的花蝶、人物均可以做到逼真、如真，但他重视的不是这种视觉层面的"真"，而是"深入物理，流转人情"[4]之真，他看重的是从"真"之中总结出的"道"和"理"，通过体造化之妙，夺造化之真，抒

发真情实感，"当有好句写真悟"[5]。陈洪绶说"文章写性灵……为人固要真，为文最忌假"[6]，"真情至性"是其艺术思想的最高准则[7]，在理论上与李贽的"真心"、徐渭的"真我"，公安派的"独抒性灵"等同时期文艺观遥相呼应，皆是以"真"反抗世俗之"伪"，将真性的呈现作为绘画的根本目的也是文人人物画能够高出唐宋人物画大师之作的原因[8]。取象于真也可理解为取变化之真，取得真象，不被俗世幻象遮蔽。

"古"则来自对传统文化精髓的理解与转化，不是某种固定不变的风格或技法，陈洪绶复古、破古、驭古、胜古，真正做到了"化古为我"。陈洪绶《北西厢记》题词："今人读书，不唯不及古人之穷思极虑……率苟且尝之，罕得其理。入理不深，故读赝本、原本不能辨。"[9]陈洪绶对古代文化的学习不是浅尝辄止，而是追求古人对学问穷思竭虑的精神，他还批评时人读书真、赝不分，因此难以领略其中的真意。陈洪绶"僻古争奇"，形成了"高古奇骇"人物画造形特点，他虽取法于古，但又以生活的真实、情感的真实转化古法，诚可谓"取象于真，取法于古"。

一 汇将众妙，自成一家

陈洪绶曾自信地说："吾画必与古人上，汇将众妙成一家。"[10]陈洪绶在不同时期都在向学习古人，但每个阶段的学习侧重点各不相同。从形似学起，逐渐"摹而变其法，易圆以方，易整以散"。周亮工与秦祖永都说"章侯儿时学画，便不规规形似"[11]，实乃一种夸张，是对其绘画天赋与个性的一种肯定，陈洪绶一直到晚年都是十分重视形似的，他曾批评时人为了追求虚名而作画，连基本的形似都做不到："今人不师古人，恃数句举业饤钉，或细小浮名，便挥笔

作画，笔墨不暇责也，形似亦不可（得）而比拟，哀哉！"[12]首先需要掌握形似之法，遂能"变其法"，如果连基本的形似都未能做到，又何谈变形、变其法呢。陈洪绶曾在画上自题："摹李伯时乞士图。"虽题为"摹"[13]，如同其早年"摹而变其法"，绝非一五一十地临摹，而是用李公麟的笔意写其所感所想，画中明显传达出属于其个人独特的造形特点。从其学习李公麟的过程之中便可以体会到唐九经所谓"少而妙，壮而神，老则化矣"[14]，在造形观上则体现为由"形似"到"神似"，再到"不似之似"的过程。

《艺舟双楫》把陈洪绶的书法列为"楚调自歌，不谬风雅"的"逸品上"[15]。这是对陈洪绶师古能化的肯定。《乞士图》（图一）作于1639年，此时除

了明末混乱的政治与战事，陈洪绶家乡诸暨一代还有饥荒[16]，不仅仅是大量的百姓，就连陈洪绶这样的身世还不错的文人也不得不面对借米度日的现实，"家家借米拙言辞，深感家家屡借之"[17]。但我们从陈洪绶的《乞士图》中却并未感到卑微感。明代稍早的人物画家吴伟、周臣都有《流民图》传世（图二），此外，焦竑（1540—1620）编撰的《养正图解》有《振贷贫民》（图三）、张居正（1525—1582）所编的《帝鉴图说》中也一幅《轸念流民》的故事，这些图像都是与《乞士图》类似的主题，但这些图像的绘制目的大多均如周臣《流民图》上的题跋"助警励世俗"[18]。陈洪绶的《乞士图》独辟蹊径，以士气消解了行乞这种行为卑微感，乞士形象也不

图一　陈洪绶《乞士图》局部

（1639年，26.2×36.4厘米，绢本设色立轴，故宫博物院藏）

图二　周臣《流民图》局部

（纸本水墨淡彩，31.4×245.3厘米，檀香山美术馆藏）

图三　《振贷贫民》局部
（采自〔明〕焦竑：《养正图解》，丁云鹏绘图，
湖南美术出版社2004年）

是常见的衣衫褴褛，从画中看不出任何乞讨者应有的落魄或卑微，反而流露出坚毅和笃定，每一条线都兼具造形与趣味，强化了表现性与象征性，扩宽了此类题材人物画意蕴，也传达出他的生活态度和艺术观，而不只是作为一个冷眼旁观者。

陈洪绶后期的人物画通常着笔不多，删繁就简，极其精练，但是每一落笔，都是经过苦心经营，充分调动了造型手段的全部表现力[19]。《乞士图》人物造形可谓以简取胜的典型，笔简但意不简[20]，未作任何背景，寥寥数笔勾勒出一位孤身行乞的老者，神怡貌古，不太像一个现实生活中的人物，目光注视着其手中的钵盂，孙枝蔚（1620—1687）跋曰："托钵僧状貌何太奇，人但知手内有钵，焉知衣内有摩尼？"[21]有趣的是"钵"口是朝下的[22]，似在暗示虽为乞者，但也不是任何人的施舍都会接受，陈洪绶一生窘迫，生活常常难以为继，需要靠朋友的救济，甚至不得不行"乞"，因此他能够深切体会行乞者的内心。乞士呈秀骨清像[23]，持钵盂的手细瘦得如皮包骨一般，衣袍寥寥数笔勾勒而成，线条疏简遒劲，宽大的衣袍与其瘦弱的身躯之间形成强烈的对比，转折处在方圆之间，处于中年向晚年过渡的阶段[24]。周亮工说陈洪绶喜欢为贫困穷苦之人作画，以周济他们的生活，但富贵之人即使以千金力求，也不肯为他们提笔作画[25]。陈洪绶自己的诗文可印证此说不虚，"书画颇不佳，饮食不放笔。唯有救人饥，不虚生一日"[26]。他曾专门撰写诗文告诉家人莫要欺辱乞丐："其人为乞丐，可矜不可耻……此辈叩吾门，吾门亦为美。俗语求佛心，将心与人比。"[27]认为救济贫困之人的功德与关公是一样的："关夫子为佛门护法，吾长兄乃为贫士护法，都垂千秋也。"[28]

二　诸名相幻，凭意撰造

诸名相幻，凭意撰造，分别来自王崇与汪念祖在水浒叶子中的引文[29]，曰"诸名相幻"乃是《水浒叶子》（图四）中四十个人物形貌不一，变幻多端，所谓"奇形怪状，凛凛有生气"[30]。"凭意撰造"是一种写意造形观，只是在技法上陈洪绶不同于徐渭那种水墨淋漓的大写意。绘画之事本就在于借外物之形象写胸中之所有，写意非谓可随意涂抹，摒弃古法，必先蓄有可写之意[31]，正如屠隆所谓："意趣具于笔前。"正因陈洪绶胸中有意，笔端有意，遂能凭意撰造。汪念祖言陈氏此《叶子》与李公麟作华严经相类似，以经文或小说为原本所图，也确如其所言，《叶子》与《水浒传》均可谓"忠义"之别名，画中人物的形象乃是根据文学作品再创造的，但陈洪绶无疑赋予了《叶子》以独特的美学价值和生命力，完全可脱离于《水浒传》而独立存在。陈洪绶没有把这四十位英雄画成某种思想观念的图解，或作金刚怒目式的程式化处理，而是以巨大的生活真实性和丰富性，以非凡的艺术技巧、极其成功地把他们一一有血有肉地塑造了出来，这正是现实主义的艺术道路[32]。清人刘源叹息陈洪绶精墨妙笔，不以表著忠良，殊不知这些他眼中的"绿林之豪客"正是陈洪绶心目中真正的忠良。

陈洪绶的版画作品多是为了木刻而画的作品[33]，与他的白描作品并无显著的区别，与当时流行的版画相比具有其独特性，不是作为文字的附庸，也不是为了解释故事制图，而是以自己的主观感受与认识赋予所绘人物鲜明的个性，生动地表现出人物的心理活动，如"才足揽天，笔能泣鬼"[34]的《水浒叶子》《屈原像》《莺莺像》等。他一面摄取同时代

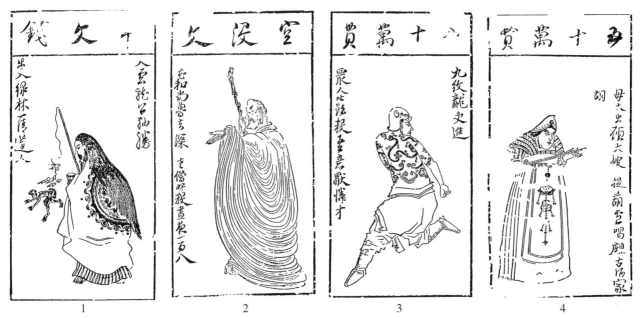

图四　陈洪绶《水浒叶子》(采自陈传席:《陈洪绶版画》,河南大学出版社2007年)

1.公孙胜　2.鲁智深　3.史进　4.顾大嫂

名家的优点,一面远追晋唐,通过心灵的咀嚼、消化,铸造自己独特的风貌,他注重内在的含蓄美,而非外表的形式,所以给人的感觉是出自本性,纯任天然。小林宏光认为从陈洪绶开始,人物版画的艺术水平达到了能够与手笔画(卷轴画)相媲美的高度[35]。其版画之所以能够达到如此之高的造诣,乃是深厚文学涵养渗透到其造形观念之中,所谓"凭意撰造",这里面的"意"不仅仅是传统的经、史、诗、词,还有明代中晚期流行的戏曲、小说等通俗文学等[36]。这样的"意"使其造形既具有文人画的潇散简逸,又具有民间绘画的生动稚拙,同时还具备了宫廷艺术的技巧法度。即使卖画,也可以借画抒发主观意兴,又或者以画为介与朋友沟通心灵。

《水浒叶子》中的人物个个栩栩如生,生动传神是因为陈洪绶对人物的动作与其个性和习惯之间的关系有深刻的理解,可谓是其学问积于笔墨之间的流露,忠义愤慨之气的抒发,诚如张岱在《陶庵梦忆》"水浒牌"的记载:"古貌、古服、古兜鍪、古铠胄、古器械;章侯自写其所学所问已耳,而辄呼之曰宋江,曰吴用,而宋江吴用亦无不应者;以英雄忠义之气,郁郁芊芊,积于笔墨间也。"[37]具体

来讲,如林冲的造形,身体朝画面的左侧,右脚稍稍向左迈出一小步,左手手臂抬到与肩齐平,整个身体产生了一种向左运动的视觉,头部却向画面正右侧,目光如炬,望向右侧远方,盯着"豹子头"三个字,似乎在确认自己的身份。择取了一个动作到下一个动作的过渡阶段呈现在画面之上,与雕塑的造形意识有些类似[38],这样平面上的二维人物就带给观者多个角度、多个侧面的感受。此外,安道全、花荣等人的动态处理也运用了类似的手法,静如处子,动如脱兔[39]。杨志、董平、索超、秦明等人的铠甲上布满了细密的装饰纹样(图五),每个人身上的装饰纹样根据其人物特性又各不相同,如索超的铠胄如同鱼鳞的几何纹。陈洪绶的纹饰造形极有可能受到了一些古器物的启发[40](图六、七),当然这些器物创造之初也是受到了自然的启发。周颢更认为青面兽杨志的造形就如同一个青铜器物的感觉[41]。这也是陈洪绶人物画包括版画带给人高古感觉的重要原因。又如鲁智深的衣纹是顺着衣纹结构不断重复的套笔,袈裟上如行云流水般的线条,为了强烈地表现出鲁智深一声冷笑的力量,仿佛抵起了一池的波澜,这波澜又汇集到两只手上,蕴藏着

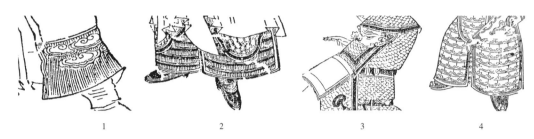

图五　陈洪绶《水浒叶子》（采自陈传席：《陈洪绶版画》，河南大学出版社2007年）

1.呼延灼（局部）　2.施恩（局部）　3.董平（局部）　4.杨志（局部）

图六　良渚文化玉器

（采自：余继明：《良渚文化玉器》，浙江大学出版社2001年）

图七　《泊如斋重修考古图》所绘古器物

（明万历间刻本，采自〔北宋〕

吕大临：《泊如斋重修考古图》，北京图书馆出版社2003年）

一股咄咄逼人的力量！（见图四，2）

三　各具己意，参以古法

谢堃《书画所见录》："老莲人物，高出千古。在津门旧家所阅十余种，各据己意，参以古法，精妙莫名……"[42]陈洪绶作品自为人熟知以来，从晚明一直到今天的评价，使用频率最高的词汇当为"古"字，如"取法于古""古法谨严""僻古争奇""深得古法""刻意追古""古心如铁""力追古法""高古奇骇"。不仅仅是古人，就是今天的许多学者谈及陈洪绶亦离不开一个"古"字，如文以诚说陈洪绶的肖像"借古论今"[43]，方闻从风格角度则言其将"复古作为原始风格"[44]，巫宏从"女性绘画空间"的视角谓其作品是"古与今的协商"[45]，朱良志称其为"高古"[46]，翁万戈言其"古"包含了"笔墨、画法与造型"[47]。陈洪绶人物画之"古"是众所周知的，陈洪绶自己也说："古人之法，无不严谨……老莲愿名流学古人。"[48]但另一方面陈洪绶又"不屑倚傍古人"[49]，"目无古人"[50]，"撷古诸家之意而自成一体"[51]，"各据己意，参以古法"，是以己意为主，古法为客的参用，古法是为了己意服务的，所有的古都经过了己意撰造。陈洪绶与古人实际上是"貌合神离"。

文人间的雅集在晚明十分流行，绘制《雅集图》具有悠久的历史[52]，雅集图本是表现文人雅集活动的人物故事画题材，重情节、雅趣而不重肖像、写实，至明代则演变为以写真为主的雅集肖像画[53]。魏晋与晚明的个人主义与佯狂作怪的行为都广为时人宽宥，晚明文人甚至重演"竹林七贤"的聚会[54]，陈洪绶的《竹林七贤》《问道图》《西园雅集图》均是类似的主题，而此幅《雅集图》（华嵒补是被引用、出版及谈论最多的一幅。由于画中每一个人都是有名有姓之当代人，那么陈洪绶要如何兼顾人物形象真实性的同时又不违背自己的艺术个性和趣味？即如何在"取象于真"的前提下还要"参以己意"[55]。该图创作时间为1646年以后，此时图中所有参与雅集的人均已去世，因此多位学者认为雅集应并未真实发生，即使发生过，陈洪绶也不可能亲眼看见。虽然并未与图中所有雅集的文士有过交集，但他们均为陈洪绶熟悉的前辈，诸位学者的为人与学问都让陈洪绶感到意气相许。

僧人旁边的诵经者（米万钟）作为中心人物却背对着观众，造成一种"绘画中的焦点与绘画的焦点分裂感"[56]，雅集的文士无一人注视着佛像这个"绘画的焦点"，似乎旨在呼应公安派崇尚的禅的率性自由，因此佛像的造形并无恭谨严肃之感。文以诚将此画定义为"肖像画"，因为每个人物都能够借由旁边的题跋识别出来，且图中的好几个人看起来都像极了陈洪绶自画像中的形象，毛刷般的胡须，窄长的脸庞以及具有明显外貌特征的面孔[57]。画面最右侧的人通过大树与画面中心切割开来，其身份

位置都显得含混，似乎有意参与雅集，又仿佛置身事外，眼神余光似乎投向观者，造成了高居翰所言"角色互换"之感[58]。人物形象并无寻常雅集般的闲适，且每位文士之间并无一般《雅集图》中顾盼或互动，各自陷入自我的沉思与遐想。每个人皆经过精心的刻画，并无变形或比例不协调之感，衣纹疏密有致，有其人物画中常见的"套笔"[59]，面貌、神色、姿态，包括头饰、发型皆各具特点，无一雷同，虽纯用线描或淡墨渲染，却刻画出每个人如肖像般的个性特征，"脸谱各异"[60]（图八），这与其早期积累的写实肖像基础关系密切。陈洪绶不是宗派主义者，他的人物画每一笔都兼具理法与笔意，刻画入微，又不失风神秀逸。虽然在形象上有夸张，却很好地传达出人物的性格、气质、神态，并无不合理的形态。如《婴戏湖石图》（图九），通过"变相还原"[61]，形成悬殊的比例，使儿童看上去如一个小"巨人"，造成一种独特的幻觉。儿童右手拿着鞭子，左手拽着"玩具"的提线，两脚迈开，奔跑着驱赶这个形如某位仙佛坐骑的玩具，骑在玩具上的文士身躯佝偻，如某位醉酒的仙人，憨态可掬，

图八　陈洪绶《雅集图》及人物局部

（约1647年，29.8×98.9厘米，纸本墨笔，上海博物馆藏）

图九　陈洪绶《婴戏湖石图合轴》局部

（约1650年，每幅12×22.2厘米，纸本水墨，翁万戈藏）

其中有何暗喻似难以揣度。文士渴望将命运牢牢地掌握在自己的手中，摆脱现实的束缚，却无计可施，为造化玩弄，只好蜷缩在自己的艺术世界里。

周亮工《题老莲画与王竹庵》："据琴人酷肖老莲，疑是老莲自图其貌。"[62]"自图其貌"是陈洪绶的惯用手法，其画中人物常常酷似他自己或某位友人，将自己的现实生活映射到绘画创作当中。《乔松仙寿图》《醉愁图》经后世学者研究皆为其自画像，有许多作品中都有重复使用，这既是一种艺术家主体意识的觉醒，也是一种人类本能的回归[63]，在其他许多作品中也都有浓重的"自画像"痕迹[64]。这里的"自画像"并不一定如通常意义上将自己的外形样貌如实画出来，而是一种"自况"，将自己的生存状态、思考想法等形于图中。比如《授徒图》《隐居十六观》等作品就具有这种特征。又如约略作于同一时期的《饮酒祝寿图》《华山五老图》《餐芝图》（图一〇至图一二），这些作品的局部人物都有些不

图一〇　陈洪绶《饮酒祝寿图轴》局部

（约1649年，美国印第安纳美术馆藏）

图一一　陈洪绶《华山五老图》局部

（约1649年，首都博物馆藏）

图一二　陈洪绶《餐芝图轴》局部

（约1649年，天津艺术博物馆藏）

符绘画"常理"。如《饮酒祝寿图》侍童被其所拿的龙头宝杖从正中间分割开来，绘画作品中一般会避免这种一分为二的构图，陈洪绶却刻意为之，侍童的斗鸡眼盯着其眼前的宝杖，令人忍俊不禁，如此本为配角的侍童就成功地吸引了观者的目光，虽然局部有些不符构图的"常理"，但却更好地突出了主题，塑造出了更具典型性的人物，为了艺术的需要，不论是"常形"，还是"常理"都可被打破，从而建立新的造形观，这正是陈洪绶的"奇思巧构，变幻合宜"。

陈洪绶作品呈现出的奇皆其"奇性傲癖"的自然流出，这与徐渭横涂狂抹式的大写意或吴彬极度夸张的罗汉造形不同，陈洪绶的造形与笔墨中更多地体现出一种理性的隐忍，奇形怪状之造形乃其心灵创伤的自然流露[65]，当中有其个人性格命运的原因，当然也有晚明社会的影响，但陈洪绶至少在绘画上避免了极端，其笔下的神佛仍然保持人性的基础[66]，这样的"诡形奇状"可以说是传统的一种延伸和扩充，所以路明说陈洪绶人物画的怪诞从造型形式发展史的角度看是陈洪绶严肃的、理性的回顾传统的果实[67]。其人物画在某种程度上即是他本身，是他的造形观念经过奇思巧构后形之于纸绢之上。

四　小结

陈洪绶画中的每一个人物都经过了奇思巧构的过程，方凝而成象。"高古奇骇""诡形奇状"在今天都成为诸多人物画家竞相仿效的对象。人物画造形既具有文人画的潇散简逸，又具有民间绘画的生动稚拙，同时还具备了宫廷艺术的技巧法度。因为他不仅汲取了唐宋元明以来的文人人物画传统，与其时代相近的唐寅、仇英、吴彬、丁云鹏等也都是其师法和被超越的对象。宫廷艺术的装饰趣味；民间艺术的古拙趣味；壁画、版画、杭州灵隐等地的造像也都被其合理的消化吸收，各据己意，参以古法，复古、破古、驭古、化古，最后终于胜古。其造形的特性还由于观看世界的独到方式，所谓"一双醉眼看青山"，也即西方艺术理论中说的"艺术的眼睛"，陈洪绶观看世界"深入物理，流转人情"，以我观物，所绘人物皆饱含其深刻情感的寄托。陈洪绶对其笔下人物个性与命运的思考令其作品摆脱了作为文学的附庸，以奇思妙想解构了佛释题材绘画的教化义理，体现出个性解放与反抗的意识。虽然具有一定的程式化倾向，但他无疑打破了传统的程式，而自成一种独特程式，无论是仕女、高士、佛道、婴戏都不同程度突破了传统的藩篱，而自成一派。发展了传统的形神观，虽以变形手法著称，却有着来自传统与现实生活两方面的基础，取法于古，取象于真，令其变形处处彰显出严谨的法度，真挚的情感。

注释：

[1] 上海书画出版社：《陈洪绶研究》（朵云第68集），上海书画出版社2008年，第282页。《爱日吟庐书画续录》有陈洪绶《芙蕖·鹣图》轴条，注云："此幅画极精而款不甚确，盖老莲花卉凌厉简净，别有一种矜贵气象，与此不同道，然此亦有可爱处，取象于真，取法于古，婀娜精致，不失大雅。"见《各家评论摘录》，黄涌泉《陈洪绶年谱》、樊波《中国人物画史》等书亦有引用。

[2] 陈传席：《陈洪绶集》，中华书局2017年，第459页。见《怀黄仪甫》。

[3] 吴敢：《陈洪绶集》，浙江古籍出版社1994年，第233页。见《失题》。

[4] 吴敢：《陈洪绶集》，浙江古籍出版社1994年，第553页。见《戴茂齐像赞》。

[5] 陈传席：《陈洪绶集》，中华书局2017年，第458页。见《邀亦公》。

[6] 陈传席：《陈洪绶集》，中华书局2017年，第88页。见《十三叔十五叔读书骆庄》。

[7] 裴沙：《陈洪绶研究：时代、思想和插图创作》，人民美术出版社2004年，第91页。

[8] 朱良志：《南画十六观》，北京大学出版社2013年，第390页。

[9] 裴沙：《陈洪绶研究：时代、思想和插图创作》，人民美术出版社2004年，第86页。

[10] 陈传席：《陈洪绶集》，中华书局2017年，第459页。见《怀黄仪甫》，

[11] 卢辅圣：《中国书画全书》第7册，上海书画出版社1993年，第948页。见周亮工《读画录》另见：〔清〕秦祖永：《桐阴论画 桐阴画诀》，浙江人民美术出版社2014年，第30页。"老莲诸暨明经，儿时学画，便不规规形似，盖得之于性，非积习所能致者。"

[12] 黄宾虹、邓实：《美术丛书》（初集第八辑），浙江人民美术出版社2013年，第134—135页。见陈撰《玉几山房画外录》（卷下）。

[13] 〔美〕高居翰：《山外山》，王嘉骥译，生活·读书·新知三联书店2018年，第142—154页。参看作者关于董其昌"'仿'或创意性模仿"的论述。又可参看吴彬章节中关于"仿龙眠笔法"的讨论。

[14] 黄涌泉：《陈洪绶年谱》，人民美术出版社1960年，第153页。北京故宫博物院藏唐九经题《陈洪绶花鸟扇》

[15] 黄涌泉：《陈洪绶年谱》，人民美术出版社1960年，第156页。

[16] 沈椿龄等：《乾隆诸暨县志》，明文书局1983年，第323、336页。关于1630年代末、1640年代初诸暨天灾导致的饥荒的情况可参看。

[17] 吴敢：《陈洪绶集》，浙江古籍出版社1994年，第240页。见《借米》。

[18] 周臣《流民图》题跋："正德丙子秋七月，闲窗无事，偶记素见市道丐者往往态度，乘笔砚之便，率尔图写，虽无足观，亦可以助警励世俗云。"值得一提的是周臣作为职业画家不常在画上题词表明作画缘由，但此幅题跋却颇显文人趣味与价值。

[19] 裴沙：《陈洪绶研究：时代、思想和插图创作》，人民美术出版社2004年，第124页.

[20] 俞剑华：《中国历代画论大观第四编：明代画论》（一），江苏凤凰美术出版社2017年，第278页。见恽向（1586—1655）《道生题画》："画家以简洁为上。简者，简于象而非简于意。简之至者，缛之至也。"《黄宾虹话语录》："简笔当求法密，细笔以求力足。"陈洪绶可以说很好避免了简、细之笔的弊病。

[21] 李溪：《天下谁弗乞者——从陈洪绶<乞士图>看明末清初士人心态（上）》，《荣宝斋》2014年第5期。

［22］ 据杜浚（1611—1687）考证：乞士"出则钵覆，返则钵仰"。乃是为了表现乞士不单是为了求食资身，更是为了得法之门。其题跋曰："是阿罗汉乃名乞士，然则乞士即阿罗汉也。"

［23］ "秀骨清像"样式是由宋陆探微创造的，《历代名画家》："陆公参灵酌妙，动与神会，笔迹劲利，如刀锥焉。秀骨清像，似觉生动。"姚最《续画品》："象人之美，张得其肉，陆得其骨，顾得其神。"

［24］ 上海书画出版社：《陈洪绶研究（朵云68集）》，上海书画出版社2008年，第7页。见吴德蕙《陈洪绶人物画的演变》：早年深得古法，造型和笔法取法李公麟；中年自成一家，奇思巧构，变幻合宜，人物线条遒劲，形象夸张奇特，装饰情趣渐浓；晚年则风格独特，"高古奇骇"，为古拙美和装饰美的结合。

［25］ 吴敢：《陈洪绶集》，浙江古籍出版社.1994:599.周亮工《读画录》："凡贫士藉其生者数十百家。若豪贵有势力者索之，虽千金不为搦笔也。"

［26］ 吴敢：《陈洪绶集》，浙江古籍出版社1994年，第200页。

［27］ 吴敢：《陈洪绶集》，浙江古籍出版社1994年，第76页。见《示家人莫欺丐者》。

［28］ 吴敢：《陈洪绶集》，浙江古籍出版社1994年，第552页。见《致翙宸书》。

［29］ 李一氓：《明陈洪绶水浒叶子》，上海人民美术出版社1979年。见张岱《水浒叶子缘起》。

［30］ 黄涌泉：《陈洪绶年谱》，人民美术出版社1960年，第29页。

［31］ 郑午昌：《中国画学全史》，吉林出版集团股份有限公司2016年，第280—281页。

［32］ 裘沙：《陈洪绶研究：时代、思想和插图创作》，人民美术出版社2004年，第119页。

［33］ 李一氓：《明陈洪绶水浒叶子》，上海人民美术出版社1979年。见李一氓跋："大概有三种情况，一是刻工用一个画家的画作底本来上版，这幅画并不是画家为了要上版而画的。二是刻者本人就是画家，在制平的木版面上自画粉本，随即动刀。三是刻工不会动笔，画家不会奏刀，两者合作，画家专为雕版而画，然后交给刻工去刻。"陈老莲的版画多是第三种，《九歌图》可能是第一种。

［34］ 李一氓：《明陈洪绶水浒叶子》，上海人民美术出版社1979年。见张岱《水浒叶子缘起》。

［35］ 上海书画出版社：《陈洪绶研究》（朵云第68集），上海书画出版社2008年，第99页。见小林宏光《陈洪绶版画创作研究》。

［36］ 翁万戈：《陈洪绶·文字编》，上海人民美术出版社1997年，第119页。翁万戈总结：李贽与袁宏道提高了通俗文学的地位，徐渭所写《四声猿》，汤显祖所写《四梦》，陈洪绶的好友当中有写传奇《鸳鸯冢娇红记》的孟称舜，写《陶庵梦忆》、《西湖寻梦》等散文的张岱，他对于这些新兴的而且广传民间的文学作品有深入的了解，而这些对其人物的塑造不无影响。

［37］〔明〕张岱：《陶庵梦忆》，西湖书社1982年，第78—79页。

［38］ 孙文然：《〈水浒叶子〉的雕塑造型意识》，《美术向导》2003年第5期，第11页。

［39］ 路明：《陈老莲的人物画》，湖南美术出版社1986年，第20页。作者认为《水浒叶子》人物造型运用了不同类的自然物象的分解和综合的方法，与笔者论述吴彬罗汉造形方法类似，如将猛虎那种扑食前缩颈而立的动作特征融入顾大嫂的形象中，解珍的反常规的身体扭曲的动态则可觉"两头蛇"那种盘旋待发之状，浑身革甲的杨志则俨然如一只"青面兽"。

［40］ 关于陈洪绶绘画受到一些古器物影响的可能性，陈洪绶如何吸收、借鉴并运用到创作中，以及这些器物的内涵可参看周颢：《"画中甲子自春秋"陈洪绶绘画造型创格析》，中央美术学院硕士学位论文，2006年。王晓丽：《见微知着——陈洪绶画中器物及其涵义》，中国艺术研究院硕士学位论文，2011年。此外江浙地区是良渚文化的中心，位于钱塘江和太湖流域，这些地方正是陈洪绶主要活动地，良渚文化中的一些纹样特征在与陈洪绶作品中的装饰纹样亦有类似的地方。

［41］ 周颢：《"画中甲子自春秋"陈洪绶绘画造型创格析》，中央美术学院硕士学位论文，2006年，第20页。作者认为古器物及类似的图谱为陈洪绶绘画造型提供了精神资源与图式借鉴体系，这一点在人物画中体现得最为突出。

［42］ 邓实、黄宾虹：《美术丛书》（第四集第十辑），浙江人民美术出版社2013年，第67页。见谢堃《书画所见录》。

［43］〔美〕文以诚：《自我的界限：1600—1900年中国肖像画》，郭其伟译，北京大学出版社2017年，第59—72页。

〔44〕 Wen Fong, *Archaism as a "Primitive" Style, Artists and Traditions, A Colloquium on Chinese Art*》,The Art Museum, Princeton University. May 17,1969.

〔45〕 〔美〕巫鸿：《中国绘画中的"女性空间"》，生活·读书·新知三联书店2019年，第381—428页。作者将陈洪绶的艺术观概括为将雅、俗、古、今汇于一炉结合，作品中不断感到"古"与"今"以个性化的方式混融在一起，构成超越古今的第三时态。引文出自第406—407页。

〔46〕 朱良志：《南画十六观》，北京大学出版社2013年，第361—402页。古并非是今的反面，不是面向过去，对当下的逃遁，而是对古与今、生与死、雅与俗等一切分别的超越。造型的"高古"具有强烈的非现实特征，给人以陌生的、新奇的感觉，是人们通常难以见到的，是不正常的、不熟悉的。怪诞奇骇更强化了高古的感觉。

〔47〕 翁万戈：《陈洪绶·文字编》，上海人民美术出版社1997年，第52页。

〔48〕 黄宾虹、邓实：《美术丛书》（初集第八辑），浙江人民美术出版社2013年，第134—135页。见陈撰《玉几山房画外录·卷下》。

〔49〕 陈传席：《陈洪绶集》，中华书局2017年，第481页。见《绍兴府志》。

〔50〕 李一氓：《明陈洪绶水浒叶子》，上海人民美术出版社1979年。见张岱《水浒叶子缘起》。

〔51〕 吴敢：《陈洪绶集》，浙江古籍出版社1994年，586—587页。孟远《陈洪绶传》。

〔52〕 李公麟、谢环、吕纪、吕文英、丁氏、仇英、李士达等人均有相关主题作品传世，前文所述吴彬、丁云鹏亦在其罗汉画中加入了类似雅集的情节，每个朝代、每位画家所绘雅集的图式与目的不尽相同，但其文化上述求大体上是类似的。陈洪绶的雅集图与前代相比更强调个性与个人，这是以晚明的时风对魏晋士风的呼应。

〔53〕 单国强：《中国美术图典：肖像画》，岭南美术出版社2000年，第28页。

〔54〕 Ellen J.Laing：《Neo−taoism andthe "seven sagesof the bamboo Grove" in Chinese Painting》,Artibus Asiae 36,nos, 1—2(1974),P54.

〔55〕 陆伟文：《陈洪绶》，上海人民美术出版社1998年，第32页。作者认为《雅集图》是一幅写实性的创作。

〔56〕 "绘画中的焦点"为背对观者的诵经人，"绘画的焦点"为佛像。引文出自：〔美〕文以诚：《自我的界限：1600—1900年中国肖像画》，郭其伟译，译.北京大学出版社2017年，第70页。

〔57〕 〔美〕文以诚：《自我的界限：1600—1900年中国肖像画》，郭其伟，译.北京大学出版社2017年，第69—71页。

〔58〕 〔美〕高居翰：《气势撼人：十七世纪中国绘画中的自然与风格》，李佩桦等译，生活·读书·新知三联书店2015年，第181页。诸如照(肖像)人物与传统性人物之间，个别人物与类型化人物之间，以及真实人物与理想型人物之间的角色互换等等。

〔59〕 黄涌泉：《陈洪绶》，上海人民美术出版社1988年，第33页。他观察物象，不以重现自然为满足，注重"主题突出"和"个性夸张"，如表现老年人面部皱纹，常常使用"套笔"，就是画了一笔后，再用接近平行线补上几笔。通过这种独特技巧，把对象刻画得更见苍老庄重。他对人物衣纹的处理，也常常采用这种手法。

〔60〕 上海书画出版社《陈洪绶研究（朵云68集）》，上海书画出版社2008年，第10页。见陈传席《清圆细劲、润洁高旷——陈洪绶的人物画》。

〔61〕 吕凤子：《中国画法研究》，上海人民美术出版社1978年，第22页。物在作者目中总是呈现一种变相的。原因是目和物的距离有了远近，而作者的位置和视点又都是固定的，所以物就不得不按一定的远近法则以一种变相映入作者目中。通过变则而呈现本相变叫作"变相还原"。

〔62〕 卢辅圣：《中国书画全书》（第7册），上海古籍出版社1979年，第939页。见周亮工《赖古堂集》

〔63〕 杨身源、张弘昕：《西方画论辑要》，江苏美术出版社1998年，第18页。色若芬尼："人按照自己的模样画出和塑出神像，牛、马、狮子如果绘画画和雕塑也会画出和塑出牛形、马形和狮子形的神像。"依其之说，人或动物按照自己模样塑造神乃是一种"本能"，神像可以说乃是由于人的这种本能而产生。

〔64〕 路明：《陈老莲的人物画》，湖南美术出版社1986年，第15页。

［65］〔清〕郑绩：《艺文丛刊：梦幻居画学简明》，浙江人民美术出版社2017年，第48—49页。画鬼神前辈名手多作之，俗眼视为奇怪，反弃不取。不思古人作画，并非以描摹悦世为能事，实借笔墨以写胸中怀抱耳。若寻常画本，数见不鲜，非假鬼神名目，无以舒磅礴之气。故吴道子画《天龙八部图》，李伯时画《西岳降灵图》，马麟作《钟馗夜猎图》，龚翠岩作《中山出游图》，贯休之十六尊者，陈老莲之十八罗汉，俱是自别陶冶，不肯依样葫芦，胸中楼阁，从笔墨敷演出来。其狂怪有理，何可斥为荒诞！然必工夫纯熟，精妙入神，时有感触，不妨偶尔为之，以抒胸臆。亦不可执为擅长，矜奇立异。

［66］翁万戈：《陈洪绶绘画的造型》，《中国书画》2013年第8期。

［67］路明：《陈老莲的人物画》，湖南美术出版社，1986年，第23—24页。

《吴趋行》

——吴郡仁德之风的历史颂歌

朱晋詠　顾　霞（苏州博物馆）

内容摘要： 苏州博物馆藏明刻本《晋二俊文集》是收录晋代吴郡陆机、陆云两位俊才的文集，其中就收录有陆机的《吴趋行》。在歌颂和赞美吴郡的诗篇中，《吴趋行》虽鲜为人知，但陆机用其如椽之笔倾泻其才华，展示出在吴郡自然风貌的映衬下，泰伯奔吴并建立吴国，倡导仁德之风，后世经历千年而仁德不衰，仁德之风泽被后世。

关键词： 晋二俊文集　吴郡　吴趋行　陆机

苏州是"国家历史文化名城"，历史文化厚重，自古以来人杰地灵，俊才辈出，堪称"姑苏代有才人出，各领风骚数百年"，晋代文坛出现了两位赫赫大名的兄弟俊才——陆机和陆云。《晋二俊文集》收录了兄弟二人的众多作品，苏州博物馆庋藏《晋二俊文集》的版本由晋代陆机、陆云著，明代汪士贤校对。在陆机、陆云所处的西晋，苏州被称为吴郡，《晋二俊文集》中收录的陆机《吴趋行》，细致地描绘和赞美了吴郡这片土地上自泰伯奔吴、建立吴国以来的仁德之风，是黄钟大吕般的苏州颂歌。

陆机（261—303），字士衡，出身吴郡名门陆氏，是孙吴丞相陆逊的孙子，大司马陆抗的儿子，与其弟陆云合称"二陆"。在孙吴时曾任牙门将，孙吴灭亡后来到洛阳，受太常张华赏识，此后名气大振。陆机历任平原内史、祭酒等职，后死于八王之乱，被夷灭三族。陆机是西晋著名文学家，被誉为"太康之英"。陆机还是一位著名的书法家，其《平复帖》是目前存世最早的名人书法真迹，现藏于北京故宫博物院。

陆机《吴趋行》是展示家乡的窗口，是致敬家乡的颂歌。吴趋是吴郡的代称，"行"是乐府诗的一种体裁，格律比较自由，不强调平仄，字数四言、五言、七言皆可，也可酌情变韵。曹操的《短歌行》、曹植的《君子行》等等都是这一体裁的代表作。

在文学的历史长河中，歌颂苏州的诗篇灿若星河，《吴趋行》并不广为人知，以下详细解析这篇诗作。因《吴趋行》流传后世版本较多，个别字略有差异，本文选用的是苏州博物馆藏明刻本《晋二俊文集》版本（图一、二）。

> 楚妃且勿叹，齐娥且莫讴。
> 四坐并清听，听我歌吴趋。
> 吴趋自有始，请从阊门起。
> 阊门何峨峨，飞阁跨通波。
> 重栾承游极，回轩启曲阿。
> 蔼蔼庆云被，泠泠祥风过。
> 山泽多藏育，士风清且嘉。
> 泰伯导仁风，仲雍扬其波。
> 穆穆延陵子，灼灼光诸华。
> 王迹隤阳九，帝功兴四遐。
> 大皇自富春，矫首顿世罗。
> 邦彦应运兴，粲若春林葩。
> 属城咸有士，吴邑最为多。
> 八族未足侈，四姓实名家。
> 文德熙淳懿，武功侔山河。
> 礼让何济济，流化自滂沱。
> 淑美难穷纪，商榷为此歌。

"楚妃且勿叹，齐娥且莫讴。"楚妃暂且不要哀叹，齐娥暂且不要歌唱。楚妃，即楚国的王妃。唐代诗人王维有"看花满眼泪，不共楚王言"之句，

图一　吴趋行

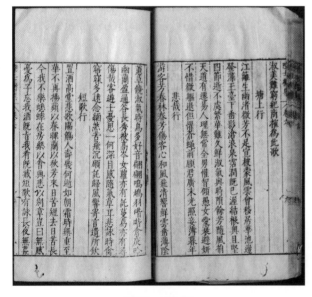

图二　吴趋行

讲的是春秋时期，楚国灭息国，楚文王将息国妃子变成了楚国妃子，且生下了楚成王。这位楚妃常常哀叹哭泣，不与楚文王说话。齐娥：齐地所出美女，且齐女善歌。这两句话起头，不管是王妃的哀叹，还是美女的歌唱，都暂且按下暂停键。

"四坐并清听，听我歌吴趋。"四周围坐起来，一起清净地聆听我歌唱我可爱的家乡——吴郡。

"吴趋自有始，请从阊门起。"歌唱吴郡自然要

有开始的地方，那就请从阊门开始。阊门是苏州古城之西北，城门向西，自开设之初就作为水陆交通枢纽。阊门自古以来就是苏州最繁华的标志性地段，水路有上塘河和山塘河，陆路上连通山塘街、上塘街与城内的西中市衔接，这些水系和道路到今天还在使用。苏州大才子唐伯虎的七律《阊门即事》，赞美阊门"世间乐土是吴中，中有阊门更擅雄"。

"阊门何峨峨，飞阁跨通波。"阊门何其如高山般陡峭而庄严肃穆，飞天的楼阁跨越相通的流水。城门楼阁描写得如此雄伟，与李煜描写楼阁"凤阁龙楼连霄汉"（《破阵子·四十年来家国》）之语异曲同工。

"重栾承游极，回轩启曲阿。"层层的斗拱承托梁上的梁，回曲的长廊引出弯曲的山。斗拱技术在晋代已经非常成熟，描绘的样子如杜牧在《阿房宫赋》中所描写"五步一楼，十步一阁；廊腰缦回，檐牙高啄；各抱地势，钩心斗角。"

"蔼蔼庆云被，泠泠祥风过。"众多吉庆的云彩覆盖其上，清凉吉祥的微风吹过其间。被：通"披"，念作 pī，表示"覆盖"。泠：念作 líng，形容"清凉"，且给人清逸脱俗的感觉。

"山泽多藏育，士风清且嘉。"山林与川泽富有蕴藏和养育的万物。士人的风气清纯并且美好。吴郡物阜民丰，每当秋风起，吴中菰菜、莼羹、鲈鱼都会让漂泊异乡的人倍加思乡，流传有典故"莼鲈之思"。

"泰伯导仁风，仲雍扬其波。"周代诸侯国吴国第一代君主泰伯（又称太伯）倡导仁德的风尚，其弟仲雍（又称虞仲）将仁风发扬光大。泰伯原是周部落首领古公亶父长子，古公亶父欲传位第三子季历及其子姬昌（即周文王），泰伯与二弟仲雍让位三弟季历而出逃至南方蛮夷之地，建立吴国。因为泰伯无子继承王位，仲雍即位成吴国第二代君主。

"穆穆延陵子，灼灼光诸华。"端庄恭敬的季札避让王位，其德行像光亮灼人的日光一样照射出各个诸侯国争权夺势的丑行。季札，吴王寿梦第四子，称"公子札"，又称延陵子、延陵季子，为避寿梦传

王位而隐居。诸华：周朝人自称为华，所以周王朝分封的中原诸诸侯国，就称作诸华。各个诸侯国常发生父子反目、兄弟相争的事件，与季札的避让王位相比，更显得丑态百出。典型事例有"郑伯克段于鄢""骊姬乱晋""州吁弑兄自立"等等。

"王迹陨阳九，帝功兴四遐。"春秋时期吴国显赫的王业颇倾于困厄的时运，帝王的功业兴起于四方之地。陨：念作tuí，意为颓倾、衰败。据《吴越春秋》记载，越国送给吴国来煮过的稻种，吴国颗粒无收，越国乘虚而入灭吴，这便是吴国的阳九之厄。吴郡人陆机认为这片热土上的帝业还会兴起，引出下文的孙吴政权。

"大皇自富春，矫首顿世罗。"孙吴政权称帝的孙权来自吴郡富春县，举手投足之间治理世事、君临天下。春秋吴国的地盘大致与当时的吴郡相当，孙吴皇帝孙权是吴郡富春县人，谥号大皇帝，即大皇。吴郡富春孙氏的另一代表就是孙权之父孙坚，是孙吴政权的奠基人，便自称是春秋吴国重臣、兵圣孙武之后。所以陆机认为两个"吴国"虽然相距好几百年，但都是在吴郡这块区域上延续，孙吴与春秋吴国有传承的关系，故而能成就帝业。

"邦彦应运兴，粲若春林葩。"国之贤才应运而兴，兴盛灿烂得有如春天树林里的花朵。"邦彦"出自《诗经》，"彼其之子，邦之彦兮"，指国家的优秀人才，宋代词人周邦彦之名也来源于此。

"属城咸有士，吴邑最为多。"属国的城邑都有贤士，吴地的城邑最多。这句话也紧承上一句，吴地的"士"像春天树林花朵一样多。

"八族未多侈，四姓实名家。"孙吴有八个士族并没有夸大和吹捧，孙吴有顾、陆、朱、张四大家族是实实在在的豪门世家。士族是地主阶级内部逐渐形成的世代为官的大族，在政治、经济等各方面都享有特权。魏晋时期实行"九品中正制"，政府选拔官吏主要看家世，导致士族垄断了重要官职，另通过大族之间互相联姻，在统治阶级内部构成了一个士族贵族阶层。孙吴依靠的四大家族，顾氏以顾雍、顾谭为代表，陆氏以陆逊、陆抗为代表，也就是《吴趋行》作者陆机的家族；朱氏以朱桓、朱据为代表；张氏以张温、张敦为代表。顾雍、陆逊等人都是孙吴政权的重臣，四大家族也是孙吴政权的统治基础。

"文德熙淳懿，武功侔山河。"礼乐教化民众而淳朴美好，武力建功立业而开疆拓土。孙吴（229—280）立国时间是魏蜀吴三国中最长的，孙权原有丹阳、吴郡、会稽、豫章、庐陵、庐江等江东六郡，赢得赤壁之战又占据了交州和荆州的部分地区。孙吴的地盘约等于曹魏，只是因为当时经济重心在北方，所以孙吴的经济实力和人口都弱于北方政权，纳土统一也是顺应大势所趋，免于生灵涂炭。

"礼让何济济，流化自滂沱。"守礼而不争夺王位何其众多，弘扬礼乐教化自然流传广大深远。

"淑美难穷纪，商榷为此歌。"良善美好的德行难以穷尽于记述，斟酌思量后写下这首诗歌。

《吴趋行》虽然没有张继《枫桥夜泊》中"姑苏城外寒山寺，夜半钟声到客船"的悠远，也没有杜荀鹤《送人游吴》中"夜市卖菱藕，春船载绮罗"的繁华，更没有白居易《忆江南》中"吴酒一杯春竹叶，吴娃双舞醉芙蓉"的诱人，但却饱含"山泽多藏育，士风清且嘉"的歌颂和"泰伯导仁风，仲雍扬其波"的实证。《吴趋行》较为全面地讲述了春秋时期吴国到三国时期吴国的历史，从泰伯奔吴开始，泰伯倡导的仁风已经吹遍了这片土地，渗入了民众的内心，泰伯、仲雍给这片土地注入的基因使仁风永不消散，扬波不止，恩泽于今。

《吴燕绍未刊手稿汇编》序

李 军 杜 超（苏州博物馆）

2019年6月28日，吴江吴氏固圉斋家藏古籍善本捐赠仪式在苏州博物馆隆重举行，固圉斋后人吴锡祺、叶于敏夫妇将珍藏的四十三种古籍善本、先人著作手稿捐赠苏州博物馆永久珍藏，其中包括清宫"天禄琳琅"旧藏明正德刻本《皮子文薮》、吴燕绍手稿《清代蒙藏回部典汇》等，堪称铭心绝品。

苏州博物馆为向吴锡祺、叶于敏夫妇表示敬意与感谢，特拟定在近年内陆续将固圉斋捐赠的未刊稿本进行整理出版，公诸学林。此事得到国家图书馆出版社的大力支持，先于2020年将近人袁崇霖《雪庵日记》稿本一种影印出版，继而苏州博物馆组织人员着手编辑《吴江吴氏诗词集》与《吴燕绍未刊手稿汇编》，以期实现吴氏后人将先人著述整理问世的夙愿。

一

吴燕绍（1868—1944），字继全，一作寄荃，号固圉叟。江苏吴江人。吴恢杰之子。幼时家境清贫，然敏而好学，五岁入学，九岁能诗，十岁能文。年略长，不甘于专习八股，遂博览群书，涉猎百家，擅长诗赋，文气纵横。光绪十四年（1888）赴南京应乡试，考题涉及西北地理历史，憾无所知，铩羽而返。归后钻研边疆史地之学，精益求精。三年后，光绪十七年（1891）中乡试，光绪二十年（1894）甲午恩科进士及第。曾任上海《新闻报》主笔。三十一年（1905），江苏同乡京官创设沪宁铁路研究会，任书记员。次年补授内阁中书，调史部额外主事，任禁烟公所检察所所长。宣统二年（1910）监修崇陵工程，调任理藩院总务厅科员。三年（1911），调内阁叙官局第四科。民国元年（1912），赞成成立汉蒙联合会，任内务部蒙藏事务处帮办，兼任《蒙藏回白话报》总编辑。民国三年（1914），蒙藏事务院成立，任民治科、宗教科科长，兼清史馆协修，参撰《藩部传》西藏卷。民国十七年（1928）后，先后任北京大学史学系西藏史讲师、国民政府国防设计委员会边疆研究专门委员会委员等职。晚年潜心治学，以研究边疆史地著称于世，开我国西北边疆地区历史地理研究之先河。民国十六年（1927）十一月，北京文字同盟社编印《文字同盟》第八号《京华耆宿传》八"吴寄荃"一则，述其生平如下：

吴先生名燕绍，字寄荃，晚号固迂叟。江苏吴江县人。年十九，入邑庠，受知于王葵园学使先谦。光绪辛卯举于乡。甲午进士，官内阁中书。丁忧在籍时，朝廷励行新政，乃以书院经费及地方款创办学校。故吴江县学校，创始在苏州省城之先。己亥入京供职，庚子回籍。邑中清丈田亩，助之归户，三年蒇事。入京补缺，寻随肃亲王调查蒙古，遍历东四盟各旗。并介绍其弟燕厦于库伦办事大臣，充审判长。盖皆练习边事地也。宣统朝，寿子年尚书（耆）调在理藩部北档房行走。肃亲王、达挚甫（寿）相继为尚书，时库伦独立，外蒙已绝望，藏亦垂危。为预备抚藏亡羊补牢计，上书内阁，不省。不期年而所言皆验，然已噬脐无及矣。民国初元，蒙藏事务归并内务部，先生被命司其事。时察哈尔都统某狗某蒙王之请，将尽收回荒地。国务院已电允矣，先生力争之不可。赵智庵（秉钧）以总揆兼内务，雅推重之。秘书洪述祖乃有"不意理藩院中乃有此手笔"之语。先生寻纂《蒙藏回白话报》，边地风行，几于人手一编。及蒙藏院立，先生以签事掌民治科事。赵次珊（尔巽）聘为清史馆编纂。先生所著书凡十余种、三百七十余卷。未成者尚不在列。

大都为考镜蒙藏而作，边材实料，兼而有之。

《文字同盟》于吴燕绍小传后开列其著作：

《边事长编》三百卷
《抚远大将军奏议》二十卷
《宣统政纪》四十卷
《哈萨克纪略》二卷
《布鲁特纪略》二卷
《哲布尊丹胡图克图事实》三卷
《京热四十八庙考》三卷
《章嘉呼图克图源流》一卷
《天禄琳琅所见录》二卷

后列"未成者"有《藏书家图章考证》《清后妃皇子详记》《清科举琐记》《理藩院杂案》《忍饥诵经斋随笔》《新元史纠谬》。近百年来历经战乱与各种运动，吴燕绍藏书、手稿颇多流散及捐赠，与"未成者"相对的著作大部分未见刊行，甚至连稿件亦踪迹难觅，殊为可惜。

此次出版，为吴氏后人苦心保存的除边疆史料之外吴燕绍所有手稿，计收录现藏吴氏固围斋之《忍饥诵经斋诗稿》三册、《忍饥诵经斋文薮》五册、《忍饥诵经斋杂抄》四册，与捐赠苏州博物馆之《寄荃演说集》一册、《藏书家韵编》七册、《杜诗韵编》五册、《韩诗韵编》四册、《吴季荃杂钞》五册、《吴氏日钞》二册、《忍饥诵经斋杂钞》五册、《寿汇》八册、《顾祠公祭题名记汇钞》一册、《宋人诗杂钞》一册、《朱竹垞题画诗》一册合并，并将吴丰培（1909—1996）《丝绸之路资料汇钞》附于后。

二

吴燕绍手稿大多使用半页十一行之"吴氏日抄"蓝丝阑稿纸，部分使用半页十四行二十五字之"笠泽吴氏抄"绿方格稿纸。从内容看，诗文之外，尤以笔记、杂钞居多。

《忍饥诵经斋诗稿》大抵以时间为序，部分诗题、小序提及年月，如《澄如同年邮示五十自寿诗

四章时正风云日迫复叠韵感事予亦有杜陵秋兴之感因步原韵答之》（辛亥八月）、《长春道中》（癸丑九月随荣竹农副总裁赴长春东哲里盟蒙古会议云云）、《庚申元旦》、《立秋前一日怀巢人弟用程鱼门韵》（壬戌六月十五日）、《癸亥除夕》《甲子元旦》《乙丑浴佛节花之寺雅集用杜工部大云寺赞公房诗分韵得麟字呈德化师》《丙寅除夕用牧翁闲字韵》《丁卯元旦用牧斋元旦韵》《甲申上巳镜清斋修禊拈得河字》诸题，知收录清宣统三年（1911）至民国三十三年（1944）间作品。

从目前所见稿本情况看，《忍饥诵经斋诗稿》应是吴燕绍自留底稿，尚未誊清，如《甲子元旦》《徐曙岑（行恭）见示蝇尘酬唱集步韵分柬孙师郑前辈曙岑年兄》前后出现两次，分别是草稿、改定稿；《游静宜园七叠前韵》一诗未写全，仅有首联；《用其八十自述韵奉祝》全诗，几乎用朱笔全部改写、涂乙，均是此稿未经最后勒定之证。另有一部分诗词，夹杂在日记与文稿之中，显然尚未来得及将诗词抄出。此外，稿本中夹有一些笺纸，有吴燕绍手书诗，有友朋唱和投赠之作，其底稿又见于《忍饥诵经斋诗稿》。因此，从版本分类角度看，《忍饥诵经斋诗稿》中至少包含草稿、定稿、誊清稿等三种以上形态。

从内容看，《忍饥诵经斋诗稿》涉及吴燕绍后半生的经历及其家庭情况，对于了解其家世生平不无小助。如《六十影像自赞》云：

尔发苍苍，尔视茫茫，尔貌和蔼，尔性方刚。不娴媚俗，白首为郎。归田无福，人海身藏。小草远志，心营八荒。穷年兀兀，艺圃翔翔。行年六十，尚有童狂。佣书腕腕，其乐未央。不问理乱，不知沧桑。鹤阴鸣和，尚续书香。

此赞可视作吴氏对个人之自况。关于其夫人凌氏，在《题凌芝宝小像》序中称"芝宝为亡室凌淑人侄女……甲子仲秋，室人云亡"，甲子为民国十三年

（1924）。民国十六年（1927）所作《人日梦静好室主人》，可知静好室主人为凌夫人。《钱念劬挽词》后有杂记二则，其一云：

> 生圹暨亡室凌淑人墓，艮山坤向，择于乙卯年戊申八月庚子初八日癸未时破土开山（未正）。八月癸卯十一日乙卯（卯初初刻五分，即上午六时零五分）下葬。

记其夫妇墓地利向，以及凌夫人下葬时间。

《忍饥诵经斋诗稿》之中，篇幅最大者，为雅集唱酬、寿挽怀人之作。内有如《吉林宋友梅军使以六十生日自述一百韵见示用原韵为寿》标明"代毕桂芳"，《陈绍修封翁六秩双庆》标明"代任卓人"，"祝溥雪斋五十寿"标"代冯公度"者，盖代人捉刀不少，仅标"代"者更多，均未删削。既可见吴燕绍之交游，亦可证此稿确系草创之底稿，否则正式结集时，必然大加删汰。

《诗稿》《文稿》虽相对独立，但二者偶有混杂者，且在诗文稿中夹杂有日记两段，一为民国十、十一年（1921—1922），一为民国十八年（1929）。虽系片断，其所记如张勋事之类，均可作掌故看，与其收藏"天禄琳琅"残本相关，谈及光绪末年内府检阅藏书事：

> 谒凤老，适宝瑞臣在座，言以贩买书画度日。凤老言，昭仁殿藏书印，即王葵园师所刻《天禄琳琅二集》之书，其初集则不知去向。大约被毁于圆明园之灾。德宗末年，曾命凤老于驻跸西苑时，将各宫所有藏书检阅，查至景阳宫，有书籍甚多，当埽去积尘编一书目，均有仁宗御宝。

凤老即柯绍忞（1848—1933，字凤荪），宝瑞臣即宝熙（1871—1943），三人均参与《清史》纂修，故往来颇密。从吴氏所记，可见宝熙晚境之颓唐，柯氏则曾受命检阅内府藏书，不知是否留有重检"天禄琳琅"的书目或记录。

《忍饥诵经斋文稿》之中，寿序、碑传居多，与诗词相同，亦有代笔之作。此外，除帖括、序跋外，有部分稿件为《清史稿》所拟者，与公开出版的定本内容小异者，亦有稿件最后未入《清史稿》者，于研究《清史稿》编纂细节，不无裨益。又，书信底稿，留存致费树蔚、金祖泽、曾朴、李滂、陈宝琛、高德馨等各家，可见吴燕绍交游情况。也有公函，如民国十九年（1930）八月十八日《致外交部》函，向国民政府推荐德国科学联合会的黎克·麦尔斯准许前往我国新疆地区的和阗至喀什进行自然地理、植物学和文化人类学考察，并因其还希望对帕米尔山东侧进行考察，一并希望外交部同俄方进行通行上的协调。信中提及，此番考察对了解我国新疆地区的地理和人文情况十分必要，"非经测量不为功"，强调了实地的田野调查对于研究的重要性。而由于当时特殊的政治情况，其一再说明本次考察成果绝不会为他国所用，也不会出现盗掘矿脉、宝物等情况，并且提及对于科学研究来说，本地人具有相当重要的作用，德国科学联合会也非常欢迎中国人加入考察团，因此吴氏也请政府派遣两位青年参加本次考察。从这封信件中，我们不难看出吴燕绍先生对我国边疆地区的状况十分关心，而限于国内的混乱情况，不得不依靠外国考察团的力量来进行实地调研。

从文稿中，也能看到吴燕绍先生不断地在进行我国边疆地区史料的收集，《国立中央研究院出版品国际交换表》中，其列举多种有关边疆地区的研究著作，主要有：

> 《西藏文籍书录》，陈寅恪、于道泉
> 《敦煌劫余录序》，陈寅恪
> 《吐蕃彝泰赞普名号年代考》，陈寅恪
> 《敦煌本维摩诘经文殊师利问疾品演义跋》，陈寅恪
> 《大唐西域记撰人辩机》，陈垣
> 《敦煌劫余录》陈垣
> 《明清史料》第一卷、第二卷

此项书单是抄录本，虽不知当时中央研究院是否将以上书籍列为正式交换书目？但是从所列书籍名目中，可见吴燕绍对边疆史地研究工作的努力和坚持，并且也希望在新的国际形势下能够将我国学者对于中国边疆地区的研究介绍至国外，改变"国人不知边"的刻板印象。

吴燕绍大半生对于边疆史地之历史、理论，进行孜孜不倦研究外，在任政府任职期间，也曾亲身参与边疆事务之处理。现存《寄荃演说集》中保存有《哲里木盟演说词》《谨将长春会议提出四条参以意见录备采择》二稿，均与民国二年（1913）十月第二次东蒙王公会议相关之史料，与诗集中《长春道中》（癸丑九月随荣竹农副总裁赴长春东哲里盟蒙古会议云云）相呼应，从字迹看，两项文件或系吴燕绍代荣勋所作，或经吴氏修订。

而从诗文稿中，可窥见吴燕绍晚年的交游情况。因其长期定居北京，与京中政界、学界均关系密切，友朋良多，遗稿中保存有部分其手录友人的名单与住址，是其明证。除此以外，因其祖籍苏州吴江，在日常酬酢中，与苏州籍、吴江籍名家交往亦是特点。如其《顾先生祠题名记》记丙辰九月，吴燕绍与张茂炯、胡玉缙、方还、单镇、潘家洵、顾诵坤等二十八人公祭十里庄苏太谊园之顾亭林祠，内容与《顾祠公祭题名记汇钞》一种遥相呼应。参加公祭的，年轻者有顾颉刚（诵坤），对吴燕绍的《清代蒙藏回部典汇》推崇备至，晚年仍挂念此稿出版问题。年长者胡玉缙（绥之）与启功老师戴姜福（绥之），吴氏和两人均有诗文赠答。

杂抄笔记之中，大率可分为诗、文、史料三类，吴燕绍并非一味摘录，间有按断，可略窥撰述之倾向。所抄之诗，自宋元至明清，皆有之，现存以清人居多，其间有专门摘录宋人如宋祁、清人如朱彝尊者。文则以寿序为大宗，集中于明清，间有缺失，然疑吴燕绍有意编纂专书而未成。史料主题以清史、边疆史、清人传记、书家小传等数端，可与《清史稿》《清代蒙藏回部典汇》等参看者，另有清代后妃事迹两册，或为《文字同盟》"未成者"之《清后妃皇子详记》一种之资料汇编，亦未可知。另有小专题如《李木斋重出书目》《戏集义山诗词为酒令》，尽管篇幅不大，却不无可珍之处。

最后，有三种性质近于索引之作，即《藏书家韵编》《杜诗摘锦韵编》《韩诗韵编》。第一种系将叶昌炽《藏书纪事诗》中所列藏书家按姓氏韵脚重编，并摘录各家传记，或为藏书家研究作准备。后两种为选录杜甫、韩愈诗作，分体按韵重编，取便于查检、阅读而已。清末民初，尚无专门之索引，此三种虽未必能以著作视之，却可见老辈读书、抄书之勤。

以上诗文、杂抄、韵编各种，原无序次，且诗文、杂抄相互夹杂，无清晰界限，而原稿既已装订成册，谨略按内容加以排序，不再逐册分拆重编，故全书之中，难免有前后割裂处，乞读者鉴察。

本书在出版过程中，固围斋后人吴锡麒、叶于敏夫妇始终格外关心，苏州博物馆、国家图书馆出版社双方领导给予大力支持，责编潘云侠女史更是多有建议，在此统致谢忱。

征稿启事

　　本论丛由苏州博物馆编辑，立足苏州，面向国内外，宗旨为：以历史唯物主义为指导，积极宣传党和国家的文物法规与相关政策，及时反映苏州考古、文物和博物馆工作的新发现和新成果，推动活跃文博科学研究。坚持学术性、知识性、资料性兼顾，关注学术热点，开展学术讨论，交流文博专业信息，传播文物知识。以文博工作者和爱好者为主要阅读对象，努力为促进文博事业的发展和提高专业队伍的素质做贡献。

　　本论丛由文物出版社出版发行，欢迎广大业内外人士热心支持，不吝赐稿。本论丛一年一辑，征稿截止时间为当年6月30日。提供电子稿的同时，请另附插图文件(图片不小于300dpi)。稿件格式(包括题目、作者、作者单位、内容摘要、关键词、正文和注释样式等)请参考最近一期《苏州文博论丛》，文末请附上作者的详细联系方式，包括固定电话、手机和电子邮箱等信息，以便编辑人员和您沟通。本论丛采用匿名审稿制度，稿件一经采用，本编辑部会立即通知作者本人，如在当年10月31日前尚未收到编辑部用稿通知，稿件可自行处理。因编辑人员有限，本刊不退还稿件，请作者自留底稿。

　　已许可中国学术期刊(光盘版)电子杂志社，在中国知网及其系列数据库产品中，以数字化方式复制、汇编、发行、信息网络传播本论丛所收论文。中国学术期刊(光盘版)电子杂志社著作权使用费与本论丛稿酬一并支付，作者向本论丛提交文章发表的行为即视为同意上述声明。

　　《苏州文博论丛》设置以下主要栏目：

考古与文物研究

文献与历史研究

传统工艺研究

博物馆学研究

江南文化研究

书画研究

地址：苏州市东北街204号苏州博物馆

邮编：215001

电话：0512-67546052

联系人：杜超

E-mail：suzhouwenbo@126.com